utb 5894

Eine Arbeitsgemeinschaft der Verlage

Brill | Schöningh – Fink · Paderborn
Brill | Vandenhoeck & Ruprecht · Göttingen – Böhlau · Wien · Köln
Verlag Barbara Budrich · Opladen · Toronto
facultas · Wien
Haupt Verlag · Bern
Verlag Julius Klinkhardt · Bad Heilbrunn
Mohr Siebeck · Tübingen
Narr Francke Attempto Verlag – expert verlag · Tübingen
Psychiatrie Verlag · Köln
Ernst Reinhardt Verlag · München
transcript Verlag · Bielefeld
Verlag Eugen Ulmer · Stuttgart
UVK Verlag · München
Waxmann · Münster · New York
wbv Publikation · Bielefeld
Wochenschau Verlag · Frankfurt am Main

Politikwissenschaft aktuell

herausgegeben von Werner Weidenfeld und Michael Weigl

Ludger Kühnhardt

Das politische Denken der Europäischen Union

Supranational und zukunftsoffen

BRILL | FINK

Der Autor:
Ludger Kühnhardt (1958) ist Direktor am Zentrum für Europäische Integrationsforschung (ZEI) und Professor am Institut für Politische Wissenschaft und Soziologie der Rheinischen Friedrich-Wilhelms-Universität Bonn. Gastprofessor an renommierten Universitäten und politische Beratungstätigkeiten in aller Welt. Autor vielbeachteter publizistischer Beiträge und wissenschaftlicher Studien, darunter: European Union – The Second Founding. The Changing Rationale of European Integration, Baden-Baden 2008, und The Global Society and its Enemies, Cham 2017.

Umschlagabbildung:
triangle 3d, © vegefox.com, Adobe Stock # 69696551

Online-Angebote oder elektronische Ausgaben sind erhältlich unter **www.utb.de**

Bibliografische Information der Deutschen Nationalbibliothek
Die Deutsche Nationalbibliothek verzeichnet diese Publikation in der Deutschen Nationalbibliografie; detaillierte bibliografische Daten sind im Internet über http://dnb.d-nb.de abrufbar.

Koninklijke Brill NV umfasst die Imprints Brill, Brill Nijhoff, Brill Hotei, Brill Schöningh, Brill Fink, Brill mentis, Vandenhoeck & Ruprecht, Böhlau, Verlag Antike und V&R unipress.

Internet: www.fink.de

Printed in Germany.
Herstellung: Brill Deutschland GmbH, Paderborn
Einbandgestaltung: Atelier Reichert, Stuttgart

UTB-Band-Nr: 5894
ISBN 978-3-8252-5894-8
eISBN 978-3-8385-5894-3

Vorwort der Herausgeber

Akademische Lehrbücher werden üblicherweise von Expertinnen und Experten zu einem Thema geschrieben, die außerdem über langjährige Erfahrung in der universitären Lehre verfügen. Auch die Schriftenreihe „Politikwissenschaft aktuell" verfolgt diesen Ansatz, modifiziert ihn aber dahingehend, dass die fachliche Kompetenz der Autorinnen und Autoren ergänzt wird um den spezifischen Blick der Studierenden selbst.

Für jeden, der sich neu mit einem Thema beschäftigt, ist es weniger wichtig, allumfassend über dieses informiert zu werden, als vielmehr verständlich. Die vorliegende Schriftenreihe verfolgt so gerade nicht das Ziel, faktenorientiertes Nachschlagewerk zu sein. Vielmehr wollen die Bände in einer Art in ein Thema einführen, die verstanden wird. Einfache Sprache und der Verzicht auf manchen fachwissenschaftlichen Jargon sind so Anspruch dieser Reihe.

Ein Zuviel an Informationen verstellt rasch den Blick auf das Wesentliche. Statt ein Thema tatsächlich zu verstehen, wird dann nur noch Gelesenes wiederholt. Die Bände dieser Schriftenreihe möchten diesem Umstand entgegenwirken, indem bewusst auf manche weitergehenden Informationen verzichtet wird. Indem Zusammenhänge dargestellt und Sachverhalte diskutiert werden, sollen Problembewusstsein und ein Wissen um Zusammenhänge gefördert werden. Die Vermittlung der Kompetenz, Wissen anwenden zu können, ist dieser Schriftenreihe wichtiger als die Abarbeitung von Fakten. Das Wissen um die Logik eines Themas wird als Voraussetzung gesehen, sich eingehender mit ihm beschäftigen zu können.

Die konsequente Orientierung dieser Schriftenreihe an den Bedürfnissen von Studierenden – und hier vor allem von Studienanfängerinnen und Studienanfängern – geht schließlich noch weiter. Philosophie der Reihe ist, dass Studierende immer auch an der Erarbeitung der Bände beteiligt werden. Sie sollen nicht nur Konsumenten, sondern auch Produzenten sein, die mit ihren Hinweisen zur konzeptionellen und inhaltlichen Ausarbeitung eines jeden Bandes beitragen. Schon das didaktische Konzept der Reihe wurde ausführlich mit Studierenden diskutiert. Ein Ergebnis dieser Diskussionen sind die in den Bänden dieser Reihe hervorgehobenen Blöcke *Definition*, *Beispiel*, *Debatte* und *Übung*. Zum Verständnis eines Themas tragen außerdem zusätzliche Online-Materialien bei, zu finden unter:

https://www.utb.de/doi/book/10.36198/9783838558943

Die Schriftenreihe „Politikwissenschaft aktuell" möchte die Grundlagen eines Themas sorgfältig darstellen und gleichzeitig ein vertieftes Verständnis für die Komplexität von politischen Sachverhalten schaffen. Für die Realisierung dieses

Vorhabens danken wir utb und dem Verlag Brill | Fink, der das Konzept mit großem Interesse aufgenommen hat und in konstruktiver Kritik begleitet. Wir danken allen Autorinnen und Autoren für ihr Engagement. Und wir danken den Studierenden, die sich in das Projekt einbringen und so helfen, die Idee einer innovativen Schriftenreihe mit Leben zu füllen.

München und Passau, im Juni 2022
Werner Weidenfeld und Michael Weigl

Vorwort des Autors

Es gibt keine einfache und verbindliche Definition dessen, was politisches Denken ist. Denken heißt verstehen zu wollen. Auch die Begriffe vordenken und überdenken, durchdenken und nachdenken gehören zum Begriffsarsenal der deutschen Sprache. Sie führen zu der Frage nach dem Wozu und nach dem Warum des Denkens. Wer denkt, will hinter die Oberfläche schauen. Bei der Europäischen Union heißt dies: hinter Institutionen, Ereignisse und Prozesse zu schauen. Die Europäische Union denken gehört zum politischen Denken dazu. Nach den Wurzeln der EU zu fragen, nach den sie leitenden Ideen oder auch nach bestimmten ideologischen Versteifungen, die ausgelöst werden können, wenn von der EU die Rede ist. Das politische Denken der Europäischen Union entsteht in verschiedenen Zusammenhängen und lässt sich auf unterschiedlichen Wegen studieren:

1. Dokumente und Entscheidungen der Europäischen Union sind Quellen, um die authentische Begrifflichkeit zu einer spezifischen Materie zu erfassen, die von den Akteuren der EU im Konsens formuliert worden ist.
2. Politisches Denken erfährt Impulse durch originelle Köpfe, die schon immer mit der Kraft ihres Geistes bestehende Wirklichkeiten weitergedacht haben, neue Ideen und Perspektiven hervorgebracht haben oder durch ihre Sicht der Dinge bestehende Ansichten widerlegt haben.
3. Politisches Denken wird aufbewahrt und neu interpretiert durch wissenschaftliche Darstellungen und Analysen, die gewöhnlich zusammenfassen und im Geist einer neuen Zeit weiterdenken, was an verstreuten Reflexionen über Gewesenes oder Aktuelles aufzufinden ist.

In diesem Dreieck von Quellen, originären Denkwegen und nachvollziehenden wissenschaftlichen Interpretationen entsteht politisches Denken und lässt sich politisches Denken rekonstruieren. Die vorliegende Schrift dringt ein in dieses Dreieck von Sphären des politischen Denkens im Kontext der Europäischen Union.

Am schwierigsten ist es, aus der Perspektive von anderen zu denken. Zumindest ist es geboten, sich darüber klar zu werden, wie eng die je eigene Sichtweise ist, die durch Sprache und Lebenszusammenhänge geprägt bleibt. Dies ist besonders unbefriedigend bei der Europäischen Union. Denn die Europäische Union wird mit gleichem Recht überall dort gedacht, wo Europäerinnen und Europäer leben und über die Ordnung reflektieren, der sie angehören. Nur die wenigsten Denk-Beiträge schaffen es in eine der gängigsten Sprachen, die in der europäischen Wissenschaftslandschaft wahrgenommen werden. Ein deutschsprachiges Lehrbuch für eine deutschsprachige Universitätslandschaft ist mithin immer nur

Fragment zum politischen Denken der Europäischen Union. Über eines sind sich die Studierenden, mit denen ich die Grundzüge dieses Buches durchdacht habe, und ich jederzeit im Klaren gewesen: Das politische Denken der Europäischen Union ist nicht frei von gedanklichen Widersprüchen und es muss praktische Spannungsverhältnisse aushalten in einer EU, wie sie nun einmal ist.

Der Aufbau des Buches folgt einer Systematik, die sich aus meiner langjährigen Beschäftigung mit den unterschiedlichen Sphären des politischen Denkens der Europäischen Union entwickelt hat. Mir ist der Unterschied zwischen den Sphären nur zu bewusst, in denen sich politisches Denken abbildet und weiterentwickelt. Die vorliegende Analyse verknüpft die genannten drei Sphären und verweist, wo immer nötig, auf die Unterschiede in Reichweite und Wirkung. Immer wieder werfe ich den Blick auf Literatur und Perspektiven unterschiedlicher Fachdisziplinen. Einprägsame kurze Merksätze gibt es nicht für den, der politisches Denken in seiner Komplexität und Transdisziplinarität studiert. Auch die Europäische Union kann nur verstehen, wer disziplinäre Grenzen sprengt und sich für transdisziplinäre Gedankengänge und Erkenntnisse öffnet.

Jedem Kapitel sind Leitfragen vorangestellt sowie eine Anregung für die kreative und interaktive Gestaltung einer Seminarstunde zum jeweiligen Thema. Zitate aus einer bunten Schar von Autoren und Quellen, die zum Weiterdenken anregen mögen, sind in Kästchen herausgehoben. Ebenso werden ausgewählte Daten und Statistiken präsentiert. Im jeweils farblich gesondert markierten dritten Unterkapitel eines jeden Kapitels werden verschüttete Erkenntnisse, pointierte Argumente oder kontroverse Thesen „Zur Diskussion gestellt". Die Verweise auf die im Text verarbeitete Literatur bieten Anregungen zum Weiterlesen. Die jeweils an den Schluss gestellten Übungsfragen sollen dabei helfen, das Durchdachte nachzubearbeiten. Hinweise zu ihrer Lösung finden sich jeweils online unter:

https://www.utb.de/doi/book/10.36198/9783838558943

Die einleitenden Fragestellungen sowie die Übungsfragen sind im engen Austausch mit Studierenden der Politischen Wissenschaft an der Universität Bonn entstanden. Über mehrere Semester hinweg habe ich im Austausch mit Bachelor- und mit Master-Studierenden die Themen und Sichtweisen, die in den nachfolgenden Kapiteln konzentriert aufbereitet werden, ausführlich erörtert, immer wieder neu durchgearbeitet und bestmöglich verfeinert. Das Ergebnis enthält hoffentlich für Studierende der Politischen Wissenschaft und ihrer Nachbardisziplinen an möglichst vielen Orten manche neue Anregung – zum eigenen Weiterdenken und zum Widerspruch gegenüber meinen Thesen und Schlussfolgerungen. Der brutale Angriff Russlands auf die Ukraine am 24.Februar 2022 bedeutet zweierlei für die Europäische Union: Die EU ist nicht nur militärisch bedroht, sondern ebenso geistig-politisch in Bezug auf ihre freiheitliche Lebensweise. EU und NATO sind aber auch der Teil der europäischen Architektur, der trotz der russischen Aggression Bestand hat und sich aufgrund der inneren Verfasstheit in der aufgezwungenen Herausforderung bewähren kann. Der 24.Februar 2022 markiert insofern den Anfang einer geopolitischen, auch militärisch agierenden EU, die das Denken verteidigt, auf dem ihre Werte beruhen. Diese Aufgabe wird für lange Jahre gravierend und komplex bleiben, aber sie kann gelingen. Dieses Lehrbuch lässt sich als Ganzes oder auch kapitelweise lesen. Sollten meine Leserinnen und Leser ihre ganz eigenen Erkenntnisse über die Inhalte, Zusammenhänge und Wirkungen des politischen Denkens der Europäischen Union auf einem dieser Wege gewinnbringend erweitern, wäre der Zweck des Buches erreicht. Für Versäumnisse auf den nachfolgenden Seiten und zwischen den Zeilen bin natürlich ich allein verantwortlich.

Ludger Kühnhardt
Bonn am Europatag, dem 9. Mai 2022

Inhalt

I. Kontext

1. Ideengeschichte und Internationale Beziehungen zusammengedacht

Die Europäische Union hat in unüberschaubarer Menge wissenschaftliche Literatur zu ihrer Geschichte und Institutionenentwicklung, zu einzelnen Politikfeldern und zur Einordnung in sogenannte Integrationstheorien hervorgebracht. Überraschend gering sind Beiträge, die die europäische Einigung in den Kontext der politischen Ideengeschichte einordnen. Das Kapitel fragt danach, wie sich Impulse der politischen Ideengeschichte für eine Deutung des politischen Denkens der Europäischen Union fruchtbar machen lassen. Zugleich regt der nachfolgende Text dazu an, die Grenzen zwischen der politischen Ideengeschichte und den Theorien zu den Internationalen Beziehungen im Blick auf das politische Denken der Europäischen Union aufzubrechen. Ideengeschichte und Internationale Beziehungen werden zusammengedacht zur Diskussion gestellt.

Anregung für eine kreative Gestaltung der Seminareinheit: Jede Seminarteilnehmerin/jeder Seminarteilnehmer stellt einen politischen Denker aus dem Fundus der europäischen Ideengeschichte vor. Anschließend findet ein Brainstorming in Kleingruppen statt, um diejenigen Aspekte aus dem vorgestellten Werk zu identifizieren, die für die Gestaltung der europäischen Einigung in der Gegenwart von Bedeutung sind. Wichtig: Jede Arbeitsgruppe muss pointierte knappe Begründungen präsentieren.

1.1 Europa in der Geschichte politischer Ideen

Seit der europäischen Antike kreist das Denken über öffentliche Angelegenheiten immer wieder neu um zwei Pole: zum einen ging und geht es stets um die Frage nach den Zielen und Zwecken des eigenen Gemeinwesens. Zum anderen ging und geht es stets um die Frage nach den Beziehungen zu anderen. Herodot (490–430 vor Christus) („Historiae“: Griechen vs. Perser) und Thukydides (459–399 vor Christus) („Der Peloponnesische Krieg“: Machtkampf Athen vs. Sparta) müssen zusammen studiert werden, um zu verstehen, wie die Griechen sich und die Welt, in der sie sich behaupten mussten, sahen: Griechische Geschichte und der Peloponnesische Krieg waren zwei Seiten einer Medaille. Auf dem Höhepunkt der Aufklärungszeit setzte Immanuel Kant sich im späten 18. Jahrhundert mit der Frage nach den Bedingungen einer dauerhaften Friedensordnung auseinander. Es ging um die innerstaatlichen Voraussetzungen für den zwischenstaatlichen Frieden. Am 27. September 2017 entwarf der französische Staatspräsident

Emmanuel Macron an der Pariser Universität Sorbonne das Konzept einer „europäischen Souveränität". Es ging ihm mit seinen Überlegungen und Vorschlägen um nicht weniger als die Bedingungen einer Neugründung der Europäischen Union. Die Staaten Europas allein, so sein Argument, können weder ihre innere Souveränität sichern noch ihre Stellung in der Welt behaupten: „Allein Europa kann tatsächliche Souveränität gewährleisten, das heißt, die Fähigkeit, in der heutigen Welt zu bestehen und unsere Werte und unsere Interessen zu verteidigen." Es gelte, „eine europäische Souveränität aufzubauen und es besteht eine Notwendigkeit, sie aufzubauen" (Macron 2017).

Drei verschiedene Zeiten, drei unterschiedliche Herangehensweisen. Doch die methodische Gemeinsamkeit ist offenkundig: Innere und äußere Bedingungen politischer Ordnung sind nicht voneinander zu trennen. Sie waren in Europa nie voneinander zu trennen.

1. *Mythos und Identität:* Schon die Erfindung des Kontinents im Raum der Mythologie zeigt die Wechselwirkung von Innen und Außen. Zeus raubte die phönizische (heutiger Libanon) Prinzessin Europa und entführte sie als Begründerin des Kontinents nach Kreta. Im Landschaftsbild Kretas kann man die Spannung spüren zwischen den enormen Weiten Asiens, die gigantische Entwürfe der Weltdeutung und Herrschaftsordnung schufen, und der räumlichen Kleingliedrigkeit, die fast überall auf dem europäischen Kontinent anzufinden ist. In Europa entfaltete sich etwas geradezu Geheimnisvolles, das mit der Namensgeberin des Kontinents einzog. In der philosophisch-literarischen Deutung der Zeit, die mit Zeus und den griechischen Sagen einsetzte und zu Homer, der griechischen Philosophie und der durch die Evangelien begründeten christlichen Theologie führte, vollzog sich Europas kulturelle Selbstentfaltung „vom Mythos zum Logos" (Nestle [1940] 1998). Die eigentümlichen und teilweise widersprüchlichen Beziehungen zwischen innen und außen bestimmten stets auch die europäische Identität. Dass Jesus Christus, ein palästinensischer Jude, zum Begründer der Europas Identität am stärksten beeinflussenden Religion wurde, gehört zu diesen Eigentümlichkeiten ebenso wie die Tatsache, dass die Bezeichnung „Christen" erstmals 54/55 nach Christus in Antiochia verwendet wurde. Die erstmalige nachweisbare Verwendung des Begriffs „Europäer" datiert auf das Jahr 732 nach Christus. Das Wort wurde damals von einem anonymen Autor verwendet, der in der Enzyklopädie des Isidor von Sevilla zitiert wurde.
2. *Grenzen und „mental maps":* 80 Prozent aller Grenzen zwischen den Staaten des zeitgenössischen Europas existierten noch nicht im Jahr 1500. Die Abgrenzungen waren nicht nur zwischen den Völkern und Nationen Europas mühsam. Sie sind es im Blick auf die Außengrenzen Europas geblieben. Geopolitische Entscheidungen und Veränderungen der „mental map" von Europa und

seiner Umgebung spielten zu jeder Zeit eine wechselhafte Rolle. Europa bestimmte sich selbst immer wieder neu in Abgrenzung zu seinen geographischen und kulturellen Nachbarn. Seitdem Eratosthenes, der griechische Leiter der Bibliothek von Alexandrien, im 2. Jahrhundert vor Christus den Bosporus als Grenze Europas bezeichnet hatte, hält die Frage an, ob Kleinasien, und namentlich die heutige Türkei, zu Europa gehört. Die maximale Ausdehnung des Römischen Reichs im 2./3. Jahrhundert nach Christus bedeutete, dass zeitweilig nicht nur Nordafrika, sondern auch weite Teile des Nahen Ostens bis Kuwait und Basra im heutigen Irak Teil des römischen Herrschaftsraumes wurden. Mit dem römischen Imperium gingen aber auch Grenzfestlegungen einher, die mitten durch das Verständnis Europas im 21. Jahrhundert schnitten. Berühmtestes Beispiel ist der Hadrianswall an der Südgrenze des heutigen Schottland. Ebenfalls eine geopolitische Entscheidung lag der Vermessungsarbeit des schwedischen Geographen Philipp Johann von Strahlenberg zugrunde. 1730 wurden vom russischen Zaren aufgrund Strahlenbergs neuer Karten der Ural und eine Linie bis zum südlichen Don (Kuma-Manych-Depression) als Grenzen Europas festgelegt. Damit sollten die Expansionen Russlands in diese Regionen hinein gerechtfertigt werden. Gen Westen sind die Grenzen Europas nur vermeintlich durch die Nordsee und den Atlantischen Ozean festgelegt. Das im Sinne der geographischen Definition auf dem amerikanischen Kontinent gelegene Grönland trat zwar 1985 aus der EG aus, blieb aber mit einem hohen Maß an innerer Autonomie integraler Teil des Königreichs Dänemark. Als 2010 die Niederländischen Antillen aufgelöst wurden, folgte eine Verfassungsreform im Königreich der Niederlande. Seither bilden Aruba, Sint Maarten und Curaçao mit dem niederländischen Festland die vier Länder des Vereinigten Königreichs. Die Inseln Sint Eustatius, Saba und Bonaire besitzen den Status besonderer Gemeinden im Königreich der Niederlande. 2011 wurde das im Indischen Ozean gelegene Mayotte zum 101. französischen Département und ist mithin Teil der Europäischen Union. Auch in Übersee befinden sich Elemente Europas, das dadurch als ein globaler Archipel gelten darf.

3. *Europapläne und Kriegswirklichkeiten:* Konzepte zur Ordnung Europas, wie sie im Laufe von Jahrhunderten immer wieder vorgelegt wurden, waren stets Ausdruck eines Wechselspiels von faktischer oder wahrgenommener äußerer Bedrohung einerseits und der Suche nach dem bestmöglichen Modell für ein geeintes Europa andererseits. In Entwürfen eines christlichen Universalismus vollzog sich die „Wendung vom Abendland zu Europa" (Gollwitzer, 1951, S.46). Pierre Dubois (De recuperatione terrae sancta, 1306) erklärte die Befreiung des Heiligen Landes von muslimischer Herrschaft zum Ziel einer gemeinsamen Anstrengung Europas. Dante Aligheri (De monarchia, 1308) wollte die Menschheit unter der Führung des Kaisers des Heiligen Römischen Reiches Deutscher Nation einen, um die von Gott gewollte Ordnung herzustellen.

Georg von Podiebrad: Föderationsplan für einen europäischen Fürstenbund (1462)

- Staatenbund der Könige und Fürsten
- „Congregatio Concordiae“ als Hauptorgan mit Sitz in Basel
- Abstimmungen nach Nationen
- Schiedsgericht mit friedenssichernden Funktionen
- Sanktionen gegen Vertragsbrecher
- Stehendes Heer
- Gemeinsamer Haushalt

Die erste wirklich konkrete Initiative zur Einigung Europas spiegelte zugleich eine neue Zeit und ihre Spannungen wider: Nationen waren entstanden, der Kontinent aber konfessionell gespalten und an seiner Südostflanke durch die Osmanen bedroht. Georg von Podiebrad, der König von Böhmen, der sich den Hussiten angeschlossen hatte, entwickelte 1462 einen Föderationsplan mit 21 Artikeln. Die Könige von Polen und Ungarn konnten sich mit Böhmen auf die Annahme von Podiebrads Konzept einigen. Der französische König und Papst Pius II., der Humanist Silvio Eneas Piccolomini, lehnten eine Entscheidung ab. Die konfessionellen Vorbehalte und wachsende nationalstaatliche Eigenwege drängten nach vorne. 1464 wurde Georg von Podiebrad vom neuen Papst Paul II. als Ketzer geächtet (Prettenthaler-Ziegerhofer 2014: 89–96). Europa begann, sich selber im Wege zu stehen, wenn es um die Verwirklichung der Idee seiner Einheit und seiner Sicherheit ging.

Maximilien de Béthune, Duc de Sully: Grand Dessein zur Bildung einer christlichen europäischen Föderation (um 1635)

- 15 Mitglieder: fünf Erbmonarchien (Frankreich, England, Lombardei, Schweden, Dänemark, Spanien), fünf Wahlmonarchien (Böhmen, Ungarn, Heiliger Stuhl, Heiliges Römisches Reich Deutscher Nation, Polen), vier Republiken (Schweiz, Venedig, Italienische Union, Niederlande)
- Europäischer Rat mit 60 Mitgliedern, um europäisches Recht zu schaffen
- Gemeinsame Armee mit 250.000 Infanteristen, 50.000 Reitern, 200 Kanonen und 120 Kriegsschiffen.

Erst um 1635 nahm Maximilien de Béthune, Duc de Sully (1559–1641), die Idee eines großen Wurfes für ein geeintes Europa wieder auf. Der osmanische Feind in Südosteuropa sollte abgewehrt werden (Walter 2014: 131–136). Das „Grand Dessein“ hatte indessen auch eine Funktion im innereuropäischen Machtringen:

Der Historiker Michael Gehler spricht von einer „Stoßrichtung gegen die Habsburger Hegemonie“ (Gehler 2020: 31).

Zu den nachhaltig zitierten Konzepten für ein geeintes Europa gehört William Penns „Essay über einen gegenwärtigen und zukünftigen Frieden Europas“ (1693). Es enthielt den Vorschlag für einen Europäischen Reichstag als eine Art Völkerbund. 1712 veröffentlichte Charles Irénée Castel, Abbé de Saint-Pierre (1658–1743), der Sekretär des französischen Delegierten des Friedenskongresses in Utrecht, ein Buch mit dem Konzept für eine Europäische Föderation, die den Namen „Europäische Union“ tragen sollte (Lauer 2014: 179–184).

Charles Irénée Castel, Abbé de Saint-Pierre: Projet pour rendre la paix perpétuelle en Europe (1712)

- Europäische Union als Föderation
- Ständige Versammlung von Delegierten der Könige und Staaten
- Keine Einmischung in die inneren Angelegenheiten der anderen Staaten
- Festschreibung des territorialen Status quo
- Verfassung und Schiedsgericht
- Gegenseitig geltende Handelsgesetze

Bei den Friedensverhandlungen, die zeitgleich zu der Veröffentlichung des Abbé Saint-Pierre in Utrecht stattfanden, ging es um Friedensvereinbarungen zwischen Großbritannien und Frankreich am Ende des Spanischen Erbfolgekrieges. Europa befand sich weiterhin auf der offenkundig ewigen Suche nach Frieden (Kühnhardt 1996). Zu dieser intellektuellen Suche gehörte das Konzept des französischen Philosophen Guy de Montesquieu (De l'esprit des lois, 1748), der Europa als „Gesellschaft der Gesellschaften“ entwickeln wollte, also soziologisch vorging. Dazu gehörte schließlich Immanuel Kants philosophisch grundierte Denkschrift „Zum ewigen Frieden“ (Kant [1795] 2016).

Immanuel Kant: Zum ewigen Frieden (1795)
„Präliminarartikel

1. Es soll kein Friedensschluss für einen solchen gelten, der mit dem geheimen Vorbehalt des Stoffs zu einem künftigen Kriege gemacht worden.
2. Es soll kein für sich bestehender Staat (klein oder groß, das gilt hier gleichviel) von einem anderen Staate durch Erbung, Tausch, Kauf oder Schenkung erworben werden können.
3. Stehende Heere (*miles perpetuus*) sollen mit der Zeit ganz aufhören.

4. Es sollen keine Staatsschulden in Beziehung auf äußere Staatshändel gemacht werden.
5. Kein Staat soll sich in die Verfassung und Regierung eines andern Staats gewalttätig einmischen.
6. Es soll sich kein Staat im Kriege mit einem andern solche Feindseligkeiten erlauben, welche das wechselseitige Zutrauen im künftigen Frieden unmöglich machen müssen: als da sind, Anstellung der Meuchelmörder (percussores), Giftmischer (venefici), Brechung der Kapitulation, Anstiftung des Verrats (perduellio) in dem bekriegten Staat etc.

Definitivartikel

1. Die bürgerliche Verfassung in jedem Staate soll republikanisch sein.
2. Das Völkerrecht soll auf einem Föderalismus freier Staaten gegründet sein.
3. Das Weltbürgerrecht soll auf Bedingungen der allgemeinen Hospitalität eingeschränkt sein."

Konzepte und Ideen für Europa wurden auch in der nachfolgenden Zeit erarbeitet. 1840 sah Alexis de Tocqueville den Aufstieg Russlands und der USA voraus, zwischen denen Europa gleichsam eingeklemmt werden würde. 1848 träumte Victor Hugo von den „Vereinigten Staaten von Europa". Von mitteleuropäischen Föderationen unter Führung Deutschlands sprachen Constantin Frantz und Friedrich Naumann. 1922 gründete Richard Coudenhove-Kalergi die „Paneuropa-Union". Ihm schwebte ein Europa der Selbstbehauptung vor, ein Staatenbund mit eigener Währung, zwei Kammern, einer Staatenvertretung und einer Völkervertretung, eigener Gerichtsbarkeit sowie einer gemeinsamen Verwaltung im Innern und in den Kolonien.

1.2 Europa in den Theorien zu den Internationalen Beziehungen

Nur selten ist die Komplexität der europäischen Integration Gegenstand der Entwicklung von Theorien zu den internationalen Beziehungen. Eine erfreuliche frühe Ausnahme war es daher, als der Politikwissenschaftler Thomas Risse-Kappen schon 1996 dafür plädierte, die EU als Phänomen der zwischenstaatlichen Staatenbeziehungen anzusehen, das zugleich und immer stärker einen genuinen Charakter als Regierungssystem anzunehmen begonnen habe (Risse-Kappen 1996). Der Fokus dieses Aufsatzes war ein Plädoyer für die Berücksichtigung von Aspekten der vergleichenden Regierungslehre in den Internationalen Beziehungen als Teildisziplin der Politikwissenschaft. In der Tat kann allein auf diese Weise in der politikwissenschaftlichen Forschung die traditionelle Sichtweise erweitert werden, der zufolge die EU lange Zeit einfach bloß als eine weitere internationale Organisation verstanden wurde. Im Blick auf governance-Fragen und Politikfeld-Forschungen zur EU ist diese Erweiterung der wissenschaftlichen Sichtweise gelungen.

In den gängigen Lehrbüchern zu Theorien in den internationalen Beziehungen ist die EU indessen geblieben, was sie dort immer primär war: ein zwischenstaatlich angelegter Akteur mit partiellem internationalem Profil. Nur in geringem Maße haben Theorien über die europäische Integration Eingang in das Gesamtgefüge der politikwissenschaftlichen Theorien zu den internationalen Beziehungen gefunden. Darauf wird in Kapitel II. zurückzukommen sein.

Theorien der internationalen Beziehungen

Realistische Schule

- Klassischer Realismus
- Neorealismus
- Gleichgewichtstheorie

Liberal-Institutionalistische Schule

- Klassischer Liberalismus
- Neoliberalismus
- Interdependenztheorie
- Regimetheorie
- Integrationstheorie

Behavioristische Schule

- Aggressionstheorie
- Systemtheorie
- Spieltheorie
- Entscheidungstheorie

Alternativ-oppositionelle Schule

- Konstruktivismus
- Marxismus
- Kritische Theorien

(Gu 2018)

An dieser Stelle ist folgender Zusammenhang zur methodischen Einordnung der zentralen Fragestellung dieses Lehrbuches wichtig: Frühe Ideen zur Einheit Europas waren geprägt von kulturellen Antrieben ohne angemessenen Sinn für politische Fragen. Kultur und Politik fielen auseinander. Dies galt für antike Mythen wie für die Idee des christlichen Abendlandes. Später und bis an die Schwelle des Ersten Weltkrieges kreisten Europa-Pläne vornehmlich um die Frage, wie Kriege verhindert und Frieden in Europa möglich sein könnte. Diesen Plänen fehlte es indessen fast immer an einer Klärung der Frage, auf welche Weise sie verwirklicht werden konnten. Der Prozesscharakter politischer Ordnungsgestaltung wurde noch nicht recht verstanden.

Wissenschaftliche Theorien zu den internationalen Beziehungen entstanden erstmals im Anschluss an die Herausbildung der europäischen Ordnung nach dem Ersten Weltkrieg (Gu, 2018: 27–46). Im Windschatten der Pariser Vorortsverträge (1919) wurden in den USA und den großen europäischen Ländern Forschungseinrichtungen gegründet, die sich mit den Bedingungen des Friedens beschäftigten. Universitäre Arbeiten folgten, zunehmend theoretisch ausgerichtet, die von der Sorge um die Rückkehr des Krieges angetrieben waren. Theorieschulen und Theoriedebatten entstanden. Referenzpunkt waren stets der Staat und die Annahme, dass die internationale Ordnung anarchisch und regellos ist. Mit der Einrichtung des Völkerbundes (1920) entstand der Nukleus eines internationalen Ordnungsgefüges. Der Völkerbund folgte der Logik eines kollektiven Sicherheitssystems. Ein solches System kann den Frieden verwalten, aber weder erzwingen noch sichern, wenn einzelne Akteure das ganze System nicht länger akzeptieren. So geschah es dem völlig unzulänglich konzipierten Völkerbund, wodurch die These von der anarchischen internationalen Ordnung weiteren Auftrieb erfuhr. Mit der Gründung der Vereinten Nationen (UN) nach dem Zweiten Weltkrieg wurde die Idee der Staatenordnung globalisiert. Aus 51 Gründungsmitgliedern wurden 193 UN-Mitgliedstaaten (2021). Trotz des UN-Sicherheitsrates und der wirkungsvollen Arbeit vieler Sonderorganisationen der UN hat sich am Grunddilemma einer zwischenstaatlichen internationalen Organisation indessen bis heute nichts geändert. In Grundfragen von Krieg und Frieden sind die UN so stark oder schwach wie ihre Mitgliedsstaaten dies zulassen. Das Vetorecht der fünf Ständigen Mitgliedsländer des UN-Sicherheitsrates zeigt die Grenze des Völkerrechts ebenso wie die unterdessen vielfältigen Bemühungen um ein verbindliches globales Klimaregime. Die Diskrepanz zwischen dem Sicherheitsrat, der durch die Veto-Kapazität seiner Ständigen Mitgliedsländer erneut handlungsunfähig wurde, und der UN-Vollversammlung, die mit großer Mehrheit der Staaten den Angriff Russlands auf die Ukraine verurteilte, wurde bei den unterschiedlichen Reaktionen auf den brutalen russischen Angriffskrieg auf die Ukraine im Februar 2022 überdeutlich. Allerdings: Beide Gremien der UN sind und bleiben ohne rechtliche Verbindlichkeit.

Im Bereich der wissenschaftlichen Theoriebildungen über die internationalen Beziehungen sind die Staaten der Welt und die Fragilität der UN der dominante Ausgangspunkt der Analyse geblieben. Auf dieser Basis entwickelten sich Theorieschulen und Theoriedispute. Neue Sachverhalte wurden in diese Theorien teilweise integriert, vor allem im Blick auf die Zunahme von Aktivitäten von Nichtregierungsorganisationen (NGOs). Auch diese beziehen ihre Arbeit üblicherweise entweder auf einzelne Staaten oder auf die Weltgemeinschaft insgesamt. Die regionale Ordnungsebene der Europäischen Union wirkt nur in sehr geringem Maße als Referenzpunkt für entsprechende zivilgesellschaftliche Aktivitäten. Mit der Europäischen Bürgerinitiative, die seit 2009 durch den Vertrag von Lissabon ein Instrument der EU geworden ist (Artikel 11 Absatz 4 des Vertrags über die Europäische Union (EUV)), und Artikel 24 Absatz 1 des Vertrags über die Arbeitsweise der Europäischen Union (AEUV) ist der Raum solcher Aktivitäten größer geworden. In der wissenschaftlichen Literatur im Fachgebiet Internationale Beziehungen aber ist die Europäische Union ein Randthema geblieben.

Dieser Sachverhalt hat auch damit zu tun, dass die Theorien der Internationalen Beziehungen beanspruchen, eine universale Reichweite zu haben. Die weltweite Verbreitung regionaler Integrationssysteme konnte diesen Status bisher nicht erreichen. Zwar existieren in allen Kontinenten der Erde regionale Zusammenschlüsse von Staaten. Zu unterschiedlich aber sind die Ausprägungen dieses „region-building" (Kühnhardt 2010), um daraus eine allgemeinverbindliche Theorie mit globaler Aussagekraft abzuleiten. Vorrangig sind daher eher technische Versuche geblieben, den Grad an regionaler Integrationsdichte in unterschiedlichen Verbundsystemen zu messen (De Lombaerde/Van Langenhove 2015; Hooghe/Marks 2017). Gleichwohl sind regionale Integrationssysteme Teil einer komplexen internationalen Ordnung geworden.

Dieser Befund hat noch keinen nachhaltigen Niederschlag in den Theorien der Internationalen Beziehungen gefunden. Zumeist bleibt es daher bei dem Befund, die EU sei das am weitesten fortgeschrittene Modell regionaler Integration und könne mit Hilfe von Integrationstheorien ausreichend studiert und verstanden werden.

1.3 Zur Diskussion gestellt: Ideen und Theorien zusammengedacht

Die Erkenntnisse zur Geschichte politischer Ideen lassen einige Schlussfolgerungen zu, die zur methodischen Grundlage dieses Lehrbuchs hinführen.

Zur positiven Bilanz der Ideengeschichte mit Bezug zur Einigung Europas gehört:

- Die tiefgehende Überzeugung, in einem europäischen Kulturraum mit gemeinsamen Wurzeln und vielfältigsten kulturellen Zusammenhängen zu leben.
- Die Einsicht, dass die Bündelung der Kräfte innerhalb Europas die Selbstbehauptung gegenüber äußeren Bedrohungen stärkt.
- Die Vorstellung, dass es gemeinsamer Institutionen bedarf, um die unterschiedlichen Interessen zusammenzuführen.

Die verschiedenen Pläne für die Einigung Europas sind Legende. Es stellt sich gleichwohl die Frage, warum Europa es in bald zwei Jahrtausenden bis zur Mitte des 20. Jahrhunderts nicht geschafft hat, die Pläne in die Wirklichkeit zu übersetzen. Zur einer entsprechend eher negativen ideengeschichtlichen Bilanz gehören folgende Aspekte:

- Manche der Pläne zur Herstellung eines einigen Europas waren zu idealistisch und unpräzise universalistisch. Das rhetorische Pathos ließ sich nicht in die politische Realität übersetzen.
- Andere Pläne waren zu sehr von den Interessen einzelner Staaten geprägt. Die Furcht vor einer hegemonialen Vereinnahmung war bei den Akteuren anderer Staaten groß.
- Die Idee, sich gegenüber einer externen Bedrohung zum gemeinsamen Vorteil zusammenzufinden, war plausibel, aber nicht ausreichend, um eine solide Form gemeinsamer Ordnung hervorzubringen.
- Allen frühen Europa-Plänen fehlte es an einer schlüssigen Methode, wie die angestrebten Ziele zu erreichen sein würden. Verhandlungen zwischen den zu beteiligenden Staaten wurden bedacht, aber keine wirksamen Lehren aus ihrem Scheitern gezogen.

Alles in allem lässt sich zusammenfassen: Kultur und Politik fanden über lange Zeiträume hinweg nicht zusammen, um ein sich vereinigendes Europa hervorzubringen. Die Bedingungen für einen solchen Zusammenschluss blieben ungenau. Entsprechend liest sich die Geschichte politischer Ideen zur Einigung Europas wie die Geschichte des Scheiterns einer großen Idee, die nicht in der konkreten Zeit ankommen konnte. Daraus ließ sich nur eine besonders starke Schlussfolgerung ziehen: Europa musste, wollte es sich zusammenschließen, gegen seine bisherige geschichtliche und ideenpolitische Erfahrung gedacht und zusammengeschlossen werden.

Es entstand ein intellektuelles Paradox: Die große Idee Europa musste offensichtlich ganz anders und neu gedacht werden, um zu gelingen. Ein geeintes Europa konnte nicht im Sinne eines linearen Fortschrittsbegriffs aus der Summe seiner ideenpolitischen Erfahrungen heraus entstehen. Europas Staaten und Völker konnten nur zusammenfinden, wenn sie einen Weg fanden, der gegen alle bisherigen gedanklichen Einsichten angelegt sein würde. Dieser Weg wurde erst in den 1950er Jahren mit der Gründung der Europäischen Wirtschaftsgemeinschaft (EWG) beschritten.

Gleichsam quer zu diesen Befunden entwickelten sich die Theorien zu den internationalen Beziehungen. Sie erreichten als wissenschaftliche Disziplin ein immer höheres analytisches Niveau. Zur positiven Bilanz der Theoriebildung im Bereich Internationale Beziehungen gehört:

- Die epistemologischen Prämissen (Voraussetzungen für die Erkenntnis) und logischen Ableitungen der verschiedenen Theorieansätze wurden immer präziser.
- Die Theorien der Internationalen Beziehungen führten infolge neuer methodischer Ansätze zu einem beachtlichen Theoriepluralismus.
- Die Machtfrage stand konsequent im Zentrum der Theoriediskurse, wenngleich der Machtbegriff klug ausdifferenziert wurde (hard power, soft power, smart power).

Aber: Es stellt sich die Frage, warum in der Wissenschaftsdisziplin Internationale Beziehungen die Entwicklungen im Zusammenhang mit der Europäischen Union so lange Zeit eher randständig behandelt worden sind. Zu dieser negativen Bilanz gehören folgende Aspekte:

- Die Theorien blieben ihrem Ausgangspunkt verhaftet, der Rolle des Staates in der Weltpolitik, und sie unterschätzten den Bedeutungszuwachs, der aus der Idee der überstaatlichen regionalen Kooperation, wenn nicht gar regionalen Integration erwuchs.
- Die Internationalen Beziehungen nahmen ihren Ausgangspunkt in der Untersuchung der großen Mächte und taten sich schwer, die Dynamik des weltpolitischen Bedeutungszuwachses der EU ausreichend zu erfassen.
- Die Theorien differenzierten den Machtbegriff zwar in einem horizontalen Sinne, blieben aber eher unbeholfen gegenüber einem zunächst normativen Machtbegriff, wie er mit der europäischen Einigung verbunden war, auch als sich dieser zunehmend zu einem strategischen Machtanspruch der EU erweiterte.
- Der Theoriepluralismus blieb auf Fragen der internationalen Ordnung konzentriert und tat sich schwer, kulturelle und gesellschaftliche Aspekte einzubeziehen, während die Entwicklungspfade der EU vom Primat der innereuropäischen Einigungslogik zur langsamen Öffnung in die Richtung eines weltpolitischen Akteurs führten.

Die Veränderungen, die die faktische europäische Einigungsgeschichte Zug um Zug gegenüber den über lange Zeit dominierenden Ansätzen der Ideengeschichte auszeichnete, standen quer zu den methodischen und analytischen Vorgehensweisen im Bereich der Internationalen Beziehungen.

Unterdessen ist offensichtlich: Das Verhältnis der politischen Ideengeschichte zu den Theorien der Internationalen Beziehungen muss mit Blick auf die Frage nach der praktischen wie theoretischen Relevanz der europäischen Einigung einer Neubewertung unterzogen werden. Die Frage nach den Bedingungen des Friedens kann nicht länger primär aus der Perspektive souveräner Staatlichkeit verstanden werden. Die Prinzipien des Völkerrechts haben den staatszentrierten Ansatz um eine gewichtige Dimension erweitert: die Rechte und Interessen der Völker. Zugleich ist dieser Ansatz aber universal schwächer geblieben als die weltweite Existenz des Staates als politische Organisationsform. Mit Hilfe der Idee der europäischen Einigung wird versucht, die Rigidität der staatlichen Souveränität aufzubrechen. Fortgesetzte Staatlichkeit wird mit überstaatlich geltenden Rechtsregeln kombiniert, die an das Völkerrecht anknüpfen, aber nur in einer Region der Erde Gültigkeit beanspruchen. Allerdings fehlt es an einem einzigen europäischen Volk, weswegen die EU in modernen philosophischen Erweiterungen von Kants Ansätzen üblicherweise unerwähnt bleibt (Becker 2006: 341–364).

Zugleich aber wurde im Rahmen der europäischen Einigung ein komplexes Netz von Institutionen und Regelwerken gespannt, das in allen beteiligten Staaten verankert ist und in seinen Wirkungen tief in alle beteiligten Gesellschaften einwirkt. In der Summe bedeutet dies: Die europäische Einigung hat Veränderungen hervorgebracht, die in der politischen Ideengeschichte mit Europabezug so gut wie gar nicht vorhergesehen wurden und die in den Theorien der Internationalen Beziehungen so gut wie gar nicht abgebildet sind. Diese Bedeutungsveränderungen, die gewiss nicht widerspruchsfrei sind, machen es erforderlich, in einer zweiten methodischen Annäherung die Zusammenhänge zwischen der faktischen europäischen Einigungsgeschichte und den Ansätzen zur Integrationstheorie neu zu beleuchten.

Übung

Lösungsskizzen zu diesen Fragen finden Sie online unter:

https://www.utb.de/doi/book/10.36198/9783838558943

1. Warum spielt die europäische Integration an der Schnittstelle von politischer Ideengeschichte und Theorien zu den Internationalen Beziehungen bisher so gut wie keine Rolle?
2. Welche Impulse der politischen Ideengeschichte, die im Kontext der Staatsentwicklung entstanden sind, lassen sich fruchtbar machen für eine ideengeschichtliche Deutung der Europäischen Union?
3. Welche realpolitischen Analyseansätze der Internationalen Beziehungen lassen sich auf das politische Selbstverständnis der EU beziehen?
4. Wie lassen sich die politische Ideengeschichte und die wissenschaftliche Deutung der Internationalen Beziehungen zusammendenken?
5. Anhand welcher Begriffe aus der Ideengeschichte und den Theorien der Internationalen Beziehungen kann die EU als eigenständiger Akteur des politischen Denkens und der Weltpolitik bestimmt werden?

---

2. Europäische Integrationsgeschichte und Integrationstheorie weitergedacht

Zu den Eigenheiten der Europaforschung gehört die Entwicklung von Integrationstheorien, die es zu anderen politischen Ordnungen in dieser Form nicht gibt. Das Kapitel fragt danach, wo die Grenzen des Erkenntnisgewinns der Integrationstheorien liegen und auf welche Weise Denkfiguren und Ideen, die für die europäische Einigung leitend gewesen sind, über integrationstheoretische Analyseansätze hinausgehen. Anschließend stellt das Kapitel Überlegungen zur Diskussion, wie sich methodische Grundfragen der politischen Philosophie für die Analyse der Europäischen Union fruchtbar machen lassen.

Anregung für eine kreative Gestaltung der Seminareinheit: Jede Seminarteilnehmerin/jeder Seminarteilnehmer wählt eigenständig jeweils einen kurzen Text aus, der die Begriffe „Idee" und „Ideologie" definiert. Im Anschluss an die Auseinandersetzung mit den Leitfragen erörtert das Seminar die Unterschiede zwischen beiden Begriffen und sucht nach definitorischer Präzisierung im Blick auf das Verständnis von der Idee der europäischen Einigung als Ausdrucksform einer liberalen Ordnung.

2.1 „Denkstrukturen" der Integrationsgeschichte

Die methodische Frage, in welchem Verhältnis Theorie und Praxis der europäischen Einigung zueinanderstehen, muss sich mit einer komplexen Tatsache auseinandersetzen: Die vielschichtige Wirklichkeit der europäischen Einigung hat über die Ansätze der wissenschaftlichen Theoriebildung hinaus eine Dynamik entfaltet, mit der die Entwicklung von Theorien über die regionale Integration, die immer wirklichkeitsreduzierend sein müssen, nur mühsam Schritt halten konnte. Dieser Befund hat zwei Folgen: Zum einen ist ein multiperspektivischer, transdisziplinärer Zugang notwendig geworden, um die Eigentümlichkeiten der europäischen Einigung wissenschaftlich zu erfassen. Politikwissenschaftliche, wirtschaftswissenschaftliche, rechtswissenschaftliche, soziologische und kulturwissenschaftliche Theorieansätze bieten mit gleichem Recht Bausteine zum Fundament einer Erklärung der zeitgenössischen Europäischen Union. Zum zweiten ist es notwendig geworden, die Zusammenhänge zwischen Zeitgeschichte und politischer Theorie weiterzudenken, um zu verstehen, was darüber hinaus zur Substanz dieses Fundaments und zugleich zu seinen Konsequenzen gehört.

Geschichts- und Politikwissenschaft haben ergiebige Beiträge geleistet, um die Ursprünge und Entwicklungslinien der europäischen Einigung zu rekonstruieren und in ihren strukturellen Zusammenhängen zu analysieren. Unterschiedliche Vorschläge wurden von der Forschung erarbeitet, um die bisherigen Phasen der europäischen Einigung zu systematisieren (Kühnhardt 2010: 121–238). Zwei Aspekte sind dabei trotz vieler brillanter Spezialstudien in den letzten Jahrzehnten eher vernachlässigt worden, auf die der Historiker und Politikwissenschaftler Karl Dietrich Bracher bereits seit den 1970er Jahren hingewiesen hat. Erstens, die Einbeziehung der Zusammenhänge zwischen dem Zerfall europäischer Kolonialreiche in der Mitte des 20. Jahrhunderts und der Hinwendung vor allem Frankreichs zu einer Neuordnung Europas (Bracher [1976] 1993: 64–97). Zweitens, ein ideengeschichtlicher Ansatz, der über konkrete institutionelle europapolitische Pläne und die diversen, gut erforschten Stufen der Integrationsgeschichte hinaus konsequent nach den „Denkstrukturen" (Bracher 1982: 272 f.) fragt, die sich im beständigen Ringen zwischen unterschiedlichen politischen Ideen und geistigen Orientierungen gezeigt haben und auch weiterhin zeigen. In der unmittelbaren Nachkriegszeit, aber auch bei allen späteren Wendepunkten in der europäischen Integrationsentwicklung spielten die geistigen Strömungen und politischen Ideen ebenso eine Rolle wie das pragmatische Handeln der Akteure in den europäischen Institutionen.

Denkstrukturen des Wiederaufbaus

„Erstmals in der Geschichte Europas begann sich eine einheitliche Meinung über den Wert der freiheitlichen Demokratie und die Gemeinsamkeit europäischer Interessen zu bilden. Dies geschah zwar vor dem Hintergrund einer tiefen Erschöpfung und Krisenstimmung, die den Analysen und Deutungen der Literaten, Philosophen und Theologen mehr denn je zuvor das Gepräge gaben. Aber die Erfahrungen der Diktatur, ihre Zerstörungen und die neue Drohung schufen zugleich Voraussetzungen für eine demokratische Europapolitik, die doch von den Denkmöglichkeiten der ersten Nachkriegszeit gänzlich verschieden waren. Das geschah zwar nicht über Nacht: Die zähen Denktraditionen der nationalistischen und ideologischen Politik wirken als mächtige Petrefakte des politischen Lebens und Glaubens bis heute fort. Aber in dem erstaunlich kurzen Zeitraum von nur fünf Jahren (1945–1950) fielen nicht nur jene großen politischen Entscheidungen, die als weltgeschichtliche Weichenstellungen bis zum heutigen Tag bestimmend geblieben sind. Auch die geistigen und normativen Entscheidungen dieses Jahrfünfts, die an den Verfassungen und Doktrinen, Büchern und Diskussionen, nicht zuletzt an den jähen Trennungen vom Kommunismus ablesbar sind, bezeugen die Entstehung eines gemeineuropäischen und gemeindemokratischen Politikverständnisses, das ungleich stärker und allgemeiner als das bisherige politische Denken vom Primat der Freiheit und Menschenwürde,

von der Bedeutung eines Ausgleichs individueller und sozialer Rechte, vom unverbrüchlichen Wert der pluralistischen Demokratie vor allen monolithischen Ideologien und Systemen überzeugt und durchdrungen war."
(Bracher 1982: 272 f.)

Es reicht nicht aus, bei der Historiographie der EU allein auf die gängigen Begründungen zu schauen, die vornehmlich im Bereich der zwischenstaatlichen Beziehungen angesiedelt sind und zumeist um die Geschichte der deutsch-französischen Aussöhnung zentriert werden. Natürlich war die Neuordnung der Beziehungen zwischen Frankreich und Deutschland nach dem Zweiten Weltkrieg ein fundamentaler Vorgang. Er bedeutete für Frankreich einen recht weitgehenden Bruch mit der bisher geltenden Staatsstrategie. Deutschland sollte nicht länger als besiegter Feind verstanden werden. Deutschland sollte sukzessive zum Partner bei der Neugestaltung Europas und zum Verbündeten gegen die sowjetische Bedrohung werden. Aber der europapolitische Neubeginn stand auch im Kontext der Strömungen des innenpolitischen Denkens in Frankreich. Von gaullistischen Positionen verlangte die europapolitische Neuausrichtung grundlegende Korrekturen. In analoger Weise war für Deutschland die Neuordnung Europas nicht allein ein Akt außenpolitischer Rationalität. Für Deutschland bedeutete die Neuordnung der Beziehungen zu Frankreich und dem europäischen Westen einen kulturgeschichtlichen Bruch mit dem bisher vorherrschenden Staatsverständnis. Die Anerkennung der liberalen parlamentarischen Demokratie beendete die fehlenden Eindeutigkeiten, die die Weimarer Republik hatten zerstören können. Die „Westbindung", die vom Regierungssitz Bonn aus vorangetrieben wurde, bedeutete eine kulturelle Entscheidung der Bundesrepublik Deutschland für die politischen Ordnungsvorstellungen der westlichen Demokratien.

Dieses waren strategische und kulturhistorische Vorgänge von größter Bedeutung und Tragweite. Allein aber erklären sie den Weg zur europäischen Einigung noch nicht. Notwendig war die Kombination verschiedener „Denkstrukturen" von denen der Historiker Karl Dietrich Bracher frühzeitig im Blick auf Deutschland, aber auch die westeuropäischen Gesellschaften insgesamt gesprochen hat. Die geistige Situation der Zeit muss ebenso in den Blick genommen werden wie die diplomatischen Weggabelungen. Im Frankreich der späten Vierten und auch noch der Fünften Republik vollzog sich die langsame Entkrampfung des eher nationalautark ausgerichteten Gaullismus gegenüber einem föderal angelegten Europadenken. Im Westdeutschland der Nachkriegsjahre erleichterte der antitotalitäre Neubeginn besonders die Hinwendung zu demokratischen Regierungsformen. Nationalkonservatives Denken war weithin diskreditiert. In größeren europäischen Zusammenhängen standen die Erfahrungen mit einer Neubesinnung auf den christlichen Glauben und die von ihm abstrahlende politische Ethik. Christdemokratische Parteien, ein Novum in der europäischen Geschichte, wurden in mehreren Ländern Westeuropas zu übernational ausgerichteten Europa-Parteien. Sozialdemokratische Parteien rangen um die Abgrenzung zum kommunistischen Linkstotalitarismus. Ihr Versöhnungsbedarf in jener Zeit betraf das westliche Marktmodell. Christdemokratischen wie sozialdemokratischen Denkansätzen gelang Zug um Zug der Ausgleich mit den Konzepten der liberalen, rechts- und verfassungsstaatlichen Demokratie. Zugleich wurde die europäische Einigung eine staatsbegründende Idee. In den Römischen Verträgen vom 25. März 1957 wurde das daraus erwachsene neue politische Denken wirkmächtig, das gleichsam gegen die bisherige europäische Geschichte gerichtet war. Wenngleich die europäische Einigung, um es mit dem Historiker Wilfried Loth zu sagen, „eine unvollendete Geschichte" (Loth 2020) geblieben ist, so ist sie doch zugleich eine außergewöhnliche Erfolgsgeschichte. Ihre Denkstrukturen spiegeln sich in Theorien zur europäischen Integration wider. Zugleich stoßen diese Denkstrukturen in den Theorien zur europäischen Integration aber auch an epistemologische Grenzen, das heißt an Grenzen hinsichtlich der Voraussetzungen ihrer Erkenntnis. Eine Ideengeschichte der europäischen Einigung lässt sich mit Hilfe der europäischen Integrationstheorien allein kaum rekonstruieren.

2.2 Theorien zur Integrationsdeutung

Die europäische Einigungsgeschichte hat seit den 1950er Jahren eine umfangreiche und zugleich eigentümliche Geschichte der Integrationstheorien hervorgebracht. Der Politikwissenschaftler Ben Rosamond hat wohl am besten die Parallelität von Integrationsgeschichte und Integrationstheorie aufbereitet (Rosamond 2000). Er hat darauf hingewiesen, dass sozialwissenschaftliche Theoriebildungen Perzeptionen intellektualisieren. Theoriebildung sei ein Mechanismus, um Zustimmung oder Ablehnung zu einer bestimmten Deutung des Geschehens zu generieren. Theorien der europäischen Integration sind vor allem das akademische Echo auf eine bestimmte Entscheidung oder Phase der europäischen Integration.

Theories of European Integration

- Federalism, Functionalism and Transactionalism
- Neofunctionalism
- The Intergovernmentalist Backlash
- Towards Theoretical Synthesis

- Theorizing Complex Policy-Making and Multi-Level Governance
- New Institutionalism
- Policy Networks and Actor-Based Models
- Theorizing Supranational Governance
- Domestic Politics and Two-Level Games
- Liberal Intergovernmentalism
- Confederalism and Consociationalism
- Constructivism and European Integration
- The EU and International ‚Actorness'

(Rosamond 2000)

Zugleich sind Theorien der europäischen Integration eine Übung in intellektueller Logik. Ihre Weiterentwicklung strebt dazu, ein theoretisches Argument zu perfektionieren. Theorien der europäischen Integration sind fixiert auf den Prozess und auf die Zielsetzung der Integration. Sie deuten das Akteursverhalten und die Ergebnisse von Aushandlungsprozessen. Sie wollen Ergebnisse theoretisch bewerten und in einen größeren Zusammenhang einordnen. Dieser Zusammenhang ist selbst Teil eines umfangreicheren Theorieraumes. Integrationstheorien verstehen sich als Teil der politikwissenschaftlichen Theoriebildung im Studienfeld der Internationalen Beziehungen (siehe Kapitel 1.). Systematisierungsangebote treten an die Stelle von historischen Einordnungen und Deutungen. Integration wird dabei häufig zum abstrakten Zentralbegriff. Begriffe wie „Pfadabhängigkeit" suggerieren die angebliche Unausweichlichkeit und Alternativlosigkeit eines Integrationsvorgangs. Böse Zungen könnten zuweilen die Frage stellen, was Integrationstheoretiker eigentlich von der EU-Praxis wissen.

Tab. 1: Überblick über Integrationstheorien

	Intergouvernementalismus	**Neofunktionalismus**	**Postfunktionalismus**
Nachfrage (Präferenzen)			
Akteure: Regierungen und...	Nationale Interessengruppen (liberal)	Transnationale Interessengruppen und supranationale Organe	Nationale Wähler und Parteien
Ziele: Wohlfahrt und ...	Autonomie und Sicherheit (realistisch)	Integration	Selbstbestimmung

	Intergouvernementalismus	Neofunktionalismus	Postfunktionalismus
Angebote (Verhandlungen)			
Akteure: Regierungen und...		Supranationale Organe	Nationale Wähler und Parteien
Kontext: Intergouvernementale Verhandlungsmacht und...		Supranationale Institutionen	Nationale Institutionen
Feedback			
	Keines	Positiv	Negativ

Quelle: Schimmelfenning 2020: 7.

Integrationstheorien wollen messen und vermessen. Sie deuten nicht, was gut oder falsch, besser oder schlechter ist. Sie erheben den Integrationsbegriff zum entscheidenden Referenzpunkt für das Studium der Europäischen Union. Es liegt daher in der Logik von Integrationstheorien, dass ihre Zentralfrage lautet, so der Politikwissenschaftler Frank Schimmelfennig, „ob die Dynamik eher integrationsförderlich oder integrationshemmend ist." Beurteilungsmaßstab ist „die Balance der Effizienzgewinne und Selbstbestimmungskosten" der Integration (Schimmelfennig 2020: 23). Außerdem berücksichtigen Integrationstheorien zu wenig die genuinen Zusammenhänge und Plausibilitäten von regionalen Integrationserfahrungen in anderen Weltregionen (MERCOSUR, ASEAN, Afrikanische Union), um tatsächlich als global geltungsfähige Theorie eingestuft werden zu können.

Frühzeitig sind Versuche gestartet worden, so vor allem von dem Politikwissenschaftler Wolfgang Wessels, die unterschiedlichen Ansätze im Bereich der Integrationstheorie zu „fusionieren" (Wessels 1992: 62–77). Damit wollte Wessels praxisnah zum Ausdruck bringen, dass die europäischen Institutionen selber immer stärker aufeinander bezogen waren und miteinander aktiv wurden. Die Synthese der Integrationstheorien spiegelt die Vielschichtigkeit der Integrationswirklichkeit in der EU wider. Einer der ersten Theoretiker der europäischen Integration, der Politikwissenschaftler Ernst Haas, hatte erstmals 1975 davon gesprochen, dass Integrationstheorien zwar nicht überflüssig seien, aber allmählich veraltet wären, außer Gebrauch gekommen seien (Haas 1975). Die späteren Synthesebemühungen im Bereich der Integrationstheorien bestätigten den Befund von Haas.

Die These dieses Buches lautet daher: Integrationstheorien werden immer stärker überholt durch das politische Denken der Europäischen Union, ein ganz eigenes Genre ihrer Deutung. Das politische Denken der Europäischen Union steht erst am Anfang, ist zweifellos noch unabgeschlossen und wird in diesem Buch erstmals für das Weiterstudium zur Diskussion gestellt. Um die epistemologischen Prämissen für das politische Denken der Europäischen Union – das heißt: die Voraussetzungen für die Erkenntnisse, die sich auf dieses Denken beziehen – fundierter zu verstehen, ist ein Rekurs auf Ordnungsbegründungen in der politischen Philosophie hilfreich.

2.3 Zur Diskussion gestellt: Politische Philosophie weitergedacht

Politisches Denken ist keine Sonderform positivistischer Wissenschaftstheorien. Mit politischem Denken ist in diesem Band also nicht eine Unterform der politischen Theorie gemeint, wie sie zum Grundkanon des Studiums der Politikwissenschaften gehört. Politisches Denken wird im klassischen Sinne verstanden unter Rückbezug auf Ordnungsbegründungen, die in der Politischen Philosophie entwickelt worden sind. Begründungen für Ordnung und Herrschaft, wie sie in der Politischen Philosophie entwickelt wurden, reichen zurück bis in die griechisch-römische Antike. Das griechische Gemeinwesen, in dem das politische Denken seinen Ausgangspunkt nahm, existierte im Rahmen der vor-staatlichen polis-Ordnung. Es gab also bereits politische Philosophie vor dem modernen Staat (Raaflaub 1988: 189–271, 273–368). Warum sollte es daher nicht auch politisches Denken über den modernen Staat hinaus im Kontext der Europäischen Union geben? Tatsache aber bleibt zunächst, dass die meisten Entwürfe der Politischen Philosophie in erster Linie den Begriff des modernen Staates als ihren Referenzpunkt nehmen. Die antiken Ursprünge wurden semantisch über das Konzept des Stadtstaates, die polis, mediatisiert. In den verschiedensten Ausprägungen der Politischen Philosophie, die sich von der Antike bis zur Moderne entwickelt haben, haben Repräsentanten der Politischen Philosophie in erster Linie nach einer Begründung des Staates und seiner Ziele gesucht. Zentral waren stets Fragen der Legitimität, gelegentlich auch Fragen des Menschenbildes, der anthropologischen Voraussetzungen öffentlicher Ordnung. Die Modelle ihrer Begründung wichen im Laufe der Philosophiegeschichte naturgemäß voneinander ab, wie der Philosoph Christoph Horn anschaulich erläutert hat (Horn 2012: 7–39).

Modelle der Staatsbegründung

- Das eudämonistische Modell, mit dem das richtig gestaltete Gemeinwesen als Voraussetzung für gelingendes menschliches Leben verstanden wird (Aristoteles, Platon)
- Das utilitaristische Modell, mit dem der Zweck der politischen Ordnung in der Nutzenmaximierung begriffen wird (Jeremy Bentham, John Stuart Mill)
- Das Modell der strategisch rationalisierten Vertragstheorie, mit dem die Regelsetzungen gemeint sind, die aus der Ausgangssituation des Naturzustandes in eine Ordnung der Sicherheit herausführen (Thomas Hobbes)
- Das Modell des moralischen Kontraktualismus, mit dem die Rechtsregeln gemeint sind, mit deren Hilfe das Gebot von Freiheit und Eigentum aus dem Naturzustand herausführt (John Locke)
- Das kommunitär-intersubjektive Modell, das die politische Ordnung als Verwirklichung von kollektiver Identität und Sittlichkeit betrachtet (Georg Friedrich Wilhelm Hegel)

(Horn 2012)

Politisches Denken, politische Philosophie und politische Ideengeschichte entstanden über lange Zeiträume in einem jeweils voneinander unterschiedenen Kontext. Allerdings: Die griechische Geschichtsschreibung hat sich nicht mit einer griechischen Geschichtstheorie zufriedengegeben. Ein eigenständiges Genre entstand: griechische Philosophie und das politische Denken der Griechen. Die französische – wie jede andere nationale – Historiographie hat sich ebenfalls nicht mit einer französischen – oder anderweitig national bezeichneten – Geschichtstheorie zufriedengegeben. Es entstanden eine französische Philosophie und das politische Denken der Franzosen. Gleiches galt für die philosophischen und ideengeschichtlichen Traditionen anderer Nationen. Auch kollektivkulturelle Deutungen haben sich entwickelt, so etwa im Kontext dessen, was „der Westen“ genannt wird: „A History of Western Philosophy“ des Philosophen Bertrand Russell erschien 1946 (Russell 1946). Die monumentale „Geschichte des Westens“ des Historikers Heinrich August Winkler steht seit 2009 wie ein Denkmal der Geschichtswissenschaft zur Verfügung (Winkler 2009). Inmitten neuer Selbstzweifel empfahl der Publizist Thomas Kleine-Brockhoff 2020: „Den Westen neu denken“ (Kleine-Brockhoff 2020). Eine „Geschichte des politischen Denkens der Europäischen Union“ gibt es bisher nicht.

Politische Philosophie entstand aus dem Ringen um Begriffe und Wirklichkeitsdeutungen, aber auch um Ideen und Zukunftsentwürfe. Die französische Annales-Schule (Fernand Braudel) hat mehrere Ebenen für den Zeitbegriff geprägt. Das Ereignis (événement), die mittellange Dauer (moyenne durée) und die lange Dauer (longue durée) strukturieren Untersuchungen im Zeitverlauf. Untersuchungen zur Ideengeschichte und politischen Philosophie gehören zweifellos zur dritten Kategorie, zur longue durée. Zudem unterziehen sie die Gegenstände ihrer Analyse einer Deutungswende. Sie lösen sich von der Ebene der Ereignisse und Prozesse und kehren diese um zur Ebene der Ideen und „Denkstrukturen" (Bracher). Die Frage, ob es eine politische Philosophie der Europäischen Union gibt, folgt einer solchen Deutungswende der europäischen Einigungsgeschichte und der Geschichte der europäischen Integrationstheorien.

Die Deutungswende führt zu einer vorsichtigen Hypothese: Methodische Aussagen zur politischen Philosophie gelten nicht nur in Bezug auf „den Staat". Sie können auch für eine supranationale Ordnung angewendet werden wie sie die Europäische Union darstellt. Ehe eine genuine politische Philosophie entstanden sein wird, deren Referenzpunkt nicht der Staat, sondern die Europäische Union ist, wird wohl noch eine längere Zeit der Entwicklung, Beobachtung und Deutung der europäischen Einigung notwendig sein. Aber gewichtige Elemente eines politischen Denkens, das ursächlich aus den Entwicklungen der Denkwege der Europäischen Union erwachsen ist und sich primär auf die Europäische Union bezieht, lassen sich unterdessen bereits identifizieren.

Die Analyse dieser Entwicklung wird nicht von der simplen Vorstellung geleitet sein, die Europäische Union vollziehe einfach nur Denkwege nach, die zu einem früheren Zeitpunkt bereits im Kontext des Staates und der auf ihn bezogenen Politischen Philosophie stattgefunden haben. Im Gegenteil. Aus der eingangs formulierten These, die europäische Einigung sei gegen wesentliche Erfahrungen und Strukturen der europäischen Geschichte gesetzt, ergibt sich für das politische Denken ein analoges Paradoxon: Das politische Denken der Europäischen Union vollzieht sich nicht unausweichlich, aber doch mit überraschend konsistenter Wiederkehr sozusagen spiegelverkehrt zu den Erfahrungen, die aus den Entwicklungswegen des staatsbezogenen politischen Denkens gewonnen werden können. Das politische Denken der Europäischen Union wiederholt entsprechende Entwicklungsschritte des staatsbezogenen politischen Denkens in umgekehrter Reihenfolge. Anhand von fünf empirischen Beispielen (Kapitel II.) wird diese eigenwillige, aber erklärbare Verlaufsgeschichte bei der Entwicklung des politischen Denkens der Europäischen Union vorgestellt und erläutert.

Gleichwohl lassen sich vergleichende Anregungen aus früheren Diskursen zum politischen Denken im Kontext des Staates gewinnen. Ein Beispiel ist das in die Weimarer Republik zurückführende Werk des Staatsrechtslehrers Rudolf Smend, „Verfassung und Verfassungsrecht" (1928). Smend lehnte jede Überhöhung des Staates ab. Er sah den Staat als eine sich immer wieder neu und weiter entwickelnde Ordnung, die durch ihre Bürger und die Verfassung, die sie sich gegeben haben, geprägt wird. Smend verstand den Staat und seine Ordnung als einen kulturellen Ausdruck und nicht bloß als eine technische Organisation des öffentlichen Lebens. Er suchte nach den Bedingungen der Integration im Staat.

Dies war für ihn nicht eine Frage der Theorie über Strukturen und Prozesse. Integration war eine kulturelle Aufgabe, die in Wechselbeziehung zum Recht im Staat, einschließlich dem Verfassungsrecht stand (Smend [1928] 2010: 119–276; Llanque 2018: 323–350). Im wissenschaftlichen und staatsrechtlichen Disput mit Vertretern des Rechtspositivismus in der Weimarer Republik akzentuierte Smend die Integrationsleistung von Verfassung und Parlamentarismus. Es wäre nicht zu verwegen, Rechtspositivismus und europäische Integrationstheorien analog zu setzen und politisches Denken, das auf kulturellen und normativen Faktoren gründet, als Pendant eines Ansatzes zu verstehen, der im Blick auf die staatliche Ordnung seit der abendländischen Antike Tradition hat, in Bezug auf die Europäische Union aber gerade erst mit einer vorsichtigen embryonalen Häutung begonnen hat: die Frage nach den Bedingungen einer teleologischen, zielorientierten Deutung des Gemeinwesens.

Ohne auf weitere Einzelheiten und den Kontext der Zeit einzugehen: Es gab schon Integrationstheorien vor den Theorien über die europäische Integration. Hier tut sich ein weites Feld für Forschung und Lehre auf: Ideengeschichtliche Bestände aus dem Kontext der staatszentrierten Politischen Theorie und Philosophie daraufhin zu überprüfen, ob und inwieweit sie Inspirationskraft für das politische Denken der Europäischen Union besitzen könnten (Kühnhardt 2014).

Die Europäische Union agiert und inszeniert sich mit genuinen Begrifflichkeiten, die auf einer je eigenen Entstehungsgeschichte gründen. Anhand von vier Beispielen (Abschnitt III.) wird die Sprache und Begrifflichkeit der Europäischen Union analysiert, ihre Herkunft, Funktion und Wirkung. Auch die Sprache der EU enthält originäre Inhalte, die zur Begriffsbildung und Symbolisierung des politischen Denkens der Europäischen Union gerechnet werden können.

Macht ist und bleibt eine Zentralkategorie des Politischen. Anhand von fünf Beispielen (Abschnitt IV.) wird untersucht, auf welche Weise grundlegende Facetten des politischen Denkens der Europäischen Union sich der Machtfrage stellen.

Die Analyse des politischen Denkens der EU muss ein naheliegendes Missverständnis ausräumen, ehe dieses sich vor dem Fortgang der Lektüre festsetzen könnte. Bei den nachfolgenden Analysen und Skizzen handelt es sich nicht um Beiträge zum politischen Denken in der Europäischen Union. Es wird nicht danach gefragt, wie einzelne Akteure in der EU denken oder anhand welcher Kategorien kontroverse Debatten in der EU verlaufen. Es geht um das Ganze und die Art und Weise, wie die Europäische Union „denkt". Natürlich denkt ein Gefüge von Institutionen nicht. Denken tun Akteure in diesem Gefüge, das sie mit ihren Gedanken und den Ergebnissen ihrer Aushandlungsprozesse voranbringen. Im Ergebnis ist eine Europäische Union entstanden, die auch nach sieben Jahrzehnten ihrer Existenz unvollendet ist und fortgeschrieben wird. Diese Europäische Union aber verhält sich zu Inhalten des politischen Denkens, von denen sie selber ein Teil ist und die sie weiterführt. Genau betrachtet hat also nicht die Europäische

Union ein neues Set von politischen Denkwegen generiert, sondern politische Denkwege haben sich im Verlauf einer längeren Entwicklung eingebrannt in die Formensprache, Rhetorik und Selbstdeutung, die in der Europäischen Union unterdessen üblich ist.

Das politische Denken der Europäischen Union ist noch keineswegs abgeschlossen. Wohl erst, wenn Diskurse und Kontroversen über das politische Denken der Europäischen Union einen bestimmten Grad an Reife und Dichte erreicht haben werden, wird die Rede von einer Politischen Philosophie der Europäischen Union sein können, einer politischen Philosophie, die in die Ahnengalerie der Politischen Philosophie der europäischen Staaten Aufnahme findet. Zu diesem Prozess, der noch am Anfang steht, gehört es, eine Ideengeschichte der Europäischen Union zu erarbeiten, die sich an Autoren, Vordenkern und Kommentatoren derjenigen politischen Denkwege orientiert, die die Europäische Union charakterisieren. Zu diesem Prozess gehört aber auch, deutlich die begrifflichen Unterschiede herauszuarbeiten zwischen einer liberalen Idee, der die europäische Integration entsprungen ist, und einer geschlossenen Ideologie, die die EU nicht ist, solange sie ein korrekturoffenes und pluralistisches Gemeinwesen ist.

Die EU wird weitere philosophische Auseinandersetzungen erleben und ideengeschichtlich relevante Erfahrungen sammeln. Die entsprechenden Prozesse haben erst begonnen. Die EU ist mehr als nur ihre Historiographie. Die EU ist auch mehr als die Integrationstheorien über sie. Die EU hat in den bisherigen Jahrzehnten ihres Bestehens ein eigenes Genre politischen Denkens hervorgebracht. Es ist im Stadium weiterer Entwicklung. Sein Ende ist nicht abzusehen. So gilt auch für das politische Denken der Europäischen Union: eine Zielbestimmung, eine finalité, wird es nicht geben, solange Menschen denken und Institutionen der wandelbare Ausdruck dieses Denkens sind.

Übung

Lösungsskizzen zu diesen Fragen finden Sie online unter:

https://www.utb.de/doi/book/10.36198/9783838558943

1. Warum hat die zeitgenössische Erfahrung der europäischen Einigung zu europäischen Integrationstheorien geführt? Wo liegt der Erkenntnisgewinn der europäischen Integrationstheorien?
2. Wo liegen die Grenzen des Erkenntnisgewinns, die aus europäischen Integrationstheorien gezogen werden können?
3. Auf welche Weise gehen die Denkfiguren, die für die Entwicklung der europäischen Einigung leitend gewesen sind, über integrationstheoretische Deutungsansätze hinaus?

4. Welche Begründungsmodelle für öffentliche Ordnungen, die in der Politischen Philosophie entwickelt worden sind, lassen sich für die Darstellung des politischen Denkens der Europäischen Union fruchtbar machen?
5. Welcher zusätzliche Erkenntnisgewinn stellt sich ein, wenn die EU jenseits der historischen und integrationstheoretischen Zugangsweisen als Gegenstand eines genuinen politischen Denkens interpretiert wird?

II. Denkwege

1. Von der Abwehr des Bösen zum bonum commune europaeum

Während das politische Denken seit der Antike in starkem Maße teleologisch geprägt ist – das heißt vor allem immer wieder neu die Frage nach dem „Wozu?“ einer politischen Ordnung gestellt hat – ist der Gründungsimpuls der Europäischen Union vor allem funktionalistisch gewesen (Zusammenführung von Souveränität über Kohle und Stahl, Binnenmarkt, Währungsunion). Das Kapitel fragt nach den Motiven für die teleologische Zurückhaltung in der Entwicklung der europäischen Einigung. Zuvor werden Kriterien und Definitionen des Gemeinwohls eingeführt, an die sich die Frage anschließt, ob es in der heutigen Europäischen Union feststellbare Bemühungen um die Entwicklung eines europäischen Gemeinwohls und die damit verbundene Frage nach dem „Wozu?“ der EU gibt. Der Umgang der Europäischen Union mit der Corona-Pandemie wird als Beispielfall zur Diskussion gestellt.

Anregung für eine kreative Gestaltung der Seminareinheit: In Kleingruppen führen die Seminarteilnehmerinnen und Seminarteilnehmer ein Brainstorming durch mit der Zielsetzung, Anwendungsbeispiele für die Bestimmung eines bonum commune europaeum zu identifizieren. In der anschließenden gemeinsamen Seminarsitzung wird nach methodischen Kriterien gefragt, um die benannten Beispiele systematisch und im Blick auf eine mögliche Bedeutungshierarchie einzuordnen.

1.1 Der gute Staat: Telos und bonum commune

Seit den antiken philosophischen Anfängen des politischen Denkens wird das Gemeinwesen auf Zwecke bezogen, die idealerweise erreicht werden sollen. Bereits in den politiktheoretischen Konzeptionen von Platon und Aristoteles ist aber schon ein grundlegender Unterschied angelegt, wie der gute Staat gedacht werden kann. Platon dachte idealistisch und richtete sein Denken deduktiv an absoluten Zielen des Guten und Gerechten aus. Aristoteles dachte pragmatisch und fragte induktiv nach der bestmöglichen Verfassung, um die empirisch bestimmten Ziele eines Gemeinwesens zu erreichen. Er war geleitet von der Idee des gemeinsamen Vorteils (to koine sympheron), zu dem das Gemeinwesen strebt. Das Ziel des politischen Handelns aber ist nicht die Verwirklichung einer absoluten Idee, sondern das konkrete Glück der Menschen, die eudaimonia. Gemeinsam waren Platon und Aristoteles ein Bild vom Menschen, der zum Guten befähigt ist und zum Gutsein hinstrebt. Sie dachten das Zusammenleben teleologisch, auf ein Ziel hin. Über weitere Zeiträume hinweg blieb dieser Fokus erhalten. Im Denken von Thomas von Aquin verschmolzen antike Philosophie und christliche Theologie zu einer Einheit. Wissen und Glauben waren für ihn keine Gegensätze. Der Mensch war unterwegs in einer Ordnung, die von Gott geschaffen wurde und zu ihm hinstrebt. Das Gemeinwohl, das bonum commune, war für Thomas von Aquin Aufgabe und Ziel eines jeden politischen Gemeinwesens.

Aristoteles: Politik

„Ziel des Staates ist also das edle Leben, und jenes andere ist um dieses Zieles willen da (...) Man muss also die politischen Gemeinschaften auf die edlen Handlungen hin einrichten und nicht bloß auf das Beisammenleben." (1978: 118)

Wir lernen aus diesem Rückblick: Gemeinwohl ist kein Selbstzweck, den ein Gemeinwesen sozusagen a priori erzwingen kann. Gemeinwohl ist aber auch mehr als die utilitaristische Vorstellung, Glück sei das Glück der größtmöglichen Zahl Einzelner. Das bonum commune erfüllt eine Funktion. Es soll zur Vollendung der öffentlichen und/oder der göttlichen Ordnung führen, ist aber nicht mit dieser Vollendung identisch. Unterschieden werden muss zwischen allgemeinen Zielen, grundlegenden Prinzipien und praktischen Zwecken des Gemeinwohls.

Thomas von Aquin: Summa theologiae (1265–1273)

„Die gesetzliche Gerechtigkeit aber ist es, welche alle Tugendakte zu einem höheren Zwecke, zum Zwecke des Gemeinbesten hinordnet. Also ist sie dem Wesen nach jede Tugend." (II–II, q.58, a.6, arg.3)

„Sed ad iustitiam legalem pertinet quod actus omnium virtutum ordinentur ad altiorem finem, idest ad bonum commune multitudinis, quod praeeminet bono unius singularis personae. Ergo videtur quod iustitia legalis essentialiter sit omnis virtus."

Im Laufe des neuzeitlichen politischen Denkens haben sich die Perspektiven auf das Gemeinwohl und die Bedingungen seiner Ermöglichung immer wieder geändert (Veith 2004: 270–282). Vertragstheoretische Konzeptionen, später dann sozialistische und liberale Ansätze des Denkens haben ihr je eigenes Gemeinwohlverständnis entwickelt. Seit dem Durchbruch von Industrialisierung und Arbeitsteilung im 19. Jahrhundert wird Gemeinwohl zumeist in Verbindung mit

Fragen nach sozialer Gerechtigkeit und Sicherheit gebracht. In der theologisch verankerten christlichen Sozialethik des 20. Jahrhunderts wurde der auf der Antike aufbauende Ansatz von Thomas von Aquin am konsequentesten weiterentwickelt. Die katholische Soziallehre, besonders wirkungsvoll durch den Jesuitenpater und Sozialwissenschaftler Oswald von Nell-Breuning entwickelt, hat im 20. Jahrhundert in prägnanter Weise die dienende Funktion des Gemeinwohls betont. Der von Nell-Breuning verwendete Begriff des Gemeingutes findet sich in späteren Theorien der politischen Ökonomie in der Bezeichnung „öffentliche Güter" wieder. In Diskussionen über den Nutzen neuer Technologien wurde der Gemeinwohlbegriff in einer eigentümlichen Formulierung präsent: Gemeinwohlverträglichkeit. Im rechtsphilosophischen und verfassungsrechtlichen Zusammenhang wird Gemeinwohl vor allem mit dem Begriff der Legitimität zusammengedacht: Gemeinwohl gilt dem Staatsrechtler und Rechtsphilosophen Josef Isensee als „Inbegriff aller legitimen Staatsziele" (Isensee 1996: 4). Auffällig ist, dass in der insgesamt eher überschaubaren deutschsprachigen Literatur zum Gemeinwohl rechtswissenschaftliche und soziologische Beiträge überwiegen. Politikwissenschaftliche Beiträge stellen eher die skeptische Frage nach dem Ideologiegehalt des Gemeinwohlbegriffs angesichts der modernen pluralistischen Gesellschaft.

Gemeinwohl

„Das ganze Leben der Gemeinschaft kreist um ihr Gemeingut und zielt auf ihr Gemeinwohl (...) Zum Bestande, zur Verwirklichung oder Erreichung des Eigen- oder Selbstwertes „Gemeingut" bedarf es nun aber des organisatorischen und organisierenden Dienstwertes Gemeinwohl. Also ergibt sich: Die Verpflichtungskraft des Gemeinguts erstreckt sich auf alles, was zum so verstandenen Gemeinwohl gehört, denn dieses Gemeinwohl umfaßt genau das, d.h. alles das, aber auch nur das, was zur Funktionsfähigkeit der Gemeinschaft gehört, d.i., was erforderlich ist, damit die Gemeinschaft sich in der guten Ordnung oder Verfassung befindet, in der sie imstande ist, ihr Gemeingut zu wahren oder zu verwirklichen."

(von Nell-Breuning 1990: 30, 43)

Alles in allem blieb beim Nachdenken über den guten und gerechten Staat stets die teleologische Ambition erhalten, die dem Begriff des Gemeinwohls seit den Anfängen des politischen Denkens eigen war: Das Ziel ist die gute Ordnung, in der Politik aufgefasst als die „Lehre vom gelingenden staatlichen Handeln" (Schweidler 2004: 9). Der Gemeinwohlbegriff war stets, bewusst oder unbewusst, mit einem prinzipiell optimistischen Bild vom Menschen verbunden: Zugrunde liegt ihm das Bild vom Menschen, der zur Verbesserung seiner selbst und der Ordnung strebt, in der er mit anderen lebt. Gemeinwohl, die gute Ordnung, lässt sich von Menschen befördern, die vernünftig und einsichtsfähig sind. Gerade deswegen kann es keinen absoluten und endgültigen Begriff des Gemeinwohls geben.

1.2 Der Beginn der europäischen Einigung: Abwehr des Bösen

Das Narrativ zur europäischen Einigung hat mit einer nahezu gegenteiligen Intention begonnen wie die teleologischen Traditionen. Die europäische Einigungsgeschichte, wie sie seit den fünfziger Jahren des 20. Jahrhunderts auf vertragliche Grundlagen gestellt worden ist, war expressis verbis weder dem Zweck nach an einem positiven Begriff von Gemeinwohl orientiert noch dem Ziel des Gemeinwohls im Sinne der Suche nach einer guten Ordnung verpflichtet. Das politische Denken der Akteure, die seit Mitte des 20. Jahrhunderts Zug um Zug das europäische Einigungswerk in die Tat umgesetzt haben, waren in ihrer Absicht und in ihren Zielen weit bescheidener. Besser gesagt: Sie waren realistisch und zugleich eindrucksvoll klug und zielstrebig. Sie schwärmten nicht von der guten und jederzeit legitimen Ordnung. Sie wollten zunächst etwas Existenzielles: Es sollte nie wieder Krieg geben unter den Völkern Europas. Und: Es sollte nie wieder irgendeine totalitäre Ideologie die politischen Herrschaftssysteme begründen. Es ging zu Beginn der europäischen Einigungsgeschichte nicht um ein idealistisch definiertes bonum commune, zu dem gestrebt wurde. Es ging um die künftige Abwehr des Bösen, dem die Überlebenden soeben entkommen waren.

Pate stand dabei weniger ein aufklärungsoptimistisches Menschenbild. Eher musste sich die Gründergeneration Europas, ob bewusst oder unbewusst, mit dem Diktum des englischen Staatsphilosophen des 17. Jahrhunderts, Thomas Hobbes, auseinandersetzen: Angesichts der Grauen des englischen Bürgerkrieges hatte Hobbes den Menschen als des Mitmenschen Wolf empfunden (homo homini lupus). Es war ein skeptisches, ein sorgenvolles Bild vom Menschen, das nach zwei Weltkriegen und menschenverachtender totalitärer und rassistischer Herrschaft in Deutschland den Weg zur Einigung Europas ebnete, während gleichzeitig in der Sowjetunion die kommunistische Form des totalitären Denkens in ihrer Bedrohung für die menschliche Freiheit fortwirkte. Der Konsens im politischen Denken der Nachkriegszeit über eine Neuordnung Europas, die den Rückfall in Nationalismus und Kriege unmöglich machen sollte, war wenig überraschend: Angesichts der massiven Zerstörungen in Europa und des Geltungsverlustes selbst der Siegermächte Frankreich und Großbritannien konnte es einstweilen nur um Schadensbegrenzung und die Verhinderung von antizivilisatorischen Rückfällen gehen.

Zugleich basierten die Nachkriegsvisionen der westlichen Siegermächte auf einer strategischen Neuausrichtung. Statt Revanchismus sollte Partnerschaft mit dem bisherigen Kriegsgegner Deutschland wachsen. Vor allem für Frankreich war diese strategische Neuausrichtung geradezu revolutionär. Es ist bemerkenswert, dass die nüchtern kalkulierten strategischen Überlegungen zur Zukunft Europas von Anfang an mit den eher normativen Grundlagen freiheitlicher Gesellschaftserneuerung zusammengedacht wurden. Diese Option für demokratische Verfassungsstaatlichkeit erklärte, warum durch und durch europäische Länder wie Polen oder Spanien nicht in die frühen Entwicklungsoptionen für eine Neuordnung Europas nach dem Zweiten Weltkrieg einbezogen wurden. Ein vertrauensvoller strategischer Neubeginn zwischen den Staaten Europas verlangte nach Vertrauen in die innere politische Ordnung der Partner. Noch immer dominierten Skepsis und Sorge um den doppelten Rückfall in die Zeiten von Krieg und Diktatur. Alles konnte nur Schritt um Schritt gelingen.

Große philosophische Worte wurden daher einstweilen nicht gemacht. Dazu war die Zeit wohl noch nicht reif, als 1957 der Vertrag zur Gründung der Europäischen Wirtschaftsgemeinschaft (Römische Verträge) ohne eine regelrechte Präambel unterschrieben wurde. Die Europäische Wirtschaftsgemeinschaft wurde von den Gründungsstaaten angestrebt „entschlossen, durch gemeinsames Handeln den wirtschaftlichen und sozialen Fortschritt ihrer Länder zu sichern, indem sie die Europa trennenden Schranken beseitigen“ und „in dem Vorsatz, die stetige Besserung der Lebens- und Beschäftigungsbedingungen ihrer Völker als wesentliches Ziel anzustreben.“ (Vertrag zur Gründung der Europäischen Wirtschaftsgemeinschaft [EWG]: Präambel). Erst im Vertrag von Maastricht wurde 1992 eine pathetischere Eingangsformel gefunden: „Eingedenk der historischen Bedeutung der Überwindung der Teilung des europäischen Kontinents und der Notwendigkeit, feste Grundlagen für die Gestalt des zukünftigen Europa zu schaffen“ und „in Bestätigung des Bekenntnisses zu den Grundsätzen der Freiheit, der Demokratie und der Achtung der Menschenrechte und Grundfreiheiten und der Rechtsstaatlichkeit“ wurde aus der Europäischen Wirtschaftsgemeinschaft endgültig die Europäische Union, „in dem Wunsche,“ wie in der Präambel zu lesen ist, „die Solidarität zwischen ihren Völkern unter Achtung ihrer Geschichte, ihrer Kultur und ihrer Traditionen zu stärken“ (Vertrag von Maastricht über die Europäische Union: Präambel). Der Vertrag von Lissabon übernahm 2007 in seinem ersten Teil die Präambel des Vertrages von Maastricht, ergänzt um den zweiten Erwägungsgrund („Schöpfend aus dem kulturellen, religiösen und humanistischen Erbe Europas, aus dem sich die unverletzlichen und unveräußerlichen Rechte des Menschen sowie Freiheit, Demokratie, Gleichheit und Rechtsstaatlichkeit als universelle Werte entwickelt haben“; Vertrag über die Europäische Union: Präambel). In seinem zweiten Teil (Vertrag über die Arbeitsweise der Europäischen Union) wurde der Eingangstext der Römischen Verträge explizit zu einer

„Präambel" umdefiniert und im zweiten Erwägungsgrund das Wort „Länder" durch „Staaten" ersetzt. Von einem europäischen Gemeinwohl war weiterhin nicht die Rede.

Die Europäische Union war bis 2007 bereits einen langen Weg gegangen, um aus der vorsichtigen Bestimmung ihres negativen Zweckes zu einer allerdings eher kryptischen und situationsspezifischen Formel für ihre positiven Ziele zu gelangen. Von einem expliziten europäischen Gemeinwohl war aber weiterhin nicht explizit die Rede. Noch immer herrschte in der Rhetorik der EU das Interesse an einem nutzenmaximierenden Binnenmarkt vor. Aber ein langer Bogen war unterdessen gespannt worden von der tastenden Suche der Bedingungen einer neuen strategischen Beziehung der Staaten und Volkswirtschaften hin zu einer hochkomplexen Ordnung mit politisch-normativem Anspruch und einem gewandelten kulturellen, religiösen und humanistischen Selbstverständnis. Nach den Erfahrungen mit den Abgründen des menschlichen Verhaltens im Zeitalter des Totalitarismus – die an die negative Anthropologie eines Thomas Hobbes erinnert hatte – drängte wieder vermehrt ein eher optimistisches, aufklärungsgeprägtes Menschenbild in den Vordergrund: Dem Menschen in Europa wurde wieder Vernunft, Einsicht und respektvoller Umgang mit seiner Freiheit zugetraut. Explizit war von solchen anthropologischen Fragen in der politischen Rhetorik der Europäischen Union nie die Rede. Aber in den Tiefenschichten des europäischen Selbstverständnisses zeigten sich diese Verschiebungen anthropologischer Sichtweisen durchaus. Im Umfeld der Erarbeitung der ersten europäischen Verfassung 2003/2004 (und noch über ihr Scheitern in Volksabstimmungen in Frankreich und den Niederlanden 2005 hinaus) tauchte die Frage nach einem europäischen Gemeinwohl zumindest explizit in der wissenschaftlichen Literatur auf. Die unterschiedlichen wissenschaftlichen Zugänge dieser Sammelbände bleiben bezeichnend für das anhaltende Ringen um den Begriff selbst: Zu finden sind historisch-systematische Studien, rechtstheoretische Abhandlungen zur Kompetenzfrage, geistesgeschichtliche Reflexionen zum Leitbild der EU oder kybernetische Modellierungen von Bedingungsfaktoren eines europäischen Gemeinwohls (Brugger/Kirste/Anderheiden 2002; Ambrosius/Schmitt-Egner 2006).

1.3 Zur Diskussion gestellt: Europäisches Gemeinwohl denken – Testfall Corona-Pandemie

Der Begriff des Gemeinwohls wird häufig in enger Verbindung mit dem Begriff der Solidarität verwendet. Der Begriff Solidarität ist nicht weniger schillernd als der des Gemeinwohls. Der Solidaritätsbegriff bedarf einer klärenden Präzisierung, denn die Bandbreite an Interpretationen und Zuordnungen ist äußerst umfangreich. Im Vertrag von Lissabon (2007) ist erstmals in der europäischen

Einigungsgeschichte der Solidaritätsbegriff in einen Vertragstext aufgenommen worden (Vertrag über die Europäische Union [EUV], Artikel 2 [Werte], Artikel 3 [Beziehungen zur Welt]; Vertrag über die Arbeitsweise der Europäischen Union [AEUV], Artikel 67 [gemeinsame Asyl-, Einwanderungs- und Außengrenzkontrollpolitik], Artikel 194 [Energiepolitik], Artikel 222 [Solidaritätsklausel]). Die seitherigen politischen Kontroversen sind Legende. Im Kapitel „Europäische Wertegemeinschaft“ wird näher auf den Solidaritätsbegriff eingegangen.

Solidaritätskonflikt

„Was wir heute in Europa erleben, ist kein Mangel an Solidarität, wie Brüssel es gerne darstellt, sondern ein Solidaritätskonflikt, bei dem nationale, ethnische und religiöse Solidaritätspflichten mit unseren Pflichten als Menschen in Konflikt geraten. Und dieser Solidaritätskonflikt findet sich nicht nur innerhalb der Gesellschaften, sondern auch im Verhältnis zwischen Nationalstaaten.“

(Krastev 2017: 53)

Schon hier sei festgehalten: Mit dem Begriff der Solidarität hat eine zeitgenössische Variante des Begriffs Gemeinwohls und der Bestimmung der EU als einer Wertegemeinschaft Einzug in das politische Denken der EU gehalten. Angesichts massiver Deutungskontroversen ist es zwingend notwendig, Abgrenzungen zu klären hinsichtlich der Ebenen, auf denen ein von der EU definierter Solidaritätsbegriff angewendet werden soll. Die multiple Verwendung im Vertrag von Lissabon verweist zumindest auf drei Ebenen:

- Eine politikfeldspezifische, funktionale Ebene, wie sie im Begriff der Solidarität bei der Herstellung von Energiesicherheit verwendet wird, aber auch in anderen Politikfeldern denkbar ist, in denen gemeinschaftliches Handeln auf Basis gemeinsamer Solidaritätsvorstellungen in der Europäischen Union vereinbart wird.
- Eine appellativ-rhetorische Ebene, die vor allem in Bezug auf Wertefragen besteht. Da Wertefragen unter pluralistischen Lebensbedingungen immer von unterschiedlichen Sichtweisen ausgehen können und ebenso unterschiedliche Präferenzen zum Vorschein bringen können, dürfte ihre zwingende und einklagbare Interpretation umstritten bleiben.
- Eine Ebene mit Bezug zu Wertefragen, bei der sich Projektionen der EU und Perzeptionen von der EU im Bereich des internationalen Handelns der EU überschneiden. Auf dieser Ebene existieren seit einer Reihe von Jahren die

offenkundigsten Zielkonflikte in den Politikfeldern Einwanderung, Asyl und Grenzschutz.

Es bleibt festzuhalten: Die Europäische Union ist herausgetreten aus der defensiven Interpretation ihres früheren Auftrages, in erster Linie Böses und Übles, Zerstörerisches und Bedrohliches abzuwehren, das in früheren Zeiten Europas Frieden und Europas Freiheit immer wieder beschädigt hat. Die Bestimmung von Zwecken und Zielen der EU aus einem Gemeinwohl-Begriff heraus kann allerdings nicht Sache einer einmaligen Vertragsformulierung sein. Die Interpretationen und Bedeutungskontroversen zu den Sachverhalten, die mit dem im Vertrag von Lissabon verwendeten, vielschichtigen und vieldeutigen Solidaritäts-Begriff in Verbindung stehen, zeigt, dass keine lineare und simple Antwort auf die Frage nach der Bestimmung des europäischen Gemeinwohls gegeben werden wird. Beständige Aushandlungsprozesse und politischer Streit sind programmiert. Damit aber ist die Europäische Union an einem Punkt ihrer gedanklichen und faktischen Entwicklung angelangt, der zurückweist auf die Ursprünge des politischen Denkens bei den Griechen der Antike: die Bestimmung des Telos.

Der gute Staat
„Es gibt eine spezifisch politische Erkenntnis, die unter Menschen prinzipiell nur im Gemeinschaft stiftenden Dissens, das heißt in der streitenden Auseinandersetzung gewonnen werden kann."
(Schweidler 2004: 12)

Unter Bedingungen gesellschaftlichen und politischen Pluralismus ist mit der Frage nach dem Telos unvermeidlicher Dissens bei den immer wieder neu erforderlichen Aushandlungsprozessen programmiert. Dissens bei den Aushandlungsprozessen um das europäische Gemeinwohl ist nur dann ergiebig, aber auch nicht bedrohlich, wenn er als Bedingung für die Weiterentwicklung des erreichten Integrationsbestandes von allen Beteiligten akzeptiert wird. Allerdings gilt auch dies: Eine Garantie für das schrittweise Gelingen eines bonum commune europaeum gibt es nicht.

2004 wurde von dem Politikwissenschaftler Peter Schmitt-Egner in einem Tagungsband die Frage aufgeworfen, wie europäisches Gemeinwohl „erforschbar" ist (Schmitt-Egner 2006: 17–67). Sein explizit kybernetisches Modell wirkt allerdings zu mechanistisch und systemtheoretisch. Es fehlt der ausreichende Sinn für die Unberechenbarkeiten politischer Logik. Politische Modelle ohne die Berücksichtigung praktischer Politik leiden immer daran, dass sie legitime Interessendivergenzen und handfeste Machtfragen ausblenden. Auf der Ebene der Akteure aber sind Interessen und Macht allgegenwärtig. Wer es mit Platon hält, wird dazu neigen, europäisches Gemeinwohl prognostisch als „erforschbar" zu verstehen. Aus diesem Denkansatz dürften Projektionen von Idealbildern eines europäischen Gemeinwohls folgen. Wer es mit Aristoteles hält, wird europäisches Gemeinwohl nur als Gegenstand pragmatischer Analyse induktiv gewonnener Erkenntnisse aus der Rückschau heraus für „erforschbar" halten. Aus diesem Denkansatz folgt, dass das Studium des europäischen Gemeinwohls dann am ergiebigsten ist, wenn es sich an die Ausdeutung der Ergebnisse politischer Entscheidungsprozesse hält. In dem bereits genannten Tagungsband von 2004 hat der Politikwissenschaftler Jürgen Sikora europäisches Gemeinwohl „als politisches Leitbild" bezeichnet (Sikora 2006: 69–79). In diesem Begriff dürften sich Idealisten und Realisten treffen können.

Robert Schuman: Erklärung vom 9. Mai 1950
„Europa lässt sich nicht mit einem Schlage herstellen und auch nicht durch eine einfache Zusammenfassung. Es wird durch konkrete Tatsachen entstehen, die zunächst eine Solidarität der Tat schaffen."

Ein beispielloser Anwendungs- und Testfall wurde der Europäischen Union 2020 mit dem Ausbruch der Corona-Pandemie aufgezwungen (Kühnhardt 2020). Dabei zeigte sich, dass die Idee eines europäischen Gemeinwohls auf systembedingte Grenzen stoßen muss, solange Kompetenzfragen bei Krisensituationen, die Handeln unter Zeitdruck verlangen, in der Hand der EU-Mitgliedsstaaten verbleiben. Gemäß dem Vertrag über die Arbeitsweise der Europäischen Union (AEUV-Titel XIV, Artikel 168) ist die öffentliche Gesundheit eine Frage gemeinsamer Zuständigkeiten in der EU. Unter Bedingungen einer großen Naturkatastrophe bieten geteilte Kompetenzen die Chance zum erhöhten Lernen voneinander. Sie wirken sich aber auch hemmend auf die öffentliche und persönliche Gesundheit in der EU aus – und damit auf die konkrete Verwirklichung eines europäischen Gemeinwohls. Deutlich wurde dieses Dilemma beim Aufbau eines EU-weiten temporäres Sicherheitsnetzes zur Minderung der Arbeitslosigkeit (SURE) zwischen April und September 2020. Deutlich wurde dieses Dilemma beim Weg zu einer gemeinsamen Entwicklung von medizinischen Maßnahmen zur Bewältigung der Corona-Pandemie, inklusive der Bereitstellung medizinischer Schutzgeräte, der Entwicklung und dem Ankauf von Impfstoffen und von therapeutischen Medikamenten. Das lediglich mit 2,7 Mrd. Euro ausgestattete „Emergency Support Instrument" (ESI) war zu gering, um seitens der EU großzügiger in die erforderlichen Maßnahmen zu investieren. Zugleich war die Abstimmung zwischen den Mitgliedsstaaten zu zähflüssig und langwierig. Infolgedessen verlief der Beginn der europäischen Impfkampagne im Dezember 2020 und im ersten Halbjahr 2021 langsam und unbefriedigend. Das genannte Dilemma zeigte sich auch bei der Umsetzung des gemeinsamen EU-Corona-Impfzertifikats im Frühjahr 2021 und bei der Entwicklung einer wirklich schlagkräftigen Koordinierungsbehörde für eine strategische Vorausschau in Fragen der öffentlichen Gesundheit in der EU unter Einbezug der Gefahren biologischer Waffen.

Noch gravierender aber waren und blieben die offenkundigen Dilemmata zwischen der Suche nach dem europäischen Gemeinwohl und den weltweiten Gemeinwohl-Anforderungen in der Corona-Pandemie. Die EU stand zwar an vorderster Front derjenigen, die die Notwendigkeit erkannten, globale Lösungen für die Corona-Pandemie zu fördern. Niemand auf der Welt sei vor Infektionen sicher, bis alle sicher sind, lautete das immer wieder bemühte Mantra. Diese zutreffende Aussage der Weltgesundheitsorganisation leitete zu Recht die Beiträge der EU zu COVAX, der Impfstoffinitiative der WHO für ärmere Länder. Faktisch aber war der Beitrag der EU entschieden unzulänglich, um eine zügige Impfung aller Menschen im globalen Süden – oder wenigstens von 70 Prozent, wie von der WHO angestrebt – zu erreichen. Das Fehlen einer ehrlichen Analyse der Kosten für eine globale Impfspende im Verhältnis zu den sich schlussendlich über mehrere Jahre hinziehenden sozio-ökonomischen Kosten für den EU-Binnenmarkt (und die Weltwirtschaft) sowie die sozio-psychologischen Folgekosten für alle europäischen Gesellschaften (und die Weltbevölkerung insgesamt) konnte die Problematik fehlender weltweiter Spendenbereitschaft für alle Menschen des globalen Südens und die armen europäischen Nachbarschaftsregionen nicht verdecken.

Eine eigene Berechnung des Autors ergab, dass die EU-Mitgliedsstaaten anteilig für die 2020 bestellten 2,86 Milliarden Impfdosen 18,9 Milliarden Euro zu zahlen hatten. Alle Menschen des globalen Südens zweimal mit dem preiswertesten der verfügbaren Impfstoffe zu impfen, hätte eine kostenfreie Spende der EU und ihrer Mitgliedsländer von 22 Milliarden Euro bis 100 Milliarden Euro erforderlich gemacht, je nach angekauftem Impfstoff. Dies wären noch immer geringe Beträge gewesen gegenüber den extremen ökonomischen und sozialen sowie psychologischen Folgekosten, die die EU und ihre Gesellschaften für die langen Phasen des Lockdowns und der Abbremsung der Weltwirtschaft zu zahlen hatten. Die EU handelte zu langsam und zu geizig, weil eine effektivere Kompetenzordnung im Sinne einer EU-Gesundheitsunion fehlte, die der europäischen Ebene zügiger wirksame Handlungsautorität hätte geben können. Der geopolitische Wettbewerb um die Verkündigung von Impferfolgen fügte dem Thema eine weitere, mehr als zynische Dimension hinzu und verschärfte die Notwendigkeit eines künftig einheitlichen EU-Ansatzes im Falle von gesundheitlichen Notsituationen. Die Reaktionen der EU auf die Corona-Pandemie bestätigten: Die Grenzen der innereuropäischen Solidarität und die Grenzen der außereuropäischen Solidarität mit der

Welt sind keine Frage der Rhetorik. Die Überwindung dieser Grenzen erfordert zumindest bei gesundheitsgefährdenden Notlagen und Katastrophen gegenseitig akzeptierte, kohärente Klarstellungen der Kompetenzen und krisenfeste Regulierungsmandate für die EU.

Solange das Mandat der Europäischen Kommission in Fragen der öffentlichen Gesundheit zu begrenzt ist, wird die große Idee des europäischen Gemeinwohls auch bei künftigen Notlagen und Katastrophen höchstwahrscheinlich mit kleinteiligen bürokratischen Krisenreaktionen und latent einzelstaatlichen Alleingängen kollidieren. Die langfristige Perspektive, um den bestehenden systemischen Mängeln entgegenzuwirken, kann nur die Entwicklung einer Europäischen Gesundheitsunion sein. Kommissionspräsidentin Ursula von der Leyen hat die Idee in ihrer Rede zur Lage der Union im Jahr 2020 dargelegt. Am 11. November 2020 übergab die Europäische Kommission dem Europäischen Rat und dem Europäischen Parlament eine „Mitteilung" über die Wünschbarkeit und die Parameter einer Europäischen Gesundheitsunion. Der sehr kleine erste Schritt auf einem langen Weg war unternommen worden, um die Handlungsfähigkeit der EU und ihre Macht als robuster Akteur bei der Bereitstellung der öffentlichen Gesundheit künftig zu verbessern. Dazu würden Änderungen des Vertrages über die Arbeitsweise der EU notwendig werden. Vertragsänderungen waren noch nie einfach, weil mehr denn je staatliche Kernkompetenzen begrenzt werden müssen. An erster Stelle war ein innovatives politisches Denken geboten, um den erforderlichen pragmatischen Weg zu einer Europäischen Gesundheitsunion konsequent zu ebnen.

Denkbar, aber bisher noch keineswegs entschieden ist, dass und inwieweit die Idee des europäischen Gemeinwohls im Kontext des Umbaus der europäischen Wirtschaft aufgrund der erforderlichen Anpassung an den Klimawandel durch die Dekarbonisierung weitere neue Impulse erhält („Green Deal"). Auch die originelle Idee der Präsidentin der Europäischen Kommission, über neue gemeinsame Formen der Architektur nachzudenken und ein „europäisches Bauhaus" zu erfinden, könnte dazu beitragen, dass die Gemeinwohlidee auf Lebensbereiche ausstrahlt, die bisher keineswegs im Zentrum der Diskussion über die Ausgestaltung der EU gestanden haben.

In jedem Fall gilt: Die „Solidarität der Tat" zu erreichen, von der Frankreichs Außenminister Robert Schuman in seiner berühmten Erklärung am 9. Mai 1950 sprach, ist auf immer wieder neu zu bestimmende Weise Voraussetzung, um das Leitbild „europäisches Gemeinwohl" Schritt um Schritt mit Leben zu füllen. Zugleich ist die „Solidarität der Tat" Folge dieses Leitbilds. Unausweichlich ist also ein dialektischer Prozess, der durch Diskurs und Disput der Idee des europäischen Gemeinwohls zuarbeitet. Dieser Prozess ist offen und seine Ergebnisse sind veränderbar. In dieser Veränderbarkeit, die immer wieder ausgehandelt werden kann, liegt die Freiheitsgarantie des Gemeinwohlbegriffs als Teil des politischen Denkens der Europäischen Union.

Übung

Lösungsskizzen zu diesen Fragen finden Sie online unter:

https://www.utb.de/doi/book/10.36198/9783838558943

1. Warum und mit welcher Ausrichtung ist das politische Denken seit der Antike in starkem Maße teleologisch geprägt?
2. Worin unterscheiden sich die gängigen Gründungsnarrative für die europäische Einigung von Gemeinwohlideen in der Geschichte des politischen Denkens?
3. Lassen sich Entwicklungsprozesse benennen, die zeigen, dass die EU von einer negativen Zielbestimmung (Abwehr von Übel / Abwehr des Bösen) zu einer positiven Gemeinwohlbestimmung unterwegs ist?
4. Welche Entwicklungen lassen sich hinsichtlich des in Europa vorherrschenden Menschenbildes feststellen?
5. Welche Folgen hat der anthropologische Wandel für die Zielbestimmungen und Zielkonflikte der Europäischen Union, sowohl im Innern der EU als auch in ihrer Wechselwirkung mit der Welt außerhalb Europas?

2. Von Marktbürgern zu Unionsbürgern

Das Kapitel erläutert, wie der historische Prozess der Entwicklung von Menschenrechten in der Auseinandersetzung mit absoluten Formen von Herrschaft begonnen hat, während die Entwicklung von Grundrechten im Kontext der Europäischen Union in der Ausdehnung von wirtschaftlichen und sozialen Teilhabechancen seinen Anfang genommen hat. Gefragt wird, wie sich die unterschiedliche Reihenfolge bei den historischen Prozessen der Ausbildung von Menschen- und Grundrechten einerseits im Kontext der europäischen Staaten und andererseits im Prozess der europäischen Einigung erklären lässt. Anschließend wird die Thematik der „Unionsbürgerschaft" zur Diskussion gestellt.

Anregung für eine kreative Gestaltung der Seminareinheit: Die Seminarteilnehmerinnen und Seminarteilnehmer diskutieren die Ergebnisse der „Konferenz zur Zukunft Europas", die in der EU zwischen 2020 bis 2022 stattgefunden hat. Dabei bilden sie zwei Gruppen, die unterschiedliche Leitfragen erörtern:

- Gruppe a: In welcher Verfassung ist die EU nach der „Konferenz zur Zukunft Europas"? Welche Hindernisse bestehen, um unterschiedliche Vorstellungen zur Weiterentwicklung der EU zu verwirklichen, vor allem solche, die Änderungen am Vertrag von Lissabon erforderlich machen?
- Gruppe b: Welche Erwartungen an die Leistungen der EU wurden durch die „Konferenz zur Zukunft Europas" nicht erfüllt? Welche Möglichkeiten bestehen für die Verwirklichung einer Europäischen Verfassung, die komplementär zum europäischen Primärrecht und zu den nationalen Verfassungen die wichtigsten Ziele und Prinzipien der EU zum Inhalt hat?

In der anschließenden Plenardiskussion werden die vorgestellten Gruppenergebnisse auf die Frage ausgerichtet, wer verfassungsgebender Souverän in der Europäischen Union sein kann.

2.1 Von universalen Menschenrechten zu einklagbaren Grund- und Bürgerrechten

Die geschichtliche Entwicklung von Menschenrechten, Grundrechten und Bürgerrechten ist keineswegs linear verlaufen. In der griechischen Antike begann der Prozess der Ausbildung säkularer Rechtsnormen. Die Ordnung der Gesetze und gesellschaftlich akzeptierten Normen (nomos) unterschied deutlich zwischen freien und nichtfreien, das heißt im Regelfall versklavten Menschen. In der römischen Antike entwickelte sich das Bürgerrecht, das zunächst nur freien Männern zustand. Das römische Bürgerrecht war Voraussetzung, sich an den Wahlen zur Volksversammlung beteiligen zu können, Eigentum erwerben zu dürfen oder Verträge abzuschließen. Zum römischen Bürgerrecht gehörte auch die Pflicht zum Militärdienst. Das römische Bürgerrecht wurde zwar sukzessive ausgeweitet, aber es blieb stets ein zugewiesenes Privileg.

Im mittelalterlichen Ringen um die Einschränkung der Herrschaftsmacht begann der Prozess, der zur schrittweisen Entwicklung von Grundrechten führte, auf die verbriefter Anspruch besteht. Es begann mit Verträgen zur Begrenzung von Herrschaft wie der englischen Magna Charta 1215. Auch im Heiligen Römischen Reich Deutscher Nation, in Ungarn, Polen oder Schweden wurden Freiheiten von Ständen wie Kirchenvertretern, dem hohen Adel oder Lehnsherren schrittweise erstritten und schriftlich verbürgt. Faktisch handelte es sich um ständische Privilegien, die auf diese Weise sanktioniert wurden. Immer eindeutiger wurden die damit verbundenen grundsätzlichen Fragen auch von Philosophen und Theologen aufgegriffen. So entstanden neue Fragestellungen und Muster des politischen Denkens, unter anderem zum Widerstandsrecht (Johannes Althusius, 1557–1638) und zum Recht auf Gehorsamsverweigerung gegenüber einem tyrannischen Herrscher. Das politische Denken mündete ein in die Herausbildung der Idee der Volkssouveränität, die in vielerlei Hinsicht die Machtbeziehungen in Europa ändern sollte.

Zunächst in der neuzeitlichen politischen Philosophie und sodann Zug um Zug auch in der politischen Praxis kam es zum Durchbruch der Idee unveräußerlicher, vorstaatlicher und universaler Menschenrechte in weiten Teilen Europas und in Nordamerika. Menschenrechte bedürfen indessen bis in die Gegenwart einer verfassungsrechtlichen Konkretisierung, um für den einzelnen Menschen wirksam werden zu können. Menschenrechte erfordern verbriefte Grundrechte und diese wiederum sind üblicherweise an verbürgte Bürgerrechte gebunden. Sie sind auch gebunden an das Vorhandensein eines souveränen Staates mit einer ausgebildeten Herrschaftsorganisation. Naturrechtliche Postulate, die in christlicher Tradition standen, in der Scholastik ihren Höhepunkt erfuhren und im Zeitalter der Reformation weiterentwickelt wurden, fanden ihre Fortsetzung in aufklärungsphilosophischen Denkansätzen. Vertragstheorien wie sie von John Locke (1632–1704), Baron Guy de Montesquieu (1689–1755), Jean-Jacques Rousseau (1712–1778), und anderen mit unterschiedlichen Akzentuierungen entwickelt wurden, waren auch ein Echo auf Denkansätze, die zum internationalen Völkerrecht geführt haben. Dort wurde frühzeitig das Naturrecht vom Recht der Völker unterschieden. Die spanische Spätscholastik (Francisco de Vitoria (1492–1546), Bartolomé de Las Casas), niederländische (Hugo Grotius, 1583–1645) und deutsche Traditionen (Samuel Pufendorf, 1632–1694) hatten in diese Richtung vorgearbeitet.

Bis zur amerikanischen Unabhängigkeitserklärung (1776), der „Virginia Bill of Rights“ (1776), der amerikanischen Bundesverfassung mit ihrer Bill of Rights“

(1787) und der Erklärung der Menschen- und Bürgerrechte (1789) zu Beginn der französischen Revolution dauerte es noch eine Weile. Aber der Weg war gedanklich vorgezeichnet. Nach einem langen Ringen um Verfassungsordnungen mit detaillierten Grundrechtsabsicherungen wurde der Bogen ins Globale gespannt, wo die „Allgemeine Erklärung der Menschenrechte“ (1948) durch die Vereinten Nationen zum bis dahin wirkungsmächtigsten Dokument wurde. Nun begann das politische Ringen um ihre Interpretation und Durchsetzung. Während des Kalten Krieges (mit der Konfliktlinie zwischen bürgerlich-politischen und wirtschaftlich-sozialen Rechten) und darüber hinaus (mit Konflikten über Identitätsrechte und Folgen neuer globaler Herausforderungen) blieb dieses Ringen ein Bestandteil der Debatten um die Universalität der Menschenrechte (Kühnhardt 1987; Böckenförde 1991: 289–378).

2.2 Europäische Grundrechtsentwicklung

In verschiedenen Regionen der Erde löste die „Allgemeine Erklärung der Menschenrechte“ der Vereinten Nationen Bemühungen um die Regionalisierung der als universal angelegten Idee aus. Der „Europäischen Konvention zum Schutz der Menschen- und Grundrechte“, die der Europarat am 4. November 1950 unterzeichnete, folgten unter anderem die Einrichtung der Permanenten Regionalen Menschenrechtskommission der Arabischen Liga (1969), die „Amerikanische Menschenrechtskonvention“ der Organisation Amerikanischer Staaten (1978) und die „Afrikanische Charta über Menschen- und Volksrechte“ der Organisation für Afrikanische Einheit (1981). Diese regionalen Menschenrechtsinitiativen bleiben auf unterschiedlichste Weise abhängig von der Akzeptanz innerhalb der Mitgliedsstaaten der genannten Regionalorganisationen.

Die europäische Einigungsgeschichte hat eine ganz eigene Entwicklung der Grund- und Menschenrechtsthematik hervorgebracht. Zunächst Herrschaftsbegrenzungsrechte, danach politische Teilhaberechte, schließlich wirtschaftliche und soziale Rechte – so vollzog sich der lange Weg der Menschenrechtsentwicklung im Kontext der Staaten und des Völkerrechts. Im Kontext der europäischen Einigungsgeschichte verlief der bisherige Weg in umgekehrter Reihenfolge: Es begann mit wirtschaftlichen und sozialen Rechten, es folgten politische Partizipationsrechte, schließlich wurde und wird noch immer um anhaltend unvollendete nationale Herrschaftsbegrenzungsrechte und die Organisation europäischer Macht gerungen. Vermischt und erschwert wird dieses Ringen neuerdings durch gesellschaftliche Entwicklungen und Forderungen, die aus persönlichen Identitätsvorstellungen kollektiv geltende Anspruchsrechte ableiten.

Vertrag zur Gründung der Europäischen Wirtschaftsgemeinschaft (EWG) (1957)
„Artikel 9
(1) Grundlage der Gemeinschaft ist eine Zollunion, die sich auf den gesamten Warenaustausch erstreckt; sie umfasst das Verbot, zwischen den Mitgliedstaaten Ein- und Ausfuhrzölle und Abgaben gleicher Wirkung zu erheben, sowie die Einführung eines Gemeinsamen Zolltarifs gegenüber dritten Ländern.
Artikel 48
(1) Spätestens bis zum Ende der Übergangszeit wird innerhalb der Gemeinschaft die Freizügigkeit der Arbeitnehmer hergestellt. (2) Sie umfasst die Abschaffung jeder auf der Staatsangehörigkeit beruhenden unterschiedlichen Behandlung der Arbeitnehmer der Mitgliedstaaten in Bezug auf Beschäftigung, Entlohnung und sonstige Arbeitsbedingungen (...)
(4) Dieser Artikel findet keine Anwendung auf die Beschäftigung in der öffentlichen Verwaltung.
Artikel 60
Dienstleistungen im Sinne dieses Vertrags sind Leistungen, die in der Regel gegen Entgelt erbracht werden, soweit sie nicht den Vorschriften über den freien Waren- und Kapitalverkehr und über die Freizügigkeit der Personen unterliegen. Als Dienstleistungen gelten insbesondere: a) gewerbliche Tätigkeiten, b) kaufmännische Tätigkeiten, c) handwerkliche Tätigkeiten, d) freiberufliche Tätigkeiten.
Artikel 67
(1) Soweit es für das Funktionieren des Gemeinsamen Marktes notwendig ist, beseitigen die Mitgliedstaaten untereinander während der Übergangszeit schrittweise alle Beschränkungen des Kapitalverkehrs in Bezug auf Berechtigte, die in den Mitgliedstaaten ansässig sind, und heben alle Diskriminierungen auf Grund der Staatsangehörigkeit oder des Wohnorts der Parteien oder des Anlageorts auf."

Im Kontext der Europäischen Wirtschaftsgemeinschaft und ihrer Vier Freiheiten (Waren, Arbeitnehmerfreizügigkeit, Dienstleistungen, Kapital) wurde der Mensch zunächst vor allem als Arbeitnehmer verstanden. Eine Erweiterung dieses Menschenbildes fand erst mit der Direktwahl des Europäischen Parlaments (seit 1979) und der Erfindung des Konzepts „Europa der Bürger" statt. Diese Denkfigur, die auf die Arbeit eines Ausschusses zurückgeht, den die Europäische Kommission eingesetzt hatte („Adonnino-Ausschuss"), sollte dabei mithelfen, mittels einer Reihe praktischer Maßnahmen die vielbeklagte „Bürgerferne" der Europäischen Gemeinschaft zu überwinden. 1989 wurden erstmals Mittel der EU für Städtepartnerschaften vergeben. 1993 wurden erstmals Gedenkstätten finanziell gefördert, die an die deutsche nationalsozialistische Diktatur erinnern. Bereits 1992 waren diese eher soziologischen und auf die europäische kulturelle Identität abzielenden praktischen Ansätze durch den Vertrag von Maastricht um den Begriff der „Unionsbürgerschaft“ erweitert worden.

Vertrag von Maastricht über die Europäische Union (1992)
„Artikel 8
(1) Es wird eine Unionsbürgerschaft eingeführt. Unionsbürger ist, wer die Staatsangehörigkeit eines Mitgliedstaats besitzt. (2) Die Unionsbürger haben die in diesem Vertrag vorgesehenen Rechte und Pflichten.
8a (1) Jeder Unionsbürger hat das Recht, sich im Hoheitsgebiet der Mitgliedstaaten vorbehaltlich der in diesem Vertrag und in den Durchführungsvorschriften vorgesehenen Beschränkungen und Bedingungen frei zu bewegen und aufzuhalten (...)
8b (1) Jeder Unionsbürger mit Wohnsitz in einem Mitgliedstaat, dessen Staatsangehörigkeit er nicht besitzt, hat in dem Mitgliedstaat, in dem er seinen Wohnsitz hat, das aktive und passive Wahlrecht bei Kommunalwahlen, wobei für ihn dieselben Bedingungen gelten wie für die Angehörigen des betreffenden Mitgliedstaats (...) (2) Unbeschadet des Artikels 138 Absatz 3 und der Bestimmungen zu dessen Durchführung besitzt jeder Unionsbürger mit Wohnsitz in einem Mitgliedstaat, dessen Staatsangehörigkeit er nicht besitzt, in dem Mitgliedstaat, in dem er seinen Wohnsitz hat, das aktive und passive Wahlrecht bei den Wahlen zum Europäischen Parlament, wobei für ihn dieselben Bedingungen gehen wie für die Angehörigen des betreffenden Mitgliedstaats (...)
8c. Jeder Unionsbürger genießt im Hoheitsgebiet eines dritten Landes, in dem der Mitgliedstaat, dessen Staatsangehörigkeit er besitzt, nicht vertreten ist, den diplomatischen und konsularischen Schutz eines jeden Mitgliedstaats unter denselben Bedingungen wie Staatsangehörige dieses Staates (...)
8d. Jeder Unionsbürger kann sich an den nach Artikel 138 e eingesetzten Bürgerbeauftragten wenden.“

Bis zum Vertrag von Lissabon (2007) wurden diverse Ergänzungen vorgenommen, die an der Substanz der Unionsbürgerschaft nichts mehr änderten. Die Unionsbürgerschaft wird seither in Artikel 20 des Vertrages über die Arbeitsweise der Europäischen Union (AEUV) dargelegt. Die Unionsbürgerschaft, die die EU ihren Bürgern gewährt, wurde durch den Vertrag von Lissabon ergänzt um die „Charta der Grundrechte der Europäischen Union“.

Vertrag von Lissabon, Vertrag über die Europäische Union (EUV) (2007)
„Artikel 6
(1) Die Union erkennt die Rechte, Freiheiten und Grundsätze an, die in der Charta der Grundrechte der Europäischen Union vom 7. Dezember 2000 in der am 12. Dezember 2007 in Straßburg angepassten Fassung niedergelegt sind; die Charta der Grundrechte und die Verträge sind rechtlich gleichrangig."

Die „Charta der Grundrechte der Europäischen Union" legt erstmals ausführlich alle Grund- und Bürgerrechte dar, die die Unionsbürgerinnen und Unionsbürger der EU in Bezug auf die Europäische Union und die Entscheidungen (oder die Unterlassungen) ihrer Organe und Institutionen haben. Die Charta bindet die Mitgliedsstaaten der EU, soweit sie basierend auf vorherigen Kompetenzübertragungen von den Mitgliedsstaaten auf die Organe und Institutionen der EU zur Anerkennung des Primats des europäischen Rechts und seiner Umsetzung verpflichtet sind. Die „Charta der Grundrechte der Europäischen Union" ist als Teil des europäischen Primärrechts „die zentrale Grundlagenregelung für die EU-Grundrechte" (Jarass 2010: 3). Als solche hat sie in der Formulierung des Rechtswissenschaftlers Hans Dieter Jarass ihren Rang „als Verfassungsrecht der Union" (ebd.).

2.3 Zur Diskussion gestellt: „Unionsbürgerschaft als Bundesangehörigkeit"

Die Entwicklung der Unionsbürgerschaft gehört zu den Ecksteinen der föderativ verfassten Europäischen Union. Mit ihr ist der „Marktbürger" (Ipsen 1984: 17) der Römischen Verträge endgültig zum zoon physei politikon geworden, zu einem politischen Wesen im Sinne der antiken griechischen Staatsphilosophie. Dabei haben auch bereits die wirtschaftsbezogenen Grundrechte Aspekte berührt, die über die Marktintegration hinausweisen (Freizügigkeit und Aufenthaltsrecht). Der Fokus aber lag zunächst vor allem auf der Perspektive des Binnenmarktes. Dies ist insofern nicht außergewöhnlich, da sich auch im Rahmen der staatlichen Entwicklung das Verständnis von der politischen Relevanz der Staatsbürgerschaft zunächst wirtschaftliche Fragen gestellt haben (Dreiklassenwahlrecht). Allerdings stand die Entwicklung der einzelstaatlichen Staatsbürgerschaft immer schon im Zusammenhang mit der jeweils nationalen Verfassungsfrage. Diesen direkten Zusammenhang hat der europäische Einigungsprozess bisher noch kaum hergestellt. Im Blick auf die europäische Einigung war Pierre Duclos, ein hellsichtiger französischer Rechtswissenschaftler, zunächst ziemlich allein, als er schon 1961 den „Europäer" als eine im „Entstehen befindliche juristische Kategorie" befand (Duclos 1961). Darauf hat der Staatsrechtler Christoph Schönberger in seiner umfassenden Studie „Unionsbürger" im Jahr 2005 hingewiesen. Schönberger definiert die Unionsbürgerschaft in Ergänzung und Erweiterung zur nationalen Staatsbürgerschaft. Beide bedingen einander. So entsteht „Unionsbürgerschaft als Bundesangehörigkeit der Europäischen Union" (Schönberger 2005: 271 f.). Schönberger empfiehlt diesen Begriff als zentrale Analysekategorie.

In seiner Studie weist er nach, dass die traditionellen, bereits mit der Marktbürgerschaft verbundenen Dimensionen (Freizügigkeit, Aufenthaltsrecht, Diskriminierungsverbot) ebenso wie die mit dem Vertrag von Maastricht semantisch zur „Unionsbürgerschaft" erweiterten politischen Dimensionen (Wahlrecht von EU-Ausländern bei Kommunalwahlen und bei den Wahlen zum Europäischen Parlament, diplomatischer und konsularischer Schutz von EU-Ausländern durch Botschaften der Partnerländer) im Kern eine horizontale Dimension der Bürgerschaftsidee berühren: Es geht vorrangig um die Beziehungen zu den anderen Mitgliedsstaaten und nicht so sehr um die unmittelbaren Beziehungen der Unionsbürger zur EU insgesamt. Weiterungen, die die wohlfahrtstaatlichen Aspekte betreffen (Fürsorgerechtsansprüche für EU-Ausländer), sind vor allem durch die Rechtsprechung des Europäischen Gerichtshofs vorangetrieben worden, auch über die Rechte von Arbeitnehmern im strengen Sinne hinaus (Kindergeld für EU-Ausländer, Fürsorgeverpflichtungen für Nichterwerbstätige wie zum Beispiel mittellose Studenten).

Unionsbürger

„Warum schreitet die Gleichstellung der Unionsbürger mit den Staatsangehörigen der Mitgliedsstaaten in vergleichsweise rasantem Tempo voran, während die vertikale Dimension der Unionsbürgerschaft und ihr politisch-symbolisches Identitätspotential eher schwach bleiben und die Union kein nennenswertes eigenes wohlfahrtstaatliches Profil entwickelt? Hierin liegt ein bedeutsamer Unterschied zu den Entwicklungen, die andere frühe föderale Ordnungen wie etwa die Schweiz oder die USA durchlaufen haben. Dort hat die horizontale Bedeutung der Bundesangehörigkeit schrittweise in dem Maße zugenommen, in dem sich auch eine verstärkte Bundesidentität entwickelt hat. Horizontale und Vertikale entsprachen einander. In der Europäischen Union klaffen horizontale und vertikale Dimension hingegen in bemerkenswerter Weise auseinander."
(Schönberger 2005: 519)

Mit dem Vertrag von Lissabon hat die Europäische Union insgesamt Rechtspersönlichkeit erhalten. Im Zuge des seither vollzogenen Auf- und Ausbaus des Auswärtigen Dienstes der EU sind diplomatische Vertretungen der EU in fast allen Ländern der Erde entstanden. Sie repräsentieren die gesamte EU und sie sind unmittelbarer, direkter Adressat diplomatischer oder konsularischer Anliegen aller Unionsbürgerinnen und Unionsbürger ungeachtet ihrer Staatsangehörigkeit. Im Blick auf die Rolle und Präsenz Europas in der Welt hat sich folglich die vertikale Dimension einer direkten Beziehung zwischen Unionsbürgerschaft und Europäischer Union weiterentwickelt. Die Gründe für das anhaltende Defizit im Innern der EU ruft über die rechtswissenschaftliche nach einer politikwissenschaftlichen Beurteilung. Ihre Kernaussage: Es geht um eine Machtfrage und um die anhaltenden Vorbehalte der meisten EU-Mitgliedsstaaten, Machtmonopole aufzugeben und Machtattribute zumindest mit der EU zu teilen.

Sinnfälligster Ausdruck dieser Tatsache ist der bereits von Schönberger beklagte, weiterhin anhaltende Mangel an einem einheitlichen europäischen Wahlrecht. Die Wahlen zum Europäischen Parlament finden als freie und gleiche, aber nicht als einheitliche Wahlen statt. Die Wähler jedes einzelnen Mitgliedsstaates erzeugen die Legitimität der gemeinsamen Wahlen. Auf dieser Logik gründen die jeweils national festgelegten Bedingungen für die Wahlen (Kaeding 2013). Sie erschweren die Herausbildung genuiner EU-weiter politischer Parteien. Das Monopol der jeweiligen nationalen politischen Parteien bleibt bisher erhalten. Bisher haben die europaweit agierenden politischen Parteien, vor allem jene, die sich als pro-europäisch gerieren, in dieser Frage versagt. Sie halten das Monopol der Parteibildung weiterhin in ihrer nationalen Hand. Diese zentrale Machtfrage ist in der EU nach wie vor nicht gelöst. Sie markiert die anhaltende Grenze für eine konsequente Entwicklung von Marktbürgern zu Unionsbürgern.

Das zweite Desiderat betrifft das Verhältnis von Rechten und Pflichten, ein klassisches Thema jeder Grundrechtssystematik. Bisher hat die Unionsbürgerschaft vor allem Anspruchs- und Teilhaberechte konstituiert, teilweise mühsam und langwierig den Mitgliedsstaaten abgerungen. Ein systematischer Pflichtenkatalog, der mit der Unionsbürgerschaft einherginge, ist bisher nicht entstanden (Steuerpflicht, Wehr- oder Sozialdienstpflicht). In der EU sind bisher vor allem Fragen aus dem Bereich des Strafrechts und des Zivilrechts Gegenstand von Folgen für Unionsbürgerinnen und Unionsbürger, die einer EU-weiten Verpflichtung entsprechen, einschließlich der Europäischen Haftbefehls. Freiwillige Dienste wie der seit 1996 geförderte Europäische Freiwilligendienst, der die Mitwirkung junger Menschen in sozialen Einrichtungen anderer EU-Staaten außerhalb ihres Heimatlandes zum Inhalt hat, sind erste tastende Schritte, auf diesem Wege weiterzugehen und sanktionsbewährte Pflichten mit freiwilligen Anreizen zu kombinieren.

Generell mangelt es weiterhin an Initiativen und Mechanismen, um aus den verschiedenen Völkern und Gesellschaften in der EU eine Gesellschaft der EU entstehen zu lassen. Zeitgenössische Diskurse über persönliche Identitätsvorstellungen, aus denen sich kollektiv verbindliche Anspruchsrechte ableiten lassen, erleichtern diese Entwicklung nur scheinbar. Diese Diskurse haben eher zu neuen gesellschaftlichen Polarisierungen innerhalb der EU geführt. Realistischerweise ist das Ziel einer europäischen Gesellschaftsbildung wohl nur über einen längeren Zeitraum erreichbar. Europäische Parteien dürften dabei als intermediäre Struktur zwischen den einzelnen Unionsbürgerinnen und Unionsbürgern auf der einen Seite und den politischen Institutionen der EU auf der anderen Seite eine Schlüsselrolle spielen, um die Idee einer europäischen Gesellschaftsbildung voranzutreiben. Einstweilen bleibt die Bilanz daher zweischneidig, wie der Historiker Michael Gehler attestiert hat: „Die EU hat noch zu keiner Unionsgesellschaft der Bürger geführt, stellt aber schon eine Bürgerunion der Gesellschaften dar" (Gehler 2018: 49). Das politische Denken über eine schlüssige Ausgestaltung der Unionsbürgerschaft geht weiter.

Konferenz zur Zukunft Europas (2020–2022)

- *Initiator:* Europäische Kommission unter Ursula von der Leyen
- *Verantwortliche Kommissarin:* Dubravka Šuica
- *Absicht:* „Die Zeit ist reif, um der europäischen Demokratie einen neuen Impuls zu geben"
- *Rahmenstruktur:* Online-basierte Bürgerdialoge/Sammlung von Ideen zur Zukunft Europas
- *Ziel:* Institutionelle Reformen der EU bis 2024 (Europäische Kommission 2020)
- *Defizite/Mängel/Klärungsbedarf:* Wie können Bürgerinnen und Bürger einbezogen werden, die nicht digital erreichbar sind? – Kann ein Bürgerdialog mehr sein als Symbolpolitik? – Können auf dem Weg von Bürgerdialogen tiefgreifende Differenzen in der EU und zwischen den Mitgliedsstaaten überwunden werden? – Wie soll bei einem Bürgerdialog mit extremistischen Meinungen in der EU umgegangen werden? – Was wurde aus der Erwartung an institutionelle Reformen der EU?

Übung

Lösungsskizzen zu diesen Fragen finden Sie online unter:

https://www.utb.de/doi/book/10.36198/9783838558943

1. Wie lässt sich erklären, dass der historische Prozess der Entwicklung von Menschenrechten in der Auseinandersetzung mit absoluten Formen von Herrschaft begonnen hat, während die Entwicklung von Grundrechten im Kontext der Europäischen Union in der Ausdehnung von wirtschaftlichen und sozialen Teilhabechancen seinen Anfang genommen hat?

2. Welche Entwicklung hat die Menschen- und Grundrechtsfrage im Kontext der europäischen Einigung seit ihren frühen Anfängen im Zusammenhang mit den Freiheitsversprechen des europäischen Binnenmarktes genommen?
3. Welche Bedeutung spielt die Machtfrage für die unterschiedliche Entwicklung der Grund- und Menschenrechte in der europäischen Staatengeschichte und in der EU?
4. Worin unterscheiden sich die Voraussetzungen der Idee der Bürgerschaft im Staat und in der EU und in welcher Hinsicht ähneln sie sich?
5. Welche Fragen sind im Zusammenhang mit der Entwicklung der Unionsbürgerschaft nach wie vor ungelöst?

3. Vom Binnenmarkt zum Regierungssystem

Die Verwirklichung des europäischen Binnenmarktes verdankt sich nicht nur wirtschaftlicher Logik und politischen Entscheidungen, sondern ebenso grundlegenden regulationsrechtlichen Arbeiten. Das Kapitel stellt den noch immer unvollendeten Binnenmarkt dar und erläutert die Funktion der Regulierung. Dabei wird die These diskutiert, inwieweit es sich bei dem bisherigen Zusammenspiel von ökonomischen, rechtlichen und politischen Logiken um Zwischenstufen auf dem Weg zu einem kohärenten europäischen Regierungssystem handelt. Die damit verbundene Frage nach der Problematik unterschiedlicher Rechtskulturen in der Europäischen Union wird abschließend zur Diskussion gestellt.

Anregung für eine kreative Gestaltung der Seminareinheit: Die Seminarteilnehmerinnen und Seminarteilnehmer veranstalten in zwei Gruppen eine dynamische Debatte: Mit pointierten und extrem kurzgefassten Wortbeiträgen stellen beide Gruppen nach einem vorbereitenden gruppeninternen Brainstorming im Modus einer Debatte einerseits Chancen und andererseits Hindernisse für die Weiterentwicklung des europäischen politischen Systems zu einem vollumfänglich funktionsfähigen Regierungssystem dar.

3.1 Der unvollendete Binnenmarkt

Es gehört zu den nicht auslöschbaren Vorstellungen, die Errichtung der Europäischen Wirtschaftsgemeinschaft (EWG) sei vor allem ein wirtschaftliches Projekt gewesen. Der Name legt dies nahe. Aber Entstehung und Absicht der EWG waren von Anfang an hochpolitisch. Ohne grundlegende politische Entscheidungen in den Gründerstaaten wären die Römischen Verträge nicht verhandelt und beschlossen worden. Ohne die dadurch eingesetzten supranationalen Organe – namentlich die Europäische Kommission und der Europäische Gerichtshof – wäre das Ziel eines gemeinsamen Marktes, der zum europäischen Binnenmarkt mit Währungsunion wurde, nicht verwirklicht worden. Allerdings: Die Logik, mit der der Binnenmarkt verwirklicht wurde, rief an erster Stelle Ökonomen auf den Plan, um die entsprechenden Sachverhalte zu analysieren und zu bewerten. Wirtschaftswissenschaftler analysierten und analysieren kontinuierlich Stärken und Schwächen des Binnenmarktes. Sie lieferten auch die grundlegenden theoretischen Erklärungen zu seiner Beurteilung. Die Stichworte sind rasch aufgeführt (Busch/Matthes 2020: 701–703): Zollabbau zwischen den Marktteilnehmern und Herstellung von gemeinsamen Außentarifen. Verzicht auf Grenzkontrollen. Abbau von nichttarifären Handelshemmnissen, gegenseitige Anerkennung von Vorschriften zur Herstellung von Produkten. Schutzzölle gegenüber Einfuhren, um die innere Entwicklung wechselseitiger Austauschbeziehungen zu erleichtern. Schrittweise Entwicklung des gemeinsamen Marktes. Errichtung einer gemeinsamen Währung, sobald optimale Marktbedingungen erfüllt sind. Motive und Beurteilungsmaßstäbe wurden mit präzisem ökonomischem Sachverstand offengelegt: Handelsgewinne und -verluste, Wettbewerbseffekte, Effizienzgewinne sowie Politiksynergien im Wechselspiel von Integrationskosten und Integrationsnutzen. Der kanadische Ökonom Robert Mundell erhielt 1999 den Nobelpreis für Wirtschaftswissenschaften für seine schon 1961 veröffentlichte Studie über die Bedingungen eines optimalen Währungsraumes („optimal currency area") (Mundell 1961: 657–665). Kein Politikwissenschaftler würde jemals auf die Idee kommen, nach einem optimalen Integrationsraum zu fragen. Stattdessen kreisen politikwissenschaftliche Theorien um Machtfragen und Entscheidungsprozesse, um das Verhalten von Akteuren und die Formulierung einer politischen Agenda. Allerdings müssen Politikwissenschaftler daran erinnern, dass der Binnenmarkt unvollständig bleibt, solange nicht alle EU-Mitgliedsstaaten den Euro als allein verbindliche Währung eingeführt haben. Mit der Euro-Einführung 2023 in Kroatien gehören 20 EU-Mitgliedstaaten zur Euro-Zone, der zweitwichtigsten Währung der Welt. Über den in der Euro-Zone weiterhin fehlenden Mitgliedsstaaten (Schweden, Dänemark, Tschechien, Polen, Ungarn, Rumänien, Bulgarien) hängt weiterhin ein latent aktivierbares Damoklesschwert, an das dortige Gegner einer EU-Mitgliedschaft jederzeit erinnern können. EU-Mitgliedschaft ohne Euro-Übernahme bleibt eine halbe Mitgliedschaft, wie die leidvolle Brexit-Saga Großbritanniens gezeigt hat. Da Großbritannien außerhalb der Euro-Zone geblieben war, sanken die Folgekosten des Austritts aus der EU (2020) erheblich.

Am wichtigsten für die konkrete Ausgestaltung des europäischen Binnenmarktes waren immer wieder Vertreter einer dritten akademischen Disziplin: Juristen, genauer gesagt Richter. Dem Europäischen Gerichtshof (EuGH) kam und kommt bei der konkreten Ausgestaltung des europäischen Binnenmarktes eine überproportional große Bedeutung zu. Mit einschlägigen Rechtsprechungen wurden die Ziele des Binnenmarktes über Jahrzehnte hinweg ausgedeutet und die vier Freiheiten der Römischen Verträge, vor allem unter dem Stichwort des Diskriminierungsverbotes, konsequent konkretisiert und erweitert. Mit seiner Rechtsprechung statuierte der Europäische Gerichtshof den Primat des Europäischen Rechts (1963: van Gend & Loos gegen Niederländische Finanzverwaltung) und das Ursprungslandprinzip im Bereich der Warenverkehrsfreiheit (1979: Cassis de Dijon). Das Prinzip der Niederlassungsfreiheit wurde durch Urteile des Europäischen Gerichtshofes bekräftigt, ebenso die Freiheit des Kapitalverkehrs und das Diskriminierungsverbot im Bereich von Dienstleistungen. Dem Europäischen Gerichtshof kam bei der faktischen Durchsetzung des Binnenmarktes die Rolle eines strengen Hüters der Europäischen Verträge zu. Mehr noch: Der EuGH stärkte den Rahmen des Binnenmarktes und gestaltete viele seiner Einzelheiten. Die stärkste Waffe des Europäischen Gerichtshofs sind Sanktionen, einschließlich der Verhängung von Strafzahlungen beim Verstoß gegen Regeln des Wettbewerbs.

Der zweite wichtige Akteur bei der Entwicklung des Binnenmarktes war und ist die Europäische Kommission. Vor allem bei den komplexen Prozessen zur Vollendung des Binnenmarktes und zur Verwirklichung der Wirtschafts- und Währungsunion ab 1985 („Weißbuch" der Europäischen Kommission) lag das Heft des Handelns vornehmlich bei der Europäischen Kommission. Sie kooperierte auf das Engste mit Deutschland und Frankreich, die ihre Motorfunktion vor allem darin sahen, den Weg zur Gemeinschaftswährung Euro zu ebnen (Einführung des Euro 2002). Gesetzgeberisches Handeln vollzog sich in diesem Zeitraum vor allem im Sinne der Logik „negativer Integration": Hindernisse wurden beseitigt, um die Wirtschafts- und Währungsunion zu schaffen. Nach wissenschaftlichen Berechnungen würde das durchschnittliche Pro-Kopf-Einkommen in der EU um rund 12 Prozent geringer ausfallen, wenn es den europäischen Binnenmarkt nicht gäbe (Busch/Matthes 2020: 715). Der Binnenmarkt ist auch weiterhin nicht endgültig vollendet und wird es wohl so wenig werden wie jemals eine Marktordnung vollendet gewesen ist. Politische Aufgaben der Rahmensetzung greifen tiefer denn je in die Autonomie der Mitgliedsstaaten ein (Bankenunion, Kapitalmarktunion, Sozialunion, Finanzunion). Die entsprechenden Aushandlungsprozesse und politischen Dispute um jeden einzelnen Vorschlag der Europäischen Kommission werden auch die nächsten Jahre und Jahrzehnte der EU begleiten. Die Europäische Kommission hat einen komplexen Werkzeugkasten entwickelt, um mit Wettbewerbsverzerrungen, Fusionskontrolle und Problemen des Beihilferechts umzugehen.

Allerdings: Die Erkenntnisse, wie auf Marktversagen reagiert werden sollte, lassen sich nicht ohne Weiteres auf die Sphäre der Politik übertragen. Politikversagen folgt aus einer genuin eigenen Logik dysfunktionaler Politikgestaltung. Anreize, Sanktionsmechanismen und die Vorstellung rationaler Einsicht in unabwendbare Abläufe eines funktionierenden Marktes sind eine Sache. Die Definition von Erfolgslogik und der Umgang mit Veränderungsresistenz in dysfunktionalen Bereichen der Politikgestaltung ist eine sehr andere Sache. Marktteilnehmer wechseln gegebenenfalls den Anbieter. Im Bereich der politischen Präferenzen besteht die schärfste Waffe darin, dass Wähler ihre politischen Loyalitäten verändern. Für handelnde Parteien, vor allem für regierende Parteien, ist der Anreiz entsprechend gering, europäische Rechtsregeln zu akzeptieren, wenn dies zum Verlust nationaler Wähler führt. Kosten und Nutzen des Rechts verhalten sich in der Sphäre der Politik anders zueinander als in der Sphäre des Marktes.

3.2 Übergänge und Zwischenstufen: Regulatorisches Regieren auf mehreren Ebenen

Spätestens seit der Einheitlichen Europäischen Akte (1987) ist die Ausweitung des europäischen Regelungsbedarfs mit einer Ausdifferenzierung der politischen Entscheidungsmechanismen einhergegangen. Auf der einen Seite wurden immer differenziertere Instrumente geschaffen, um die Lebensbedingungen unter den Mitgliedsländern der EG anzugleichen (Beispiel: Struktur- und Kohäsionsfonds). Auf der anderen Seite wurde, oft quälend langsam und in Trippelschritten, das Einstimmigkeitsprinzip bei Entscheidungen im Europäischen Ministerrat zugunsten des Prinzips der Mehrheitsentscheidung abgebaut. Seitdem der Vertrag von Lissabon 2009 in Kraft getreten ist, ist das Europäische Parlament neben dem Ministerrat in den meisten Politikfeldern gleichwertiger Gesetzgeber im Rahmen des ordentlichen Gesetzgebungsverfahrens der EU (Vertrag über die Arbeitsweise der Europäischen Union [AUEV], Artikel 294).

Zügiger vollzog sich der Ausbau regulatorischer Maßnahmen. Dabei wird zwischen soziologisch-politikwissenschaftlicher und wirtschaftswissenschaftlicher Begrifflichkeit unterschieden. Während die soziale Regulierung Fragen der demokratischen Legitimität berührt, orientiert sich wirtschaftliche Regulierung vor allem am Kriterium der Effizienz. Faktisch geht es bei den Regulierungsansätzen im Rahmen der EU weniger um die Beeinflussung allgemeiner gesellschaftlicher Zusammenhänge. Vorrangig berührt die regulatorische Tätigkeit im Rahmen des Binnenmarktes den Ausgleich von unterschiedlichen Formen des Marktversagens. Dabei kann es sich um vorgelagerte Formen der Rahmensetzung handeln, damit ein Markt überhaupt entstehen kann (zum Beispiel ein gemeinsamer europäischer Energiemarkt). Ebenso üblich sind regulatorische Maßnahmen, um Marktverzerrungen dadurch zu korrigieren, dass monopolistische Marktstrukturen aufgebrochen oder a priori verhindert werden. Möglich sind liberalisierende De-Regulierungen ebenso wie den Rahmen der Marktfreiheit neu justierenden Re-Regulierung, vor allem im Bereich der sogenannten Netzindustrien (Koenig 2017: 1235–1244).

Regulierung

„Den geistigen Anstoß für eine Liberalisierung und die hiermit einhergehende Re-Regulierung der Netzindustrien lieferte die im angloamerikanischen Gestaltungsraum geborene Theorie der bestreitbaren Märkte (theory of contestable markets). Mithin gilt für das Verständnis des Terminus der Regulierung im europäischen Referenzrahmen, dass sich dieses nicht nur innerhalb der Grenzen Europas isoliert gebildet hat, sondern transatlantische Strömungen ebenso auf

dieses eingewirkt haben. Die hat zur Folge, dass sich europäische und amerikanische Regulierungsansätze partiell überschneiden und ein gemeinsames tertium comparationis aufweisen."
(Koenig 2017: 1240)

Bereits 1992 definierte der Politikwissenschaftler Giandomenico Majone die Europäische Union als einen „Regulierungsstaat" (Majone 1995). Der Rechtswissenschaftler Christian Koenig und sein Mitautor Bernhard von Wendland, ein leitender Beamter der Europäischen Kommission, haben die vielschichtigen regulatorischen Ansätze und wirkungsstarken Effekte des regulatorischen Regierens in der EU 2017 als "The Art of Regulation" bezeichnet (Koenig/von Wendland 2017). Das europäische Wettbewerbsrecht ist seine wichtigste Ausdrucksform. Die Ziele und Absichten der „Kunst der Regulierung" sind rasch aufgezählt: Allgemeine sektorspezifische Regulierung von EU-weit wirksamen Industrien und Infrastrukturen; Verbot von Kartellen; Kontrolle von Machtmissbrauch; Kontrolle von Firmenzusammenschlüssen; Kampf gegen Wettbewerbsverzerrungen durch Mitgliedsstaaten mit Hilfe öffentlicher Beihilfen oder durch andere gezielte Maßnahmen im Bereich öffentlicher Ausschreibungen. Sowohl de facto wie de jure hat die EU über ihre regulatorischen Aktivitäten eine genuine Marktmacht aufgebaut, die auch tief in politische Prozesse eingreift. Dies gilt nicht nur innerhalb des Europäischen Binnenmarktes, sondern auch außerhalb der EU. Trotz gelegentlich hoher regulatorischer Hürden ist der Europäische Binnenmarkt attraktiv für auswärtige Investoren: Von außerhalb der EU stammende Investitionen im Volumen von 6.295 Milliarden Euro haben 16 Millionen Arbeitsplätze in der EU geschaffen (Stand 2017). 35 Prozent des privaten und unternehmerischen Besitzes in der EU gehören Nicht-EU-Drittstaatenangehörigen (Europäische Kommission 2019). Die Rechtswissenschaftlerin Anu Bradford sprach 2020 vom „Brussels Effect" und versteht das dort entstandene, aber in den ganzen europäischen Binnenmarkt und auf die Weltwirtschaft ausstrahlende regulatorische Regime als wichtigstes Machtinstrument der EU. Bradford nennt fünf Gründe für die Wirksamkeit des regulatorischen Regierens: Marktgröße, regulatorische Kapazitäten, stringente Standards, unelastische Ziele (Kunden und nicht Produkte werden adressiert) sowie die Unteilbarkeit der regulatorischen Regelungen (Bradford 2020). Im Bereich des regulatorischen Regierens überschneiden sich wirtschaftswissenschaftliche, rechtswissenschaftliche und politikwissenschaftliche Deutungen der EU. Aspekte der Effizienzförderung des Marktes verweben sich mit Gesichtspunkten demokratischer Legitimität und der Projektion europäischer Normen (Müller-Graf 2020: 727–750).

Vor diesem Hintergrund ist im Zuge der Weiterentwicklung der Europäischen Union neben dem Begriff der Regulierung ein genuin politikwissenschaftlicher

Neuansatz entstanden: In Ermangelung eines anderen und präziseren Begriffs wurde es üblich, von „governance" zu sprechen (Jachtenfuchs 2001: 245–264) oder auch vom europäischen Regieren in einem Mehrebenensystem. Mit „governance" soll letztlich umschrieben werden, dass in der EU auch über den Binnenmarkt hinaus regiert wird, ohne dass explizit eine europäische Regierung besteht. Mit „Regieren in einem Mehrebenensystem" wird der faktische Normalzustand in jedem mehrteiligen föderalen Regierungssystem benannt. Der Begriff der „Europäisierung" beschreibt mit einem gewissen Hang zum Ungenauen das organisierende Prinzip der entsprechenden Effekte in der EU.

Die meisten Denkansätze der Regierungslehre – ebenso wie beispielsweise derjenige der Deutung des EU-Regierens als Ausdruck eines liberalen Institutionalismus (Moravcsik 1983) – gehen jederzeit vom Staat als der entscheidenden Akteursebene aus. Tatsächlich ist nicht nur jeder weitere Kompetenztransfer in der EU abhängig von Entscheidungen der Einzelstaaten. Auch jede mögliche Änderung der Verträge von Lissabon, die erst Einzelentscheidungen und -beschlüsse ins Primärrecht überführen kann, wird von den Mitgliedsstaaten akzeptiert werden müssen. Dann aber, wenn dieses erfolgreich geschieht, wird das Regieren zwischen unterschiedlichen Ebenen der europäischen Föderation geteilt. Für jedes mehrstufig gegliederte, mithin föderale Gemeinwesen ist das Miteinander vertikaler und sektoraler Entscheidungsträger nicht ungewöhnlich. Nur dann, wenn immer a priori vom bestehenden Staat her gedacht wird, der mit einem jeden Kompetenztransfer auf die EU ringen muss, um sich zu behaupten, kann diese Komplexität Besorgnisse auslösen. Wenn jeder Akt dieser Art als eine Einschränkung einzelstaatlicher Autonomie gedacht wird, bleibt die Logik eines Nullsummenspiels bestehen. Der Gewinn des einen muss dann immer der Verlust des anderen sein. Politische Akteure neigen zu einer solchen Sicht vor allem dann, wenn Effekte des gemeinschaftlichen Regierens auf die innenpolitische Sphäre durchschlagen, in der sie um ihr Monopol bangen, das heißt Wählerabwanderungen befürchten müssen.

Europaweite Umfragen zeigen an, dass die Mehrheit der Unionsbürgerinnen und Unionsbürger EU-Maßnahmen als Teil der eigenen Innenpolitik ansieht. Jüngere Analysen anerkennen den enorm gewachsenen Grad an Politisierung der Europäischen Union. Die Politikwissenschaftler Philipp Genschel und Markus Jachtenfuchs haben daraus gefolgert, dass in der EU in Zukunft nicht länger eine Kombination von regulatorischer Integration und horizontaler Differenzierung durch Ausgleichsmechanismen und Sonderregelungen für einzelne Mitgliedsstaaten funktionieren kann. Sie verstehen den Politisierungsgrad und die ungelösten Dispute (Finanzunion, Asyl- und Migrationsregelung) als Ausdruck der Tatsache, dass „core state powers" ins Zentrum der europäischen Integration gerückt sind (Genschel/Jachtenfuchs 2017). So zutreffend dieser Befund ist, so kann er für sich allein genommen keine Antwort auf die Frage geben, wie durch zunehmendes Ringen um den Transfer von „core states powers" auf die Ebene der EU mit den möglichen Zielkonflikten und Anpassungskrisen auch nur gedanklich verfahren werden soll. In der politischen Arena ist es reflexhaft akzeptierte Praxis, politische Spannungen dadurch zu entschärfen, dass die Bewertung einer Streitfrage an den Europäischen Gerichtshof (EuGH) geleitet wird (Beispiele: Zwangsquoten bei der Verteilung von Asylbewerbern; Rechtsstaatskriterien im EU-Haushaltsverfahren). Mit dieser Entschärfung einer Streitkonstellation ist aber noch keine Entpolitisierung der eigentlichen Fragestellung erfolgt. Im Gegenteil kann der politische Streit dadurch möglicherweise noch zunehmen. Noch weniger ist durch Entscheidungen des EuGHs zwingend garantiert, dass richterliche Urteile von allen Beteiligten zu jeder Zeit auch akzeptiert werden. Vor allem in Fragen, die „core state powers" berühren, zeigt sich: Die möglichen innenpolitischen Sanktionierungen durch eine Rekonfiguration der politischen Loyalitäten einer Wählerschaft wiegen tendenziell immer noch schwerer als die Sanktionsdrohungen des europäischen Rechts.

3.3 Zur Diskussion gestellt: Das europäische Regierungssystem, die Pluralität der Rechtskulturen und die Frage nach der europäischen Gesellschaft

Das Studium der Europäischen Union wäre gut beraten, von der Prämisse einer unterdessen faktisch längst existierenden genuinen Föderation auszugehen, einem mehrgegliederten Gemeinwesen. Sowohl in horizontaler Ebene – zwischen den Organen und Institutionen der EU – als auch in vertikaler Hinsicht – zwischen der EU und ihren Mitgliedsstaaten – hat sich ein föderales Regierungssystem entwickelt. Es ist unvollendet und dürfte wie jede lebendige Föderation weiterhin unvollendet bleiben. Ähnlich unbeholfen wie die anhaltende Fixierung auf die die EU konstituierenden Mitgliedsstaaten ist die Frage nach der Finalität des politischen Prozesses der europäischen Einigung. Niemand käme auf den Gedanken, nach der Finalität Deutschlands oder jedes anderen Staates dieser Erde zu fragen. Auch das Studium der EU muss endlich von der faktischen Realität der EU her angelegt sein, um auf der Höhe der Zeit zu sein.

Ein an Kategorien der Politikwissenschaft orientierter Analyserahmen hat die Ausgangsfrage für die europäische Integration immer wieder aufzurufen: Sie betrifft nicht nur den Willen ihrer Staaten, etwas Gemeinsames zu unternehmen. Sie betrifft auch die Absicht, bestehende Fehlentwicklungen zu bremsen. Der Rekurs auf den Binnenmarkt und seine Entwicklung zeigt: Erfolg hat das Regierungssystem der EU dort, wo es gelungen ist, Monopole zu brechen und den damit verbundenen Nutzen zu teilen. Die Verteilung von Wohlfahrtsgewinnen erfolgt über den Markt. Das Budget der EU ist auch deshalb so limitiert, weil die EU die öffentliche Redistribution von Wohlfahrtsansprüchen nur in sehr begrenztem

Maße vornimmt. Der Sozialstaat bleibt im Kern national verfasst. Dass europäisches Gemeinwohl dennoch erwachsen kann, zeigt die Kraftanstrengung, die 2020 mit der Konsensfindung über die Einrichtung des Corona Wiederaufbauprogramms „Next Generation EU" gelungen ist.

Ökonomische Monopole wurden und werden in der EU zumeist gebrochen, ohne dass die politischen Kosten für diejenigen, die diese Entscheidungen hervorgebracht haben, allzu hoch gewesen sind. Mit den Effekten mussten und müssen in erster Linie Marktakteure zurechtkommen. Je mehr „core state powers" davon berührt werden, dass die Stärkung der EU zu Machtverschiebungen führt, umso größere politische Widerstände auf der nationalen Ebene von EU-Mitgliedsstaaten sind zu überwinden. Die Ordnung des Marktes unterliegt dem Primat sowohl politischer und rechtlicher Entscheidungen. Änderungen in der politisch verfassten Rechtsordnung verlangen Entscheidungen im Bereich der Politik (üblicherweise unterdessen per Mehrheit). Diese können indessen richterlichen Vorbehalten ausgesetzt sein, die vom mehrheitsbildenden Demokratiegrundsatz entkoppelt sind. Dies kann zu Spannungen zwischen nationalen Rechtsentscheidungen und Entscheidungen des Europäischen Gerichtshofs führen. Der beständig wiederholte Verweis auf den Primat des Europarechts kann nicht darüber hinwegsehen, dass in EU-Mitgliedsstaaten nationale politische Vorberhalte gegenüber der europäischen Rechtssetzung und Rechtfortbildung fortbestehen.

From market integration to core state powers
„On the one hand, the EU is deeply involved in the integration of core state powers, deeper in fact than with the benefits of hindsight in might have wished. On the other hand, it can only turn this involvement into a success if it develops some capacity in core state powers of its own. Unlike in market integration, common regulation is not enough (...) The history of coming-together federations tells us that the creation of central capacities is a very long and conflictual process with periods of stagnation and disintegration."
(Genschel/Jachtenfuchs 2017: 12)

Mit dieser multi- und transdiziplinären Ausgangslage für die weitere Entwicklung des politischen Denkens zum Regierungssystem der EU ist eine Schwachstelle des bisher entstandenen Regierungssystems der EU beschrieben. Ein föderales Regierungssystem wie jenes der EU wird immer mehrere beteiligte Ebenen und Akteure mit potentiell unterschiedlichen Interessen aufweisen. Die Weiterentwicklung von Mechanismen, die analog zum nationalen „Rechtsstaat" die EU als „Union des Rechts" definieren, lässt sich unter diesen Bedingungen vermutlich kaum mit den Mitteln ökonomischer Sanktionstechniken erwirken. Es gibt keine empirischen Belege dafür, dass sich eine „Union des Rechts“ vermittels höchstrichterlicher Beschlüsse des Europäischen Gerichtshofes durch den Entzug von Mitteltransfer oder anderen Strafmaßnahmen erkaufen lässt. Artikel 7 des Vertrages über die EU definiert die Rahmenbedingungen für entsprechende Verfahren bei gravierenden Verletzungen des EU-Rechts in einem Mitgliedsstaat. Diese Rahmenbedingungen sind wenig zielführend, solange das Einstimmigkeitsprinzip für eine konsequente Durchführung eines sogenannten Rechtsstaats-Verfahrens nach Artikel 7 gilt (von Westphalen 2018: 730–739). Die Fixierung des politischen Denkens der EU auf Sanktionen hat dazu geführt, dass über mögliche Anreizstrukturen bisher kaum nachgedacht worden ist – weder im Zusammenhang mit den seit den 2010er Jahren besonders häufig kritisierten rechtspolitischen Aktivitäten der Regierungen in den Mitgliedsstaaten Polen und Ungarn noch grundsätzlich. Viel zu wenig berücksichtigt wird bei Diskussionen zur Rechtsstaatlichkeit in der EU die konzeptionelle Uneindeutigkeit des Begriffs „Rechtsstaat“ angesichts unterschiedlicher europäischer Traditionen. Obgleich auf den englischen Staatstheoretiker James Harrington („Commonwealth of Oceana“, 1656) zurückgehend („Laws Empire“), ist das Wort „Rechtsstaat“ ideengeschichtlich deutscher Herkunft. Diverse Traditionslinien haben zum Konzept des ebenfalls genuin deutschen Verwaltungsrechtsstaats geführt, der keine unmittelbare Wiederholung in anderen europäischen Ländern und ihren Traditionen im Spannungsfeld von Recht, Gesetzen, Verfassung und Parlamentarismus findet. Von einer einheitlichen EU-weiten Wort- und Begriffsübereinstimmung bei dem Begriff „Rechtsstaat“ kann in ideengeschichtlicher Perspektive also nicht gesprochen werden.

Wesentlicher als prozedurale Probleme, wie immer wieder – und nicht nur in Polen oder Ungarn, von deren Regierungsmehrheiten in diesem Zusammenhang in den letzten Jahren immer wieder die Rede war – tiefgreifende Machtkonflikte zwischen nationalstaatlichen Souveränitätsvorbehalten und einer sich herausbildenden EU-Rechtsgemeinschaft zeigen, sind die noch immer wirksamen unterschiedlichen Ansätze des politischen Denkens in den Gesellschaften und Staaten Europas. In den Mitgliedsstaaten der Europäischen Union existieren verschiedene Varianten von Rechtstraditionen und Rechtskulturen (Kühnhardt 2017: 101–114). Rechtskulturen betreffen Werte, Ideen und Einstellungen, die der jeweiligen Bevölkerung und ihren handelnden politischen Akteuren vorgelagert sind. Aufbauend darauf existiert eine Bandbreite von stärkeren oder schwächeren Unterschieden in den europäischen Rechtskulturen. Zu den wichtigsten Faktoren gehören: genuine historische Entwicklungen, Sprachdifferenzen, die Rolle der Rechtsprechung, die Aushandlungsformen zwischen Staat, Kultur, inklusive Religion, und Gesellschaft (Häberle 1994). Die dabei berührten Fragen gehen über die politische Mehrheitsbildung weit hinaus und sind durch diese nicht spannungsfrei zu beantworten. Ein einheitliches politisches Denken der EU in Bezug auf das Verständnis von Recht und die Anwendung des Rechts zu entwickeln, kann daher nur im Sinne der schrittweisen Rechtsfortbildung als langfristiger Prozess gelingen. Eine gewichtige Rolle spielt dabei die Entwicklung der europäischen Gesellschaft. Die europäische Gesellschaft (im Singular wie im Plural als Gesellschaft der nationalen Gesellschaften) ist die Basis für die Europäische Union. Nach Artikel 2 des Vertrages von Lissabon (EUV) ist es diese Gesellschaft, „die sich durch Pluralismus, Nichtdiskriminierung, Toleranz, Gerechtigkeit, Solidarität und die Gleichheit von Frauen und Männern auszeichnet." (Art. 2 EUV). Es geht bei der Betonung des Primats des Europarechts mithin nicht zuerst um die Frage nach der Einschränkung nationaler Verfassungsinterpretationen, sondern vielmehr und vorrangig um die Stärkung der gemeinsamen gesellschaftlichen Grundlagen für die europäische Integration in allen nationalen Gesellschaften der EU.

Dabei muss die Beurteilung der Zusammenhänge (Stichwort: Rechtsstaats-Mechanismus der EU; Verfahren nach Artikel 7 des EU-Vertrages) berücksichtigen, dass in der Gegenwart das Rechtsstaatsthema in der EU von einem zeitgenössischen, erst in jüngster Zeit leidlich konsensualen Demokratiebegriff her aufgegriffen wird. Historisch verlief der Denk-Weg indessen umgekehrt: Der Vorrang des Rechts eröffnete erst sukzessive Spielräume für die Erweiterung des Demokratieverständnisses und seiner Anwendung. Zum zweiten muss beachtet werden, dass der im deutschen Kontext eindeutige Begriff „Rechtsstaat" nicht in gleicher Weise in anderen europäischen Rechtskulturen verankert ist. Während in deutscher Tradition geradezu intuitiv an Obrigkeit, Verwaltungskontrolle und Verwaltungsverfahrensrecht gedacht wird, wäre der englische Begriff des „rule of law" nicht entstanden ohne das stolze Selbstbewusstsein, das sich stets in den Mitspracherechten des Parlaments ausgedrückt hat. Auch die französische Begriffsverwendung des „état de droit" weicht durchaus vom deutschen Konzept des Rechtsstaates und seiner Herkunftsgeschichte ab. Erst seit Beginn des 20. Jahrhunderts wurde der Begriff in Frankreich von Léon Duguit, Maurice Hauriou und anderen verwendet und im Sinne positivistischer Legalitätsvorstellungen interpretiert.

Vor diesem Hintergrund stellt sich anhaltend die Frage nach dem Primat des Europarechts vor dem nationalen Recht. Dies ist nicht nur eine grundsätzliche Frage, die zu verhärteten Kontroversen führt wie im Falle Polens 2021. Der Europäische Gerichtshof versuchte sich auch schon zuvor immer wieder daran, Fragen zu klären, die politisch bisher unentschieden waren oder zu keiner einheitlichen Lösung gebracht werden konnten. Tatsächlich ist die Organisation der Justiz in den EU-Mitgliedsländern durch das europäische Primärrecht bisher nicht harmonisiert. Gleichwohl insistiert der Europäische Gerichtshof, dass die Mitgliedsstaaten die Verpflichtungen, die sie europarechtlich akzeptiert haben, auch einhalten müssen. Diese Kontroverse entzündet sich gerne an Fragen der Korruptionsbekämpfung. Immer wieder aufs Neue und einzelfallspezifisch wird die EU auch künftig mit der Frage nach dem Primat des Europarechts konfrontiert sein, wenn es im Einzelfall um die Interpretation von Rechtsverpflichtungen einerseits und Kompetenzbegrenzungen im Europarecht und bei seinen pragmatischen Durchsetzungsmechanismen geht. Die entsprechenden Kontroversen werden auch in Zukunft kaum frei sein von gegenläufigen Interessenlagen und politischen Disputen. Erst langsam scheinen sich durch den Europäischen Gerichtshof formulierte objektivierbare Kriterien und Maßstäbe zu entwickeln, die über das politisch oft plumpe, häufig aber auch stumpfe Schwert von pauschalen Sanktionen gegen säumige Mitgliedsstaaten hinausgehen (Stichworte: Klagen Polens und Ungarns gegen den sogenannten Rechtsstaatsmechanismus bei der Vergabe und Kontrolle von EU-Haushaltsmitteln; Urteil des polnischen Verfassungsgerichts vom 7. Oktober 2021 über den Primat der polnischen Verfassung).

Entschieden unterentwickelt ist weiterhin in der EU das Nachdenken über Anreize, um die synchronisierte Anwendung des Europarechts und des Verständnisses von „Rechtsstaat" in allen Mitgliedsstaaten des europäischen Regierungssystems zu optimieren. Diese Aufgabe wird umso anspruchsvoller werden, je stärker die Frage nach der demokratischen Legitimität sich mit dem Regierungshandeln in der EU verknüpft. Denn seit der Antike ist aus der Geschichte des politischen Denkens bekannt: Es gibt weitgehend unauflösbare Spannungsverhältnisse zwischen dem Demokratieprinzip als Herrschaft der Vielen und dem Rechtsprinzip, das sich auf den Wahrheits- und Ermessensanspruch von Richtern stützt, die dem Mehrheitsprinzip entzogen sind. Widerspruchsfrei wird sich das europäische Regierungssystem als Rechtsgemeinschaft wohl nicht weiterentwickeln.

Mit diesem Befund ist die Tatsache verbunden, dass sich zwischen Beschlüssen des Europäischen Gerichtshofes und den Entscheidungen nationaler Verfassungsgerichte in der EU auch eine Art judikatives Mehrebenen-System herausgebildet hat: Einzelne nationale Verfassungsgerichte und Europäischer Gerichtshof nehmen immer wieder Bezug auf Beschlüsse des jeweils anderen. Dieses Phänomen findet auch im Dreieck zwischen unterschiedlichen nationalen Verfassungsgerichten und den Entscheidungen des Europäischen Gerichtshofes statt. Beispiel dafür ist ein Beschluss des Europäischen Gerichtshofs 2018 über einen Fall richterlicher Unabhängigkeit in Portugal, der in der Öffentlichkeit sogleich auf die Kontroversen in Polen bezogen wurde. Man kann konstatieren, dass zwischen den horizontalen und vertikalen Ebenen der europäischen Judikative ein beständiges Ringen um Deutungshegemonie und Interpretationshoheit stattfindet. Die Lage in der europäischen Judikative ist dabei strukturell nicht so sehr verschieden von den Umständen zwischen den Exekutiven und Legislativen in der EU. All dieses sind Indizien dafür, dass die Europäische Union Machtkontrolle nicht in erster Linie über den Weg der Gewaltenteilung, sondern über den Weg der Gewaltenverschränkung sicherstellt.

Übung

Lösungsskizzen zu diesen Fragen finden Sie online unter:

https://www.utb.de/doi/book/10.36198/9783838558943

1. Wie hat das Zusammenwirken wirtschaftlicher, politischer und rechtlicher Aspekte zur (weitgehenden) Verwirklichung des europäischen Binnenmarktes geführt?
2. Wo bestehen Gemeinsamkeiten und wo liegen Grenzen in der Analyse von ökonomischen und politischen Integrationskosten?
3. Welche Bedeutung hat das Konzept der Regulierung für die Verwirklichung der Rechtsordnung im Binnenmarkt?
4. Wo liegen die Bruchlinien und Schwierigkeiten im Vergleich von Marktordnung und politisch verfasster Rechtsordnung?
5. Welche Herausforderungen ergeben sich aus der Vielfältigkeit der europäischen Rechtsstaatstraditionen für die Bestimmungsfaktoren der weiteren Integrationsentwicklung in der EU?

4. Vom Krisenimport zum Gewaltmonopol

Infolge umwälzender Veränderungen in der Welt ist die Europäische Union seit Beginn des 21. Jahrhunderts von einem Exporteur von Stabilität zu einem Importeur von Instabilität geworden. Die innerhalb der EU entwickelten Mechanismen, die zu einer dauerhaften Friedensordnung zwischen den beteiligten Mitgliedsstaaten geführt haben, haben sich nicht auf die Beziehungen zu externen Konfliktkonstellationen projizieren lassen. Die Europäische Union ist an die Grenzen ihrer Nachbarschaftspolitik gestoßen. Besondere Spannungen haben sich bei den Themen Migration, Asyl und Grenzschutz aufgetan. Die Zielkonflikte zwischen universal- und gesinnungsethischen sowie globalstrategischen und verantwortungsethischen Einstellungen zeigen sich in besonderer Weise an der Frage nach dem freiheitsgarantierenden, zugleich aber freiheitseinschränkenden Nutzen europäischer Grenzen. Überlegungen zum Schutz der EU-Außengrenzen werden zur Diskussion gestellt.

Anregung für eine kreative Gestaltung der Seminareinheit: Die Seminarteilnehmerinnen und Seminarteilnehmer simulieren eine Debatte im Europäischen Rat über die aktuellen Kontroversen im Blick auf eine gemeinsame Migrations- und Asylpolitik. Jede Seminarteilnehmerin / jeder Seminarteilnehmer nimmt die Position einer Fraktion im Europäischen Parlament sowie die wesentlichen Positionen der Mitgliedsstaaten im Europäischen Rat ein. Dabei soll versucht werden, über die politische Kontroverse hinaus die gesellschaftlichen und geistigen Voraussetzungen der entsprechenden Diskurse zu berücksichtigen.

4.1 Europas Wende zur Welt

Bis zum Ende des Ost-West-Konfliktes entwickelte sich die europäische Einigung gleichsam wohlbehütet in dessen Schatten. Bedrohung wurde in erster Linie durch die Sowjetunion und ihre Verbündeten repräsentiert. Sicherheit wurde primär über die NATO und damit in erster Linie durch die Vereinigten Staaten von Amerika garantiert. Die Europäische Gemeinschaft organisierte den Wiederaufbau und einen präzedenzlosen Erfolg von Freiheit und Wohlstand. Die Logik dieser Jahrzehnte gründete auf starken Annahmen eines genuinen politischen Denkens: gemeinsamer Mehrwert über den Zusammenschluss von Souveränität in einer Lerngemeinschaft von Partnern.

Mit dem Ende des Kalten Krieges und des Ost-West-Konfliktes begann die EU damit, die Welt um sie herum in einer ganz neuen Weise zu entdecken. Es entstand das Konzept der Europäischen Nachbarschaftspolitik, das ohne Beispiel in anderen Weltregionen ist. Alle Länder haben Nachbarn, aber nur die Europäische

Union verfügt über eine genuine Nachbarschaftspolitik. 2004 definierte ein Strategiepapier der Europäischen Kommission als Ziel für diesen außergewöhnlichen Denkansatz, einen „Ring stabiler, befreundeter Staaten" um die EU herum zu bauen. Mit dem Vertrag von Lissabon hat die Nachbarschaftspolitik Eingang in das Vertragssystem der EU erhalten und ist Teil des europäischen Verfassungsrechts geworden. Nachbarschaftsstrategien der EU gingen zunächst von der fortschrittsgewissen Annahme aus, die strategischen Entscheidungen, die die EU für sich selber getroffen habe, würden auch die Nachbarschaftspolitik zum Erfolg führen. Europa wollte seine eigene Sicherheit und Freiheit, wo möglich auch die Bedingungen für Wohlstand und Wohlergehen, über die eigenen Grenzen hinaus exportieren. 2008 wurde eine Ausdifferenzierung der bisher gedachten Politikansätze vorgenommen: Es entstand die „Union für das Mittelmeer", gefolgt 2009 von der „Östlichen Partnerschaft" (Schumacher/Marchetti/Demmelhuber 2018). Europas politische Klasse wähnte sich selbstzufrieden in ewiger Sicherheit.

Vertrag von Lissabon, Vertrag über die Europäische Union (EUV) (2007)
„Artikel 8 (EUV)
(1) Die Union entwickelt besondere Beziehungen zu den Ländern in ihrer Nachbarschaft, um einen Raum des Wohlstands und der guten Nachbarschaft zu schaffen, der auf den Werten der Union aufbaut und sich durch enge, friedliche Beziehungen auf der Grundlage der Zusammenarbeit auszeichnet.
(2) Für die Zwecke des Absatzes 1 kann die Union spezielle Übereinkünfte mit den betreffenden Ländern schließen. Diese Übereinkünfte können gegenseitige Rechte und Pflichten umfassen und die Möglichkeit zu gemeinsamem Vorgehen eröffnen. Zur Durchführung der Übereinkünfte finden regelmäßige Konsultationen statt."

Dem hoffnungsvollen Beginn von Reformen unter dem Schlagwort „Arabischer Frühling" folgten nach 2011 Bürgerkriege in mehreren arabischen Staaten. Den pro-europäischen „Farbenrevolutionen" in mehreren Staaten der Östlichen Partnerschaft folgten die kriegerischen Auseinandersetzungen im Osten der Ukraine, die völkerrechtswidrige Annexion der Krim durch Russland 2014 und schliesslich der brutale Aggressionskrieg Russlands auf die Ukraine 2022. Die Hoffnungen auf eine Projektion europäischer Ideen über die Außengrenzen der EU hinaus gingen zusehends unter. Mehr noch: Die EU begann, Instabilität von ihren Rändern her zu importieren. Migrationsdruck und externe Beeinflussungen der öffentlichen Meinungen, aber auch Cyber-Angriffe, führten zu vielfältigen Formen von Unsicherheit, Unruhe und Phänomenen des Kontrollverlustes innerhalb der EU. Der Europäischen Union wurde mehr denn jemals zuvor eine Wende zur Welt aufgezwungen, auf die die EU weiterhin mühsam nach angemessenen Antworten sucht. Viel zu häufig geriet zwischenzeitlich der längste Krieg in Vergessenheit, den die USA und ihre wichtigsten europäischen Verbündeten seit 2001 über 20 Jahre in Afghanistan geführt haben. Erst mit dem dramatischen Fall von Kabul an die Taliban und dem überstürzten Abzug der westlichen Truppen im August 2021 erlebte die EU, dass sie auch auf die Folgen der Machtergreifung durch die Taliban über keine angemessenen Antworten verfügte – weder beim Krisenmanagement (Evakuierungen) noch bei einer langfristig wirksamen diplomatischen und militärischen Strategie. Endgültig war nicht mehr zu übersehen, was von Dauer sein wird und mit dem Krieg in der Ukraine so nahe wie noch nie an die EU herangerückt ist: Die Welt drängt sich Europa auf, gleichgültig ob die EU gedanklich und strategisch vorbereitet ist oder nicht. Die EU musste zweierlei realisieren: (1) Eine Projektion europäischer Normen und Sicherheitsbegriffe in alle Räume der Nachbarschaft, geschweige denn in weiter entfernte und kulturell anders geprägte Regionen hinein, ist bestenfalls naiv. (2) Ein Schutz vor dem Import von Unruhe und Unsicherheit ist an Voraussetzungen gebunden, die unter den Akteuren der EU weiterhin nur mühsam im Konsens gedacht und gemeinschaftlich realisiert werden können.

Ein besonders grundsätzliches internes Defizit wurde spätestens seit Beginn der zweiten Dekade des 21. Jahrhunderts mit aller Wucht offenkundig: Weder besteht im europäischen Regierungssystem ein kohärentes inneres Gewaltmonopol hinsichtlich der Durchsetzung gemeinsam vereinbarter Rechtsprinzipien noch besteht ein äußeres Gewaltmonopol hinsichtlich des Schutzes der eigenen Außengrenzen und der sie durch sie verkörperten Ziele des Freiheitsschutzes für die hinter der EU-Außengrenze lebenden Unionsbürgerinnen und Unionsbürger. Gleichzeitig bestand und besteht weder gedanklich noch in der praktischen europäischen Politik eine präzise Abgrenzung der Themenfelder Migration und Asyl, die beide zudem in den EU-Mitgliedsstaaten unterschiedlich interpretiert werden. Es war daher kein Zufall, dass im Verlauf der 2010er Jahre die Fragen im Zusammenhang mit illegaler Migration und im Zusammenhang mit den Festlegungen für einen robusten gemeinsamen Grenzschutz zur größten Zerreißprobe für die EU geworden sind. Beide Themen berühren ein Selbstverständnis, das die EU in den vorherigen Jahrzehnten als permissiven Konsens gepflegt hatte, ohne sich Auskunft über die Voraussetzungen geben zu müssen. Höchst belastend kam hinzu, dass die Begriffe Migration, legale Migration, illegale Migration, Geflüchtete, Asylbewerber und anerkannte Flüchtlinge ständig ungenau bestimmt und austauschbar verwendet wurden – von der europäischen Politik und noch mehr von den Medien in aller Welt. Mit dem Begriff „Klimaflüchtlinge“ ist ein weiterer Terminus entstanden, der die Begriffsverwirrung erhöht.

Europa ist vom Kontinent der Auswanderung zum Kontinent der Einwanderung geworden. Die Frage, wer die Bedingungen darüber festlegt, welche Menschen zur EU gehören sollen, war angesichts grundlegender Differenzen über Staatsangehörigkeit, Migration und Multikulturalität lange ein geradezu tabuisiertes Thema in der EU. Die Frage, wer ein Recht hat, den Schutz der EU in Anspruch zu nehmen, wurde seit Ende der Konflikte im ehemaligen Jugoslawien 1999 bestenfalls eher theoretisch diskutiert. Dazu kam, dass die bereits komplizierten und teilweise tiefgreifenden Fragen im Zusammenhang mit den Effekten von Binnenmigration in der EU viel zu wenig beachtet wurden. Ärmere EU-Mitgliedsstaaten, die nach 1990 bis zu 15 Prozent ihrer Arbeitskräfte an wirtschaftsstärkere EU-Mitgliedsstaaten verloren haben (Rumänien, Kroatien, Lettland, Litauen), beklagen, dass sie mit den Investitionen in Gesundheit, Bildung und Ausbildung dieser Menschen weit höhere Zahlungen geleistet haben als ihre Volkswirtschaften über die finanziellen Rückflüsse der ausgewanderten Migranten zurückerhalten. Diese Problematik ist auch im Blick auf die Bedeutung von Migranten aus dem globalen Süden für ihre Heimatländer beständig vernachlässigt worden. Dort übersteigen die Rückflüsse der Migranten nicht selten die entwicklungspolitischen Unterstützungen aus den Industrieländern. Allerdings ist die Frage nach den komplexen Zusammenhängen zwischen positiven Migrationseffekten für die Auswanderungsländer und den negativen Effekten des Verlustes qualifizierter Menschen in diesen Ländern auch im internationalen Kontext bisher nur unzulänglich thematisiert worden. Nicht wichtiger als eine differenzierte Sichtweise auf Ursachen und Wirkungen von Migrationsfragen ist es, die Problematik von Fluchtursachen und Fluchtfolgen, von Asylberechtigung und humanitärem Schutz, die Bedingungen des internationalen Flüchtlingsstatus und die Probleme der Sekundärmigration, die sozialen Spannungen zwischen Flüchtlingsschutz und sozialen Notlagen in Aufnahmeländern von Geflüchteten sowie die Anforderungen an eine Rückführung von Menschen ohne Schutz- und Aufenthaltstitel streng auseinanderzuhalten und zugleich strikt von Fragen der Migration aus wirtschaftlichen Gründen zu trennen. An einer einheitlichen Sicht auf diese Fragen fehlt es in der EU seit vielen Jahren auf allen politischen Ebenen – und ebenso in den Medien. Entscheidend für den Rückgewinn von Handlungssouveränität in der EU wird es sein, die Themenfelder Migration und Asyl wieder möglichst getrennt voneinander zu behandeln. Die Vereinten Nationen sind gedanklich bereits weiter als die EU: 2018 wurde einerseits ein „Globaler Pakt für eine sichere, geordnete und reguläre Migration" („Global Compact for Migration"), andererseits ein „Globaler Pakt für Flüchtlinge" („Global Compact on Refugees") von der UN-Generalversammlung mit der großen Mehrheit der Staaten der Welt verabschiedet.

An erster Stelle muss das politische Denken der Europäischen Union sich mit der Ambivalenz der Grenzthematik auseinandersetzen. Grenzen können Freiheit einschränken. Grenzen können aber auch Freiheit ermöglichen und sicherstellen. Die robuste Sicherung europäischer Außengrenzen stand lange Zeit gedanklich im Gegensatz zur Philosophie eines grenzenlosen gemeinsamen Marktes. Die gemeinsame Aufgabe des Schutzes der EU-Außengrenzen – komplementär zum Wegfall der zwischenstaatlichen Grenzen im EU-Binnenmarkt – wurde infolgedessen lange Zeit sträflich vernachlässigt. Neue Realitäten zwangen jedoch immer stärker zu Einsichten, die mit der wenig strategischen Anlage der Nachbarschaftspolitik vermieden werden sollten.

Die Radikalität der Flüchtlingskrise
„Radikal an der Flüchtlingskrise ist nicht, dass sie uns nötigt, andere Antworten auf die 1989 aufgeworfenen Fragen zu geben, sondern dass sie die Fragen selbst grundlegend verändert."
(Krastev 2017: 26 f.)

Staatlichkeit wird im Völkerrecht mit den drei Kriterien Staatsvolk, Staatsgebiet und Staatsmacht beschrieben. In Bezug auf die Definition ihres Gebietes hat die EU im Laufe von insgesamt sechs Erweiterungsrunden zu einem einvernehmlichen Denken gefunden. In den Kopenhagener Kriterien waren 1993 durch den Europäischen Rat seine Grundsätze festgelegt worden: Bedingung einer Mitgliedschaft in der Europäischen Union sind eine demokratische und rechtsstaatliche Ordnung, die Einhaltung der Menschenrechte sowie Achtung und Schutz von Minderheiten; eine funktionsfähige Marktwirtschaft; die Fähigkeit, den gemeinschaftlichen Rechtsbestand, den "acquis communautaire", zu übernehmen. Die Frage, welche nichteuropäischen Menschen zu diesem gemeinsamen Raum gehören können oder gehören sollen, wurde in der EU indessen zu keinem Zeitpunkt einvernehmlich geklärt. Noch weniger wurde bisher einvernehmlich geklärt, wer letztendlich die Entscheidungsmacht über die damit zusammenhängenden Fragen haben soll.

In der EU war ein Binnenmarkt ohne Binnengrenzen entstanden (Schengen-Abkommen), aber zugleich ohne klaren gemeinsamen Schutz der Außengrenzen. So entstanden Kriterien für den Umgang mit Asylbewerbern, aber ohne Einvernehmen über die Verteilung von Geflüchteten, ohne Kriterien für beschleunigte Asylverfahren, ohne Auseinandersetzung mit dem Problem der Sekundärmigration von Asylbewerbern innerhalb der EU und ohne Klarheit über die Bedingungen für eine zügige Rückführung von Asylbewerbern ohne Schutzanspruch gemäß der Flüchtlingsvölkerrechts. So entstand schließlich eine Konstellation, in der die Fragen im Zusammenhang mit legaler Einwanderung in die EU vertagt wurden und der Aufbau eines gemeinsamen Grenzschutzes auf einen technischen Vorgang mit diffusen gemischten Kompetenzen zwischen den Mitgliedsstaaten und der EU reduziert wurde. Von Menschen, die mit dem Flugzeug in die EU einreisen wollten, ein Visum zu verlangen, reichte als Maßnahme der EU nicht aus. Die südlichen Seewege nach Europa, zuvor unvorstellbar, und immer mehr auch die östlichen und südöstlichen Landwege wurden zum Eingangstor, das mit Hilfe von geschäftstüchtigen Menschenschmugglern leicht zu überwinden ist. Es kam, wie es kommen musste: Asyl zu fordern wurde zum einfachsten Kriterium, um in die EU aufgenommen zu werden. Bestens organisierte Schlepperbanden umgingen die rudimentären Grenzsicherungen. Ihr zynisches Geschäft wurde durch die vielen Menschen, die ihr Leben auf See verloren, nicht geschmälert. Das Risiko schreckte nicht ab, hohe Summen für die riskante Überfahrt zu zahlen. Zwischen 2014 und 2020 ertranken im Mittelmeer über 20.000 Menschen, die sich Schmugglern anvertraut hatten. Die Mitgliedsländer der EU aber zerstritten sich über die Ursachen und Folgen ihrer eigenen Versäumnisse. Bereits seit 2011, spätestens aber seit dem unilateralen Vorgehen der deutschen Regierung 2015 wurde das unbefriedigende Krisenmanagement an den Grenzen zum Dauerzustand der EU. Das politische Denken, das zu einem neuen Konsens hätte führen können, hinkte den teilweise dramatischen Herausforderungen deutlich hinterher. Mit den Ursachen der Flucht und deren Bekämpfung fand am allerwenigsten eine öffentliche Debatte in der EU statt. Es schien, als habe man sich dem Schicksal brutaler Machtpolitik willenlos hingegeben, ohne die es überhaupt nicht dazu gekommen wäre, dass Menschen ihre Heimat verlassen mussten.

Auch das Mandat für den europäischen Grenz- und Küstenschutz Frontex war ungenau und widersprüchlich geblieben: Die einen verstanden unter Grenzschutz die strikte Abwehr illegaler Migration (inklusive sogenannter „push-backs"), die anderen wünschten, dass Frontex auch bei der Seerettung von Menschen und bei der Aufnahme von illegal eingereisten Menschen in Asylverfahren helfen sollte. Alles in allem: Die gedankliche Auseinandersetzung mit dem freiheitsermöglichenden Nutzen von klaren Grenzen blieb in der EU quälend unzulänglich. Über viel zu lange Jahre hinweg hing der Grenzthematik das Stigma der Freiheitseinschränkung an. Grenzenloses Leben aber war für die EU nur um den Preis von Freiheitsverlusten ihrer Unionsbürgerinnen und Unionsbürger zu haben – und damit auch von Sicherheitsverlusten für anerkannte Flüchtlinge und legal akzeptierte Migranten.

4.2 Denkansätze: Gesinnungsuniversalistisch oder globalstrategisch

Das politische Denken in der Europäischen Union wird nur ungenügend erfasst, wenn die unterschiedlichen Sichtweisen entlang der Linie „proeuropäisch" versus „nationalistisch" charakterisiert werden. Tatsächlich ist es an der Zeit, die Denkkategorien neu zu begreifen, mit denen in der EU seit der globalen Wende zu den Themen diskutiert wird, die Europas Krisenmanagement in besonderer Weise herausfordern. Naturgemäß geht es immer auch um die inhaltlichen Sachfragen. Aber um die tiefen Schichten der Dispute und politischen Aporien zu verstehen, muss nach dem Subtext gefragt werden, nach den Denkstrukturen.

Die klassische Unterscheidung des Soziologen Max Weber zwischen Gesinnungsethik und Verantwortungsethik hat nicht an Kraft verloren, um das heuristische Problem besser zu verstehen, weswegen viele Diskussionen zu den einschlägigen Fragen von Migration und Asyl und den Grenzen der europäischen Aufnahmekapazität so unversöhnlich sind. In Bezug auf die Herausforderungen des Asylbegehrens im Zusammenhang mit illegaler Migration in die EU für das europäische Regierungssystem verläuft die argumentative Trennlinie wie folgt: Eine Argumentationslinie lässt sich als gesinnungsuniversalistisch charakterisieren. Sie hält es in naiver Humanitätsvorstellung für richtig, dass jeder Mensch das Recht hat, überall leben zu können, wo er oder sie es möchte. Eine andere Argumentationslinie kann als globalstrategisch und verantwortungsuniversalistisch bezeichnet werden. Diese Argumentationslinie berücksichtigt die Folgen von Interessenunterschieden zwischen Menschen und differenziert deswegen Geltungsgründe von Rechtsansprüchen zwischen Gesellschaften. Beide Denkansätze nehmen die Welt um Europa herum in den Blick. Aber sie kommen zu unterschiedlichen, nicht selten fundamental gegenteiligen Schlussfolgerungen.

Max Weber, Politik als Beruf (1919)

„Wir müssen uns klarmachen, dass alles ethisch orientierte Handeln unter zwei voneinander grundverschiedenen, unaustragbar gegensätzlichen Maximen stehen kann: es kann ‚gesinnungsethisch' oder ‚verantwortungsethisch' orientiert sein. Nicht dass Gesinnungsethik mit Verantwortungslosigkeit und Verantwortungsethik mit Gesinnungslosigkeit identisch wäre. Davon ist natürlich keine Rede. Aber es ist ein abgrundtiefer Gegensatz, ob man unter der gesinnungsethischen Maxime handelt – religiös geredet: ‚Der Christ tut recht und stellt den Erfolg Gott anheim' – oder unter der verantwortungsethischen: dass man für die (voraussehbaren) Folgen seines Handelns aufzukommen hat." (550 f.)

Humanitär-universalistische Denkmuster sind eher moralisch aufgeladen, von menschlichen Hilfsgefühlen geprägt und zumeist spontan, aus einer konkreten Notsituation heraus erwachsen. Globalstrategische Ansätze sind eher ursachenorientiert, berücksichtigen Handlungsfolgen und zielen auf weitsichtige Krisenvorsorge. Die Diskussionen, wie die EU nach dem brutalen Angriffskrieg Russlands der Ukraine am besten helfen konnte, ohne sich zu sehr selbst zu schaden oder die Gefahrenlage ohne Aussicht auf eine Begrenzung des Krieges in der Ukraine noch zu erweitern, lassen sich ebenfalls anhand der Kategorien Gesinnungsethik und Verantwortungsethik einordnen. Auch protektionistische Denkansätze – Schutz der eigenen Gesellschaft gegenüber einer zu großen Zahl von Einwanderern; Schutz der eigenen Wirtschaft gegenüber konkurrierenden und möglicherweise preiswerteren Produkten aus dem Ausland – lassen sich mit Hilfe der Unterscheidung klassifizieren, die der Soziologe Max Weber schon 1919 formuliert hat. Erschwerend kommt die begriffliche und politisch-konzeptionelle Vermischung der Themenfelder Migration und Asyl hinzu. Anders als bei innereuropäischen Kontroversen häufig üblich, hat die Verquickung zu vieler Themenaspekte in diesem Themenfeld nicht zu Paketlösungen geführt. Im Gegenteil sind wechselseitige Blockadesituationen entstanden. Der Grund für dieses Handlungsdilemma liegt darin, dass die Problematik, um die es geht, ihren Ursprung jenseits des eigenen Willens- und Entscheidungsraumes der EU hat.

Da die Denkansätze so tiefgreifend unterschiedlich sind, wie auf den rasanten Anstieg illegaler Migration in die EU zu reagieren ist, darf es nicht überraschen, dass die EU sich auch bei dem besonders einschlägigen Themenfeld Grenzschutz schwertut, konsensuale Lösungen hinsichtlich des Mandats für diesen Grenzschutz zu finden. Es hat sich ein undurchsichtiges System gemischter Kompetenzen entwickelt, dass zugleich Ursache und Folge von kollektiven Handlungslähmungen in der EU ist. Die Politikwissenschaftlerin Sabine Riedel spricht von einer „Politikverflechtungsfalle". Sie plädiert für die strikte Trennung der Themenfelder und ihre teilweise Rückgabe aus diffuser geteilter Kompetenz in nationale Verantwortlichkeit (Riedel, 2020). Am wichtigsten aber ist es, auch im Blick auf die politische Herangehensweise und institutionelle Zuordnung die Themenfelder Migration und Asyl sauber voneinander zu trennen und politisch gesondert zu bearbeiten. Migration in die EU beziehungsweise einzelne Mitgliedsstaaten muss ausschließlich unter Fragen des Nutzens für einzelne Länder des Binnenmarktes und ihrer durchaus unterschiedlichen Wettbewerbsbedingungen betrachtet werden. Asylfragen müssen ausschließlich unter humanitären und rechtlichen Gesichtspunkten und im Lichte der Widersprüche, die sich aus unterschiedlichen nationalen Rechtslagen und internationalem Recht ergeben können. Der Grenzschutz wiederum muss als Ausdruck des Freiheitsversprechens der EU gegenüber allen Unionsbürgerinnen und Unionsbürgern verstanden werden, auf dessen Schutzgarantie für ein selbstbestimmtes Leben schließlich auch die Menschen bauen, die in der EU Asylschutz erbitten. Auf Dauer wird die Europäische Union als geopolitischer Akteur nur bestehen, wenn getrennt voneinander in allen drei Themenfeldern eine gedankliche Balance zwischen universalistischen und globalstrategischen Herangehensweisen gelingt. Dies kann nur dann gelingen, wenn gleichzeitig Normen und Eigeninteressen bei den Analysen und Entscheidungen in den Themenfeldern Migration, Asyl und Grenzschutz berücksichtigt werden.

4.3 Zur Diskussion gestellt: Schutz der EU-Außengrenzen – Schlüsselfrage für die Wiedergewinnung der Handlungssouveränität

Für das politische Denken der Europäischen Union sind die Fragen im Dreieck der „Politikverflechtungsfalle" Migration, Asyl und Grenzschutz besonders kompliziert. Aus verantwortungsethischer Perspektive sind durchaus Lösungen entscheidungsreif geworden, die jahrzehntelang aus gesinnungsethischer Perspektive in Europa geradezu ein Tabu bedeutet hatten. Die gilt in erster Linie für die Begründung von Grenzen. Dass Grenzen nicht nur trennen, sondern auch schützen, dass sie Freiheit garantieren und nicht nur Freiheit einschränken können, ist in Europa lange Zeit keineswegs Denkkonsens gewesen. Freizügigkeit und Abbau von Grenzen galten seit den 1950er Jahren als Inbegriff des Freiheitsversprechens der EU. Ihm kam universalistisches Ethos zu. Die Dialektik der Grenze ist für viele Menschen nicht unmittelbar zu verstehen, der zufolge mit der gleichen Begründung des Freiheitsversprechens in der EU der Idee der offenen Grenzen eine globalstrategische Verantwortungsperspektive zur Seite gestellt werden muss, aus der heraus strikter und robuster Schutz der EU-Außengrenzen rational und legitim ist. Diese Doppelperspektive praktisch zu etablieren, liegt in der Hand der europäischen Akteure. Neben 100.000 nationalen Beamten, die ohnehin bereits mit Fragen des Grenzmanagements angesichts von 700 Millionen Ein- und Ausreisen in die EU befasst sind (Riedel, 2020, S.16), sind 10.000 zusätzliche Mitarbeiter des Europäischen Grenz- und Küstenschutzes Frontex nur sinnvoll, wenn ihr Aufgabenprofil eindeutig bestimmt ist: robuster und kohärenter Schutz der EU-Außengrenzen, wo nötig auch mit „push-backs“. Erst wenn darüber Konsens besteht, werden diejenigen EU-Mitgliedsstaaten, die als erste den Eintritt illegaler Migranten erleben, geteilte Kompetenz zwischen der EU und ihren Mitgliedsstaaten beim Grenzschutz akzeptieren. Erst dann kann der europäische Grenzschutz dazu beitragen, den Blick der EU insgesamt wieder freizugeben für eine unverstellte und systematische Sicht auf das Weltflüchtlingsproblem und das davon säuberlich zu trennende Weltmigrationsproblem (Betts/Collier 2017: 93–134, 299–311; Kühnhardt 2017a: 101–132; Schwarz 2017: 21–126, 235–245). Der Schutz der europäischen Außengrenzen ist selbstverständlich keine ausreichende Methode der Ursachenbekämpfung der Umstände, die Menschen zur Flucht aus ihren Heimatsländern zwingen. Sie ist auch keine ausreichende Methode der Klärung der Umstände, die Menschen aus ökonomischen Motiven zur Auswanderung bewegen und von europäischen Gesellschaften je individuell Antwort auf die Frage verlangen, ob sie überhaupt und gegebenenfalls in welchem Rahmen Einwanderung zur Absicherung ihrer Wettbewerbsfähigkeit wünschen oder benötigen. Dennoch ist die Frage des Schutzes der europäischen Außengrenzen ein Schlüsselthema: Der Schutz der europäischen Außengrenzen gehört zu den Voraussetzungen, die die EU selbst schaffen kann und schaffen muss, damit eine sachliche Befassung mit allen Aspekten der Migrationsfrage und mit allen Aspekten des Asylschutzes, inklusive der Möglichkeiten humanitärer Schutzkorridore in der Nachbarschaft von Bürgerkriegsflüchtlingen, in der EU gelingen kann. Nur wer selbst sicher ist, kann für andere wirksam werden. Angst vor dem Import von äußeren Gefährdungen führt zu inneren Polarisierungen einer jeden Gesellschaft und zu Vertrauensverlust in die politisch Handelnden. Die weiterführenden Fragen von Investitionen in Infrastrukturen und Arbeitsplätze von Ländern mit hohem Migrationsbegehren aus ökonomischen Motiven beziehungsweise die weiterführenden Fragen von Frieden, Stabilität und Legitimität in Ländern, deren Gesellschaften durch Bürgerkriege zerrissen sind, sind und bleiben komplex. Das Thema sprengt den Rahmen dieser knappen Abhandlung. Aber erst die konzeptionelle Trennschärfe zwischen den Themen Migration, Asyl und Grenzschutz wird die praktische europäische Politik auf das erforderliche Niveau einer Problembewältigung führen, die zum wechselseitigen Wohle der Menschen in und außerhalb der EU gelingen kann.

Grenzen
„Der Mensch ist seiner Wesensverfassung nach auf Grenzen angewiesen. Mit dem gleichen Recht, mit der er als politisches Wesen definiert wird, könnte man ihn auch als grenzbedürftiges Wesen kennzeichnen. Sein Freiheitsdrang erfüllt sich nur innerhalb von Grenzen, den selbstgesetzten wie den vorgegebenen, deren sensibelste die Freiheit des anderen ist."
(Isensee 2018: 20)

Der aufgezeigte Perspektivwechsel hinsichtlich der Funktion von Grenzen ist notwendig, wenn die Europäische Union ihre Handlungssouveränität in Migrationsfragen und bei der Asylthematik wiedergewinnen will. Damit trifft die Europäische Union auf ein Denk- und Handlungsmuster, das für den europäischen Territorialstaat seit seiner Entstehung in der frühen Neuzeit konstitutiv gewesen ist: das Gewaltmonopol. Um private Anwendungsformen öffentlicher Gewalt zu stoppen und ein geordnetes und friedliches Zusammenleben aller Menschen eines Gemeinwesens zu ermöglichen, hat sich das innere Gewaltmonopol etabliert. Max Weber hat es in seiner Studie „Wirtschaft und Gesellschaft" 1921 als das „Monopol legitimen physischen Zwangs für die Durchführung der Ordnung" definiert (Weber [1921] 1980: 29).

In völkerrechtlicher Perspektive herrscht Eindeutigkeit über die Bedeutung des Gewaltmonopols für ein friedliches Zusammenleben in einem Gemeinwesen und zwischen Staaten. Hauptsorge macht die Zunahme von fragilen oder gescheiterten Staaten in der Welt (annähernd vierzig von 193 UN-Mitgliedsstaaten gehören dieser Kategorie an) (Haack 2017: 1153–1162). Weniger beachtet ist bisher in der Forschung die Frage, inwieweit eine supranationale Föderation wie die Europäische Union zu ihrer Existenzsicherung auch ein einheitliches Niveau des nach Außen wirkenden Gewaltmonopols beim Grenzschutz benötigt. Die akademische Frage nach den theoretischen Erhaltungsbedingungen mittels eines Gewaltmonopols ist durch die faktischen Herausforderungen, denen die EU sich infolge des „Ende des Biedermeiers" gegenübersieht, überrollt worden (Kühnhardt 2017b;

Kühnhardt, 2017c: 133–170). Die EU muss Antworten denken, die deutlich über die Fragen hinausgehen, denen sie sich in den vergangenen Jahrzehnten gestellt hatte. Erst der von außen entstandene Zwang, gemeinsame Positionen in den Kernfragen von Migration, Asylrecht und Schutz der EU-Außengrenzen zu finden, hat die empirischen Voraussetzungen geschaffen, die eine denkerische Antwort auf die Frage nach den beiden Dimensionen des inneren und des äußeren Gewaltmonopols der EU verlangt. Von der Europäischen Union wird erwartet, womit sich auch ihre Mitgliedsstaaten auseinandersetzen müssen: Die Verschränkung von Innen- und Außenpolitik. Der Wiedergewinn der Kontrolle über die gemeinsamen Außengrenzen ist daher die Schlüsselfrage, an der sich entscheidet, ob dieses neue Denken gelingt oder nicht.

Die von Belarus 2021 künstlich erzeugte „Flüchtlingskrise" an den östlichen Grenzen der EU, namentlich zu Polen und Litauen, führte erstmals zu einem weitverbreiteten Wechsel in der Sichtweise auf die Grenzfrage: Aus dem humanitären Thema Asyl war eine Form hybrider Kriegsführung gegen die EU geworden. Laut Zeitungsberichten vom November 2021 lag der provozierenden Politik von Belarus eine vom belarussischen und vom russischen Geheimdienst bereits 2010 entwickelte Strategie zugrunde, um die EU zu destabilisieren („Operation Schleuse"). „Push-backs" polnischer Grenzbeamter wurden daher in der EU weitgehend als Ausdruck von Notwehr akzeptiert. Niemand konnte nach dem russischen Überfall auf die Ukraine im Februar 2022 sicher sein, ob nicht eine vollständige Bevölkerungsvertreibung aus der Ukraine von Russland angestrebt werden würde, wenn das eindeutig erklärte Ziel, die Staatlichkeit der Ukraine zu beseitigen, nicht anders erreicht werden könnte.

Die EU ist noch immer dabei zu lernen, dass sie ohne ein eigenes inneres wie äußeres Gewaltmonopol und eine konsequente Kontrolle ihrer Außengrenzen kaum überlebensfähig ist. Diese Herausforderung hat sich der EU aufgezwungen. Sie wird nicht wieder verschwinden. Daher sind kluge Instrumente und ein entschieden klareres Mandat für den europäischen Grenz- und Küstenschutz Frontex erforderlich. Dabei muss die Priorität des Grenzschutzes unzweifelhaft sein: Die Frage nach der Berechtigung für ein Asylbegehren kann angesichts weltweit massiv angestiegener Wanderungsbewegungen von Menschen nicht vom Grenz- und Küstenschutz hinter der EU-Außengrenze geklärt werden, weil die Rückführung abgelehnter Asylbewerber in den wenigsten Fällen gelingt. Anpassungen der Asylrechts-Richtlinie der EU sind notwendig, um in Situationen einer hybriden Bedrohung wie 2021 an der polnischen Ostgrenze auch die Möglichkeit von „push-backs" zu erlauben. Zugleich müssen Verfahren zur Asylrechtsfeststellung und Abschiebungsverfahren vereinfacht und beschleunigt werden, wenn kein Asylrecht in der EU gewährt werden kann.

Die ungeklärten Kompetenzfragen zwischen den nationalen Behörden in den Mitgliedsstaaten der EU und dem gemeinsamen Grenz- und Küstenschutz Frontex mögen unvermeidliche Entwicklungsfehler beim Aufbau der zweitgrößten EU-Behörde nach der Europäischen Kommission sein. Vor allem aber sind sie Ausdruck fehlender Denkklarheit über den Sinn von Grenzen und Ausdruck ungeklärter Souveränitäts- und Machtfragen zwischen den verschiedenen Ebenen der EU bei der Frage nach der Beurteilung von Rechtspflichten im Falle illegalen Grenzübertritte. Die EU muss sich entschieden, ob sie gemeinsamen Grenzschutz mit gleichen nationalen und EU-weiten Standards und Zielen will oder ob sie geteilte Aktivitäten präferiert, bei der nationaler Grenzschutz nationale Grenzen schützt und der gemeinsame Grenzschutz eher humanitäre Anliegen verfolgt. An erster Stelle steht die Herausforderung, schlüssige und mehrheitsfähige Antworten im politischen Denken der Europäischen Union zu finden, die den unausweichlichen Machttransfer zu einer Ordnung des konsequent durchdachten und gemeinsam exekutierten Schutzes der EU-Außengrenzen als Ausdruck des wechselseitigen Nutzens aller Mitgliedsstaaten und der EU insgesamt plausibel machen können. Ohne ein klares Mandat, die äußere Seite des Gewaltmonopols bei der legitimen Durchsetzung der europäischen Ordnung wahrzunehmen, wird der europäische Grenz- und Küstenschutz Frontex auf Dauer mit operativer und konzeptioneller Kritik an seiner Legitimität und Nützlichkeit rechnen müssen. Der noch immer fehlende Konsens über den freiheitsermöglichenden Wert von Grenzen ist im Kern eine ungeklärte Frage des politischen Denkens der Europäischen Union.

Übung

Lösungsskizzen zu diesen Fragen finden Sie online unter:

https://www.utb.de/doi/book/10.36198/9783838558943

1. Warum tut die EU sich so schwer, vom innereuropäischen Friedens-Imperativ ihres ursprünglichen Selbstverständnisses zu einer außereuropäischen Bedrohungsanalyse zu finden?
2. Wie haben externe Entwicklungen Einstellungen und Sichtweisen in der EU zum Thema Macht und Sicherheit beeinflusst?
3. Warum hat die Vermischung der Themen Migration und Asyl einen Wendepunkt im Selbstverständnis der EU als normativer Macht bedeutet?
4. Welche gedanklichen Herausforderungen bedeuten der Begriff der Grenze und die Idee des (inneren wie des äußeren) Gewaltmonopols für die EU?
5. Wie muss sich die EU konzeptionell angemessen ausstatten, um die polarisierende Sprengkraft aus dem Thema Migration zu nehmen und die Migrationsthematik grundsätzlich von der Frage des Asylrechts von Schutzbedürftigen zu trennen?

---

5. Von normativer Macht zu multilateraler Weltmacht

In den ersten Jahrzehnten der Entwicklung der europäischen Einigung wurde in der Politikwissenschaft das Konzept der „normativen Macht“ entwickelt. Damit wurde auf den Begriff gebracht, dass die EU vor allem über Normen und Normverbreitung Einfluss und Macht gewinnen wollte. Die weltpolitischen Entwicklungen seit Beginn des 21. Jahrhunderts zwingen die EU dazu, das eigene Selbstverständnis an den globalen Machtrealitäten zu orientieren. Diese sind nicht nur normativ und regelbasiert bestimmt, sondern werden in immer stärkerem Maße von macht- und geopolitischen, aber auch geoökonomischen Aspekten beeinflusst. Die EU ist weiterhin auf der Suche, adäquate Antworten auf die strategischen Herausforderungen zu finden – in der Sprache wie in den Instrumenten und der Reichweite ihrer globalen Ambitionen.

Anregung für eine kreative Gestaltung der Seminareinheit: In sechs Teilgruppen versetzen sich die Seminarteilnehmerinnen und Seminarteilnehmer in die Rolle von Wissenschaftlern aus nichteuropäischen Regionen. Jede Teilgruppe stellt spezifische Gesichtspunkte zusammen, die in diesen Ländern für die jeweilige Perzeption der globalen Präsenz und Relevanz der Europäischen Union herausragende Bedeutung haben. Es empfiehlt sich, die Perzeption der EU als einer Weltmacht aus der Sicht der USA, Chinas, Russlands, Indiens, Brasiliens und Südafrikas zu reflektieren. In der abschließenden Seminarsitzung werden die erarbeiteten Gesichtspunkte in knapper Form vorgetragen und zur Diskussion gestellt – diesmal wieder aus eindeutig EU-bezogener Perspektive.

5.1 Rückzug aus der Welt als Bedingung eines normativen Neubeginns

Wer Richard Coudenhove-Kalergis Buch „Weltmacht Europa“ zur Hand nimmt, das 1971 erschienen ist, wird nur auf den ersten Blick in eine entrückte Wirklichkeit geführt. Die Vision des Begründers der Paneuropa-Bewegung (1924) war alles andere als bloß romantisch und kulturell ausgerichtet, wie man es von anderen politischen Pan-Ideen gewohnt ist. Bestenfalls könnte man zu dem Schluss gelangen, Coudenhove-Kalergis Europa-Konzept sei die supranationale Variante eines aggressiven Nationalismus, wofür ethno-geographische Pan-Ideen immer wieder kritisiert worden sind. Coudenhove-Kalergi sprach in seinem letzten Buch von Europa als der vierten Weltmacht. Die EWG nannte er den „Brüsseler Europamarkt“ (Coudenhove-Kalergi 1971: 15). Über Jahrzehnte haben sich beide Denkansätze erhalten und weiterentwickelt: Weltmacht und Marktmacht. Zur vollen Deckungsgleichheit sind sie bisher nicht gekommen. Die Weltmarktmacht der EU findet noch immer kein Pendant in einer weltpolitischen Rolle der EU.

> **Richard Coudenhove-Kalergi, Weltmacht Europa (1971)**
> „Sobald in Frankreich und England die nach 1930 geborene Generation zur Macht kommt, werden auch diese beiden Nationen die Tatsache anerkennen, daß nur eine europäische Föderation unter einer Bundesregierung und einem Bundesparlament, mit gemeinsamer Außenpolitik, Verteidigung und Währung in der Lage ist, Europa in eine Weltmacht zu verwandeln – gleichberechtigt mit den Vereinigten Staaten, der Sowjetunion und China." (23)

Coudenhove-Kalergis politisches Testament erschien zu einem Zeitpunkt, als die Europäische Wirtschaftsgemeinschaft soeben die Zollunion vollendet hatte und zaghaft damit begann, eine außenpolitische Zusammenarbeit zu entwickeln. 1970 vereinbarten die Mitgliedsstaaten der Europäischen Wirtschaftsgemeinschaft erstmals außerhalb der EWG-Institutionen eine institutionalisierte Form der außenpolitischen Zusammenarbeit. Diese „Europäische Politische Zusammenarbeit" (EPZ) machte auf niemanden den Eindruck, hier entstehe eine Weltmacht. Mit der Einheitlichen Europäischen Akte 1986 wurde die Europäische Politische Zusammenarbeit (EPZ) vertraglich zwischen den beteiligten Regierungen verankert. Mit dem Vertrag von Maastricht ging die EPZ 1992 in die nun vertraglich verankerte Gemeinsame Außen-und Sicherheitspolitik (GASP) der Europäischen Union über. Tatsächlich war die „Europäische Politische Zusammenarbeit" der Beginn eines langen Weges hin zur Verwirklichung dessen, was Coudenhove-Kalergi beschrieben hatte und für wünschenswert hielt.

Für den ersten Träger des von den Bürgern der Stadt Aachen seit 1950 jährlich verliehenen Karlspreises war die Idee „Weltmacht Europa" keine naive Illusion, sondern eine Frage der Notwendigkeit und des Überlebens. Ohne Weltmacht werden zu wollen, so argumentierte Coudenhove-Kalergi, werde Europa seine Kultur und seine Freiheit verlieren. Ein halbes Jahrhundert nach der Veröffentlichung seines Buches ist der Begriff „Weltmacht" immerhin zur organisierenden Idee geworden, wenn von politischen Akteuren der Anspruch der Rolle Europas in der Welt auf den Punkt gebracht werden soll. Der Weg zur vollen Entfaltung des Anspruchs, eine der führenden Weltmächte zu sein, ist aber auch deshalb noch recht beschwerlich, weil das politische Denken der Europäischen Union weiterhin zögerlich ist, die eigene globale Rolle mit strategischer Klarheit zu artikulieren.

Der Beginn des Weges zu einer föderal aufgebauten Weltmacht verlief nicht voraussetzungslos. Tatsächlich waren Europas Imperien seit dem 18. Jahrhundert bis zur Mitte des 20. Jahrhunderts Weltmächte gewesen. Die überseeische koloniale Expansion war aber nie ein gemeinsames europäisches Projekt. Im Gegenteil. Die überseeischen Expansionen einzelner europäischer Staaten waren angetrieben vom Machtstreben in Konkurrenz zu den anderen europäischen Kolonialmächten. Europas Nationen trugen ihre Machtkämpfe in alle Welt. Dabei spielte es nur eine nachgeordnete Rolle, ob sich die kolonialistischen Ambitionen in ihrem Wechselspiel von wirtschaftlichen und staatspolitischen Motiven auf die Perspektive einer Seemacht (Großbritannien, Frankreich, Niederlande, Spanien, Portugal, Dänemark, Belgien), einer Landmacht (Russland, Türkei) oder einer verspäteten Kolonialmacht (Deutschland, Italien) bezogen. Erst der Verlust der kolonialen Herrschaftsräume zwang einige der europäischen Staaten zu einer Neubewertung ihrer Beziehungen innerhalb Europas. Europa musste sich selber finden, um in neuer Formation der Welt zu begegnen.

Vor diesem Hintergrund ist es wenig überraschend, dass bereits der Beginn der europäischen Einigung in den 1950er Jahren von zwei Grundideen getragen wurde: dem Aufbau eines gemeinsamen europäischen Marktes und der Assoziierung überseeischer Länder und Hoheitsgebiete, die noch immer Kolonien von EWG-Mitgliedsstaaten waren oder soeben ihre Unabhängigkeit erhalten hatten. Aus Kolonialpolitik wurde in der Mitte des 20. Jahrhunderts Entwicklungspolitik. Die Assoziierung mit den überseeischen Ländern und Hoheitsgebieten war die erste strukturierte und formalisierte Beziehung, die die EWG einging (Assoziierung entsprechend der Artikel 131–136 des Vertrages über die Gründung der Europäischen Wirtschaftsgemeinschaft (Römische Verträge) 1957; erster Europäischer Entwicklungsfonds 1959; Abkommen von Yaounde 1963). Im Jahr 2000 erwuchsen daraus im Rahmen des Cotonou-Abkommens strukturierte Beziehungen der EU mit 80 Staaten Afrikas, der Karibik und des Pazifik (AKP-Gruppe). Mit dem Nachfolgeabkommen des Cotonou-Abkommens wurde zwischen 2018 und 2021 eine in dieser Form beispiellose, rechtlich verbindliche multilaterale Zusammenarbeit von 107 Ländern der Erde auf vier Kontinenten erfolgreich verhandelt. Darüber hinaus bilden die mit der EU assoziierten überseeischen Länder und Territorien einen „europäischen Archipel", dessen geostrategische Bedeutung weithin unterschätzt wird (Kühnhardt 2019).

Mit ihrer gemeinsamen Internationalen Kooperation (seit 2021 ein integraler Bestandteil des EU-Budgets) sowie der weiterhin praktizierten bilateralen Entwicklungskooperation vieler ihrer Mitgliedsstaaten sah sich bereits die EWG – und sieht sich heute die EU – als eine Gemeinschaft, die in besonderer Weise globale moralische Verantwortung übernehmen will. Lange Zeit waren allein die Entwicklungs- und in Grenzen die Außenhandelspolitik die organisierenden Ideen, wenn man das weltweite politische Agieren der EWG und später der EU benennen wollte: Förderung von Menschenrechten, Demokratie und Frieden, Freiheit und Solidarität, multilaterale Zusammenarbeit. Über Jahrzehnte entwickelte die EU ein komplexes System von Partnerschaften und strategischen Verbindungen mit den meisten Ländern und Regionen der Erde. Die EU nahm für sich in Anspruch, dass die Werte und Ideen, die sie im Inneren repräsentiert, auch leitend für ihre Außenbeziehungen sind. Vor dem Hintergrund der kolonialen Vorgeschichte einiger ihrer Mitgliedsstaaten war dieser Anspruch zu keinem Zeitpunkt gänzlich widerspruchsfrei. 1972 argumentierte der Publizist François Duchêne. Europas Rolle in der Welt sei die einer „pouvoir civilisateur". Er meinte dieses wohlklingende Wort durchaus kritisch: Europas Gesellschaften seien individualistisch, konsumorientiert und nach innen orientiert. Die EG werde „amilitary" bleiben (Duchêne 1972: 39).

Noch 35 Jahre später machte der Politikwissenschaftler Hanns Maull aus der Not eine Tugend: Er begründete das sozialkonstruktivistische Konzept der „Zivilmacht" damit, dass Deutschland und die EU als Ganzes aus guten Gründen eine Präferenz für zivile Konfliktlösungsstrategien in internationalen Krisensituationen verfolgen (Maull 2007: 73–84).

Den Gegensatz zwischen Zivilmacht und militärischer Macht hatte der Politikwissenschaftler Ian Manners schon einige Jahre zuvor aufzulösen versucht. Auch wenn dieser Begriff nach einem Widerspruch in sich klingen mochte, attestierte Manners der EU im Jahr 2002, sie sei eine „normative Macht" (Manners 2002: 235–258). Ob zu Recht oder zu Unrecht: Ohne dass zwingenderweise ein internationaler politischer oder wissenschaftlicher Konsens über den Begriff bestanden hätte, fand mit der Idee der „normativen Macht" eine unilaterale Zuschreibung und Selbstverortung der EU statt. Sie hatte ihren Ursprung nicht in Strategiedokumenten der EU, sondern in einer wissenschaftlichen Analyse. Gleichwohl wurde der Begriff der „normativen Macht" auch in der europäischen Politik gerne gehört. Der Begriff der „normativen Macht" ging für Manners einher mit der optimistischen Annahme, dass Europas normative Kapazitäten durch Diffusionsprozesse in der Welt wirken und dort gelingen. Manners nannte sechs Methoden, wie die EU es vermag, ihre Normen in aller Welt machtvoll zur Geltung zu bringen: Ansteckung, informelle Diffusion, prozedurale Diffusion, Diffusion durch Ideentransfer, offene diplomatische Diffusion und Diffusion durch kulturelle Filter. Stets bestand eine Kluft zwischen diesen Ideen und funktionalistischen Kategorien einerseits und ihrer Verwirklichung und Wirksamkeit in den weltweiten Realitäten andererseits. Das politische Denken der EU blieb lange Zeit der idealistischen, man könnte auch sagen: naiven Vorstellung treu, soft power reiche aus, um die eigenen Normen Schritt um Schritt in alle Welt zu projizieren. Diese Denkweise hat sich unterdessen gründlich geändert.

5.2 Übergänge, Unsicherheiten und neue Bedrohungen

Die gewaltigen Terroranschläge in den Vereinigten Staaten am 11. September 2001 führten weltweit zu einer Neubewertung von realpolitischen Bedrohungsanalysen und Sicherheitserfordernissen. Kontroverse Sichtweisen auf die Reaktionen der USA führten auch in der Europäischen Union zu tiefgreifenden Streitigkeiten. In Reaktion auf die amerikanische Sicherheitsstrategie, die die Möglichkeit von präventiven militärischen Maßnahmen gegenüber potenziellen terroristischen Akteuren oder Unterstützern des internationalen Terrorismus umschloss, entwickelte die Europäische Union ihre erste Sicherheitsstrategie. Im Grunde war sie eine defensive Antwort auf die strategische Führerschaft der USA, die die EU mit dem Anspruch, notfalls auch präventive Militärschläge aus Gründen des Selbstschutzes durchzuführen, gezwungen hatte, ihrerseits klare Stellung zu beziehen. Das Dokument, das am 12. Dezember 2003 vom Europäischen Rat verabschiedet wurde, war von dem Optimismus des normativen Selbstverständnisses der EU jener Jahre geprägt (Europäische Union 2003).

In den nachfolgenden Jahren entwickelte sich die praktische strategische Arbeit in der EU schleppend weiter. Eigene Kapazitäten wurden aufgebaut (Euro-Korps), blieben aber jederzeit schwach und kamen nie zum Einsatz. Terroranschläge in der EU, neue internationale Bedrohungskonstellationen (Piraterie, Bürgerkriege) und Veränderungen in den Machtkonstellationen zwischen den Großmächten USA, China und Russland zwangen der EU zunehmend eine neue, realistische Sicht der internationalen Ordnung auf. Auch wenn in der Öffentlichkeit der europäischen Gesellschaften weiterhin kontroverse Diskussionen stattfanden, so arbeiteten die Organe der EU Schritt um Schritt an einer Neuausrichtung des europäischen Selbstverständnisses (Außenpolitischer Dienst seit 2009, Verteidigungsinitiative „Permanente Strukturierte Zusammenarbeit" (PESCO) mit vielfältigen Projekten der militärischen, technischen und logistischen Zusammenarbeit seit 2018). Die massive Verschwendung finanzieller Ressourcen aufgrund zu vieler unterschiedlicher nationaler Militärbudgets bei gleichzeitigen Defiziten in der optimalen militärischen Ausrüstung war und ist ein Ärgernis, ohne dass es bislang zu einer grundlegenden Neubewertung der nationalen Souveränität in der Sicherheits- und Verteidigungspolitik geführt hätte. Das Argument, dass nur eine in ihren technischen, finanziellen und personellen Kapazitäten gebündelte und schlagkräftige EU-Sicherheits- und Verteidigungspolitik als starker Pfeiler der NATO wirkt, blieb lange Zeit folgenlos. Stattdessen gefielen und gefallen sich europäische Politiker und Analysten immer wieder gerne in semantischen Übungen über Begriffe wie „strategische Autonomie". Die Selbstzufriedenheit, wenn nicht sogar Selbstgefälligkeit vieler Europäerinnen und Europäer und ihrer politischen Akteure wurde mit einem Schlag einem harten reality check unterworfen, zunächst noch ausserhalb, dann auch innerhalb Europas. Die Abhängigkeit aller europäischen Staaten von der Militärmacht der USA wurde selten so dramatisch sichtbar wie bei der Sicherung des Flughafens von Kabul während der Evakuierungsaktion im August 2021, nachdem Afghanistan erneut in die Hände der Taliban gefallen war. Die zentrale Rolle der NATO in der resoluten Abschreckungsreaktion auf den brutalen Angriffskriegs Russlands auf die Ukraine im Februar 2022 zeigte endgültig: Die EU musste auch militärisch handeln, aber sie blieb im Blick auf ihre eigene Verteidigung Juniorpartner der USA. Der russische Angriffskrieg auf die Ukraine stärkte die NATO als Zentrum transatlantischer Verteidigung, während die EU als Juniorpartner der USA die transatlantische Bedingung ihrer eigenen Weiterentwicklung zu einer Militärunion realisieren musste. Der im März 2022 beschlossene Aufbau einer EU-Eingreiftruppe bis 2025 dürfte nur ein erster kleiner Schritt bleiben.

Eine Globale Strategie für die Außen- und Sicherheitspolitik der EU

„Die Globale Strategie der EU beginnt im Innern. Unsere Union hat ihren Bürgerinnen und Bürgern Sicherheit, Demokratie und Wohlstand in nie dagewesener Weise gebracht. Gleichwohl werden unsere Bevölkerung und unser Hoheitsgebiet gegenwärtig durch den Terrorismus, hybride Bedrohungen, den Klimawandel und Energieversorgungsunsicherheit gefährdet (...) Geeignete Zielvorgaben und strategische Autonomie sind wichtig, damit Europa fähig ist, innerhalb wie außerhalb der eigenen Grenzen den Frieden zu fördern und Sicherheit zu gewährleisten. Wir werden daher unsere Anstrengungen in Bezug auf Verteidigung, Cybersicherheit, Terrorismusbekämpfung, Energie und strategische Kommunikation verstärken (...) Wir werden uns von klaren Grundsätzen leiten lassen. Diese beruhen sowohl auf einer realistischen Einschätzung der strategischen Rahmenbedingungen als auch auf dem idealistischen Ziel, eine bessere Welt schaffen. Die EU wird sich ihren Weg zwischen der Skylla der Abschottung und der Charybdis eines übereilten Interventionismus suchen und die Welt dazu anhalten, sich gegenüber anderen verantwortlich und in Notlagen mitfühlend zu verhalten. Wir werden uns bei unserem auswärtigen Handeln in den kommenden Jahren von einem auf Grundsätzen beruhenden Pragmatismus leiten lassen."

(Europäische Union 2016)

Mit der „Globalen Strategie" (2016) hatte die EU erstmals ein in sich kohärentes Konzept vorgelegt, das mehr war als nur eine Ansammlung diplomatischer Gemeinplätze. Dennoch blieb noch immer Vieles in der Analyse ungenau und im Blick auf die Absichten und Handlungsoptionen der EU im Ungefähren. Immerhin: Erstmals wurde der Zusammenhang zwischen dem Sicherheitsbedürfnis der Unionsbürgerinnen und Unionsbürger und den globalen Herausforderungen in den Bereichen Sicherheit und Zusammenarbeit zusammengedacht. Die Globalstrategie definierte das künftige Vorgehen der EU als „prinzipiengeleiteten Pragmatismus". Die immer wieder beschworenen Gegensätze zwischen Normen und Interessen sollten fortan aufgehoben werden. Die idealistische Sprache, die vom Stolz auf die europäische soft power und die Wirksamkeit der weltweiten Verbreitung eigener Normen und Werte sprach, wurde wenigstens vorsichtig mit einer realistischen Analyse der weltpolitischen Wirklichkeiten und der daraus erwachsenden Sicherheitsaufgaben für Europa kombiniert. Politische und wissenschaftliche Debatten unterstützten den schrittweise sichtbar werdenden Paradigmenwechsel (Müller-Brandeck-Bouquet/Rüger 2015: 1–24; Keukeleire/Raube 2020: 275–287). Seit 2016 beschrieb die Hohe Vertreterin der Union für Außen- und Sicherheitspolitik, Federica Mogherini, die EU konsequent als eine „Weltmacht". Dennoch blieben viele Fragen offen, vor allem im Blick auf die eigene Verteidigung. Solange die EU nicht einmal die Westbalkanfrage durch vollständige Integration aller dortigen Staaten gelöst hatte, konnte man im Grunde von ihr kaum als einer Regionalmacht sprechen. Erst recht galt und gilt dies für die begrenzte Projektionsmacht der EU auf ihre östlichen und südlichen Nachbarschaften. Der brutale Angriff Russlands auf die Ukraine am24.Februar 2022 hat sämtliche Illusionen und naiven Hoffnungen auf ein friedliches Gesamteuropa auf Basis kollektiver Sicherheitskonzepte mit einem Schlag zerstört. Im globalen Kontext will die EU, wo immer möglich, „regelbasierten Multilateralismus" garantieren, wie die Zauberformel aus dem Munde europäischer Politiker heißt. Wenn nötig, behalten sich aber auch die EU und ihre gestaltungswilligsten Mitgliedsstaaten das Recht auf selektiven Multilateralismus vor, den die EU gerne anderen Weltmächten vorwirft (Beispiele: bilaterale oder bi-regionale Handelsabkommen; nationale politische und diplomatische Engagements einzelner EU-Staaten in aller Welt). Die EU blieb und bleibt weiterhin viele Antworten schuldig, wie sie für ihre eigenen Normen und Sicherheitsinteressen Akzeptanz in anderen Weltregionen gewinnen will – von Abrüstungsfragen bis zur europäischen Sicherheitsarchitektur, von Klimaschutz bis zu Menschenrechtsstandards. Als Teil des Westens ist sie vielmehr dem scharfen Druck der wichtigsten revisionistischen Weltmächte Russland und China ausgesetzt, die eine neue Weltordnung errichten wollen, in der die EU von den USA gespalten werden und zugleich eher willfähriger Markt als selbstbewusste Weltmacht sein soll.

Weltmacht Europa

„Die EU war schon immer stolz auf ihre Soft Power – und wird dies auch weiterhin sein, weil wir in diesem Bereich die Besten sind. Doch die Idee, dass Europa eine ausschließlich ‚zivile Macht' ist, wird der sich abzeichnenden Realität nicht gerecht. So führt die EU zum Beispiel 17 militärische und

zivile Operationen weltweit durch. An so abgelegenen Orten wie in Afghanistan und dem Kongo, Georgien und dem Sahel, Moldau und Somalia, aber auch im Mittelmeer dienen Männer und Frauen unter europäischer Flagge. Im heutigen Europa gehen Soft Power und Hard Power Hand in Hand."
(Mogherini 2016)

5.3 Zur Diskussion gestellt: Eine „geopolitische Kommission" und die „Sprache der Macht"

2019 nahm eine neue Europäische Kommission die Arbeit auf, die sich selbstbewusst, aber auch erklärungsbedürftig als „geopolitische Kommission" bezeichnet hat. In ihrer Grundsatzrede vor dem Europäischen Parlament formulierte die Präsidentin der Europäischen Kommission, Ursula von der Leyen, Auftrag und Bewertungsmaßstab ihrer Arbeit für die Jahre 2019 bis 2024. In dem sogenannten „Mission letter", mit dem sie dem neuen „Hohen Vertreter der Union für Außen- und Sicherheitspolitik", Josep Borrell, seine Aufgaben für die Zeit von 2019 bis 2024 darlegte, entwickelte sie ihre Sicht der Dinge weiter (von der Leyen 2019a, 2019b). Josep Borrell legte seinerseits bald dar, wie er sich das Auftreten, die Ziele und Instrumente eines geopolitisch agierenden Europa vorstellte. Er mahnte an, die EU müsse „die Sprache der Macht" erlernen. Kein politischer Gedanke konnte zeitgerechter sein.

Die Sprache der Macht
„Angesichts der geopolitischen Umwälzungen, die wir gegenwärtig erleben, ist es für die Europäische Union umso dringlicher, ihren Platz in einer Welt zu finden, die zunehmend von reiner Machtpolitik bestimmt ist. Eine Welt des geostrategischen Wettbewerbs, in der einige führende Politiker nicht davor zurückschrecken, Gewalt einzusetzen, und in der wirtschaftliche und andere Instrumente zu Waffen werden. Wir Europäer müssen unsere geistigen Landkarten anpassen, um mit der Welt so umzugehen, wie sie ist, und nicht so, wie wir sie uns erhofft hatten. Um zu vermeiden, dass wir zu den Verlierern des Wettbewerbs zwischen den USA und China werden, müssen wir die Sprache der Macht neu erlernen und uns selbst als geostrategischen Akteur der obersten Kategorie begreifen."
(Borrell 2020)

Das größte Defizit in der EU betrifft in der Tat das politische Denken und die politische Semantik. In der EU existiert alles andere als eine gemeinsame strategische Kultur. Die unterschiedlichen nationalen Erfahrungen und politischen Prägungen machen es mühsam, dass eine solche gemeinsame strategische Kultur entsteht. Üblicherweise befördern erst gemeinsam wahrgenommene gravierende Bedrohungssituationen schrittweise eine gemeinsame Perzeption hinsichtlich der Anforderungen an Sicherheit und Verteidigung. Solche gemeinsamen Perzeptionen sind bisher in der EU immer nur punktuell und situationsbezogen geblieben (beispielsweise beim Schutz der Seewege am Horn von Afrika durch die Mission „Atalanta“, bei der Befriedung von Libyen oder gegenüber der russischen Machtpolitik hinter den östlichen Grenzen der EU in der Ukraine, in Belarus, in Moldau und im Kaukasus). Auch in den gesellschaftlichen und institutionellen Milieus, die sich professionell mit strategischen Fragen befassen, bleibt der Aufbau einer gemeinsamen strategischen Kultur eine mühsame Daueraufgabe. Nichts hätte das Denken so sehr beschleunigen können wie der brutale Angriffskrieg Russlands auf die Ukraine am 24.Februar 2022. Binnen weniger Tage stellte die EU erstmals in ihrer Geschichte Militärhilfe von eineinhalb Milliarden Euro für die Ukraine zur Verfügung. Waffen zur Verteidigung zu kaufen wurde binnen weniger Tage zu einem resoluten Ausdruck des normativen Selbstverständnisses der EU wie es noch eine Woche zuvor kaum für möglich gehalten wurde.

Im politischen Bereich besteht immer wieder eine Gefahr darin, die mühevolle Entwicklung gemeinsamer Sichtweisen und Reaktionen durch schnell formulierte, aber schwer zu realisierende institutionelle Antworten zu überspielen. Die gelegentlich rasch mit rhetorischer Verve vorgebrachten Visionen sind schnell aufgezählt: europäische Armee, europäische Atombombe, gemeinsamer EU-Sitz im UN-Sicherheitsrat. Der Weg dahin wird immer mühsam bleiben, wenn er überhaupt zu Erfolgen führen kann. Es ist schon schwierig genug, ein militärisches EU-Hauptquartier aufzubauen, die Entscheidungsfindung für gemeinsame Militäreinsätze unter Bezug auf Artikel 44 des Vertrages von Lissabon zu beschleunigen oder die finanziellen Spielräume („Friedensfazilität“) für Auslandseinsätze und die Vergabe von Militärhilfe wie an die Ukraine Ende Februar 2022 zu erweitern. Das Ziel, auch im Bereich der Außen- und Sicherheitspolitik der EU das Mehrheitsprinzip für Entscheidungen einzuführen, wird immer wieder als Lösung aus den Dilemmata unterschiedlicher Sichtweisen und Interessen eingefordert. Die Präsidentin der Europäischen Kommission, Ursula von der Leyen, machte sich die Einführung des Mehrheitsprinzips in der Außen- und Sicherheitspolitik zu eigen in ihrer ersten State of the Union Address am 16. September 2020 vor dem Europäischen Parlament in Brüssel (von der Leyen 2020). Es wäre durchaus ein bedeutender Denkfortschritt und Integrationssprung, würde die Durchsetzung des Mehrheitsprinzips in der Außen- und Sicherheitspolitik (oder zumindest in Teilbereichen wie dort, wo es um Fragen der Menschenrechte oder der Sanktionspolitik geht) gelingen. Aber nach aller Erfahrung lässt sich eine nachhaltig tragfähige strategische Kultur nicht durch einen einmaligen situationsbedingten institutionellen Entscheidungsdruck erzwingen. Nicht einmal der Ukraine-Krieg dürfte an dieser nüchternen Einsicht etwas grundsätzlich ändern. Entscheidungen in Krisenlagen schaffen situative Gemeinsamkeit. Alleine indessen verändern solche Erfahrungen die strategische Kultur noch nicht. Das mühsame Wechselspiel zwischen politischem Denken und pragmatischem Handeln wird anhalten, ehe sich die EU und die sie tragenden Staaten und Gesellschaften zu einer handlungsfähigen und handlungswilligen Weltmacht entwickelt haben. Gelingen kann der Weltmachtstatus in fast allen Themenfeldern ohnehin nur in enger Kooperation mit den Vereinigten Staaten von Amerika, dem wichtigsten Partner, Verbündeten und Rückversicherungsagenten der EU. Bei aller unterdessen engen Zusammenarbeit der EU mit der NATO: Sicherheitspolitisch ist und bleibt die EU Juniorpartner.

Anders als in Bezug auf die Idee der normativen Zivilmacht verlangt der Anspruch, multilateral Weltmacht zu sein, von den anderen gewichtigen Akteuren in der Welt als solche wahrgenommen und vor allem: akzeptiert zu werden. Hier besteht weiterhin das größte Defizit der EU. Es reicht nicht, beständig Strategiepapiere zu formulieren und mit wohlgesetzten Worten die weltpolitischen Herausforderungen zu benennen. Als normative Zivilmacht tritt die EU auch weiterhin vor allem sympathisch (Entwicklungshilfe, Diplomatie, wissenschaftliche Zusammenarbeit wie „Erasmus Mundus") auf. Gelegentlich wird sie daher als naiv und handlungsschwach belächelt (ökonomischer Riese, politischer Zwerg). Als Akteur mit geopolitischem Anspruch aber ist die EU damit konfrontiert, dass die Art und Weise, wie sie in der Welt wahrgenommen wird, Teil der Wirklichkeit ist. Solange europäische Handlungsmacht nicht als solche wahrgenommen und akzeptiert wird, erwächst nur schwerlich globale Verhandlungsmacht. Die gilt bei Maßnahmen zur Klimaanpassung ebenso wie bei der Terrorismusbekämpfung, der Krisenprävention im globalen Süden oder dem Ringen um Einfluss und Macht mit autoritären Weltmächten wie China und Russland. Die Projektion der eigenen Interessen und Zielvorstellungen verlangt von der EU, die dafür zur Verfügung stehenden Instrumente und Prozeduren so auszulegen, dass sie jederzeit außerhalb der EU ernst genommen und akzeptiert, gegebenenfalls auch gefürchtet werden. Die zügige Bereitstellung von EU-Mitteln für den Ankauf von Waffen durch die Ukraine, um sich gegen die brutale russische Aggression, die am 24.Februar 2022 viele Illusionen im Westen hat platzen lassen, ist insofern ein bemerkenswerter und effektiver, gleichzeitig aber auch nur ein erster Schritt auf dem Weg der EU, eine sicherheits- und verteidigungspolitische Weltmacht zu sein. An erster Stelle ist diese enorm große Aufgabe eine Anfrage an das politische Denken der Europäischen Union und den politischen Willen ihrer Akteure.

Im Bereich der wirtschaftlichen Potentiale ist der EU die Wahrnehmung gelungen, eine Weltmacht zu sein. Allerdings: Solange die Unionsbürgerinnen und

Unionsbürger, die sieben Prozent der Weltbevölkerung ausmachen, einen entschieden überproportionalen Anteil aller weltweit aufgewendeten Sozialausgaben konsumieren, bedeutet dies, ob gewollt oder ungewollt, einen enormen pull-Faktor für Menschen außerhalb der EU, um an eine Migration nach Europa zu denken. Zu einer gelingenden und stabilen Globalisierung wird daher auch ein besser und wirksamer organisierter Sozialausgleich zwischen Industrieländern und den aufstrebenden Ländern des globalen Südens gehören müssen, wenn der Migrationsdruck, der für beide Seiten ambivalente Folgen hat, besser gemanagt und begrenzt werden soll. Klassische entwicklungspolitische Maßnahmen sind dafür denkbar ungeeignet und längst überholt. Am wirkungsvollsten wird es bleiben, wenn in den Ländern des globalen Südens Arbeitsplätze, Infrastrukturen und Wertschöpfungsmöglichkeiten generiert werden.

Hinsichtlich der machtpolitischen Projektionskraft einer EU, die als Weltmacht wahrgenommen werden will, ist die Kluft zwischen Rhetorik und Handlungswirklichkeit besonders groß. Die EU hat sich jahrelang übermässig neben inflationär vielfältig publizierten Strategiepapieren vor allem auf die formale Verfeinerung von Instrumenten der Krisenreaktion konzentriert (Sanktionen, friedenserhaltende Missionen). Bisher ist der Aufbau von strategischen Kapazitäten in allen erforderlichen Bereichen, die wirkungsvolle konzeptionelle und handlungsrelevante Beiträge zu globalen Ordnungsfragen leisten können, eindeutig unzureichend geblieben. Ob die Evakuierungsblamage aus Afghanistan 2021 auf Dauer mehr als rhetorische Reaktionen bewirkt, bleibt abzuwarten. Zu den erforderlichen Lehren aus dem Afghanistan-Debakel gehören angesichts der weltweit anhaltenden Terrorismusbedrohung ganz gewiss robuste Instrumente und Mechanismen (beispielsweise ein europäischer Geheimdienst, Cyber-Kapazitäten, kampffähige Drohnen und seriöse Evakuierungskapazitäten). Der brutale Überfall Russlands auf die Ukraine 2022 zwingt die EU aber auch zu Massnahmen einer gemeinsamen Territorialverteidigung im Rahmen der NATO. Ein Luftabwehrsystem, das das EU Territorium vor russischen Interkontinentalraketen schützt, wird nicht nur von den größten NATO- bzw. EU-Mitgliedsstaaten finanziert werden können. Das Schutzbedürfnis der kleineren und ärmeren NATO- bzw. EU-Mitgliedsstaaten verlangt EU-weite Ausgaben, die diese Staaten alleine nicht werden aufbringen können. Ein wichtiger konzeptioneller Schritt betrifft die strategische Vorausschau, mit deren Hilfe die EU bessere Krisenprävention und im Rahmen der NATO auch Beiträge zur besseren Territorialverteidigung betreiben und stärkere zivil-militärische Verhandlungsmacht gegenüber den russischen Drohungen und chinesischen Strategien generieren kann. Ende 2020 erarbeiteten 44 zivile und militärische Nachrichtendienste aus 26 EU-Mitgliedsstaaten eine gemeinsame Bedrohungsanalyse. Auf Basis einer realistischen Gefährdungsanalyse, die ungeschminkt alle geographischen Richtungen und das ganze Spektrum militärischer, hybrider, ökonomischer und politischer Gefährdungen behandelt, wurde der „Strategische

Kompass“ 2022 vom Europäischen Rat beschlossen. Daraus ergeben sich die erforderlichen Hinweise, welche militärischen und welche zivilen Fähigkeiten die EU benötigt, um ihre Bürgerinnen und Bürger zu schützen. Wichtigstes Kriterium für das Gelingen des „strategischen Kompass“ ist nicht sein Beitrag zur weiteren Verfeinerung der Begriffsakrobatik, die gelegentlich an die Grenzen politischer Theologie führt. Entscheidend ist, dass der „Strategische Kompass“ zügiger vom Denken zum Handeln der EU führt (Kaim/Kempin 2022). Das bemerkenswert konsequente Schnüren von harten Sanktionspaketen der EU gegen Russland nach dem Überfall auf die Ukraine am 24.Februar 2022 war ein Novum. Zugleich aber blieben die Begründung und langfristige Zielsetzung der Sanktionen eher diffus. Dass am Ende die russischen Verantwortlichen zur Rechenschaft für ihr Tun gezogen werden müssen und vor einem Tribunal enden sollen, das ihnen schlussendlich auch Reparationen zur Beseitigung der angerichteten Schäden auferlegen würde, deutete die sehr langfristige Perspektive an, mit der die EU konzeptionell und politisch völliges Neuland betrat.

Immerhin: Bei der Präsentation des „Strategischen Kompass“ im November 2021 argumentierte Josep Borrell, der „Hohe Vertreter der Union für Außen- und Sicherheitspolitik“, beeindruckend ideengeschichtlich: „Uns gefällt die Welt von Kant, aber wir werden uns darauf einstellen, in der Welt von Hobbes zu leben,“ wurde er in der „Frankfurter Allgemeinen Zeitung“ vom 11. November 2021 zitiert. Der Journalist Thomas Gutschker erläuterte diesen Satz aus einem Gespräch mit Borrell und dachte ihn weiter: Die EU lebe „also nicht in der Welt des kategorischen Imperativs und der aus allgemeiner Vernunft abgeleiteten Ordnung, sondern in einer anarchischen Welt, in der der ‚Kampf aller gegen alle‘ die Normalität darstellt“ (Gutschker 2021). Das war eine nur vermeintlich dramatische, vor allem aber ehrliche Analyse und weit entfernt vom Stolz auf die europäische soft power, mit der Federica Mogherini 2016 den Weltmachtanspruch der EU begründet hatte. Der russische Angriff auf die Ukraine nur wenige Monate später am 24.Februar 2022 erdete die ideengeschichtliche Analyse von Josep Borrell auf drastische Weise. Der russische Überfall auf die Ukraine beschleunigte mit Lichtgeschwindigkeit den Übergang von abstrakten und gelegentlich selbstverliebten, beschönigenden Bedrohungsanalysen zu überlebensnotwendigem sicherheitspolitischen und militärischen Handeln im Sinne von Abschreckung und Selbstverteidigung.

In wichtigen Fragen ist eine weltpolitische Rolle der EU bisher noch überhaupt nicht sichtbar gewesen (zum Beispiel durch konzeptionelle Beiträge zu einer Lösung des Bürgerkrieges in Syrien). Das Afghanistan-Debakel hält eine weitere sehr wichtige Lehre bereit: Die EU wird stärker als bisher kultursoziologische Fragen bei der Analyse weltpolitischer Ambitionen berücksichtigen müssen. Sie wird intelligentere Strategien für die Auseinandersetzung mit dem kulturellen Gegenuniversalismus des radikalen politischen Islam und mit den revisionistischen Ambitionen autoritärer Weltmächte (Russland, China) entwickeln müssen. Besonders anspruchsvoll wird es für die Europäische Union bleiben, mit den Weltmächten „differenziert und nuanciert“ umzugehen und sowohl “die Werte und Interessen der EU und die vereinbarten internationalen Grundsätze zu verteidigen“ (Borrell, zitiert in: Frankfurter Allgemeinen Zeitung, 11. November 2021). Dazu ist ein machtpolitisches Kalkül erforderlich, das vielen in der EU in seiner ganzen Kälte und Zielstrebigkeit noch immer fremd zu sein scheint. Der russische Überfall auf die Ukraine lässt keinen Zweifel zu: Die EU wird im weiteren Verlauf des 21. Jahrhunderts immer wieder erleben müssen, dass ihr lautstarkes Bekenntnis zu regelbasiertem Multilateralismus nur begrenzt wirkungsfähig sein wird, weil andere Akteure der Weltpolitik ihre eigenen Interessen und Ansätze mit machtpolitischer Direktheit oder sogar mit brutaler Gewalt verfolgen. Es ist das Schicksal einer Weltmacht, dass sie gelegentlich selektiv und damit nicht widerspruchsfrei agiert. Die EU wäre bereits weit vorangekommen in ihrem weltpolitischen Anspruch, wenn man allseits zu einem solchen Befund über ihr globales Handeln kommen würde.

Eine Weltmacht Europäische Union ist erst im Entstehen, bestenfalls. Sie wird sich jederzeit verteidigungspolitisch nur als Partner – despektierlich kann man auch sagen: als Juniorpartner – der USA behaupten können. Das politische Denken, das diesem Anspruch das notwendige konzeptionelle Fundament geben kann, entwickelt sich nur langsam in einem Wechselspiel von pragmatischem Handeln der EU-Institutionen und innovativen strategischen Diskursen innerhalb der europäischen Gesellschaften. Beschleunigt wird es durch die Zuspitzung von Krisen am Rande der EU. So war es infolge der vier jugoslawischen Sezessionskriege in den 1990er Jahren, als die ersten Grundlagen für die Gemeinsame Außen- und Sicherheitspolitik gelegt wurden. So kam es infolge der tapferen Selbstbehauptung der Ukraine gegen die russische Invasion 2022, die als ein Angriff auf das Freiheit- und Ordnungsverständnis der EU wahrgenommen wurde und "die Geburt des geopolitischen Europa" einleitete (Herr/Speer, 2022). Der Denkweg ist begonnen worden, um aus der unilateralen normativen Macht eine selektive multilaterale Weltmacht EU werden zu lassen, die sich auch den bohrenden, ja beängstigenden Fragen von Abschreckung und Verteidigung stellt. Es ist bemerkenswert, dass die organisierende Idee zu diesem Denkweg schon 1971 von Richard Coudenhove-Kalergi formuliert worden ist.

Übung

Lösungsskizzen zu diesen Fragen finden Sie online unter:

https://www.utb.de/doi/book/10.36198/9783838558943

1. Welche Erfahrungen haben das Konzept der EU als einer normativen Macht bestimmt?

2. Welchen konzeptionellen Herausforderungen steht die EU bei dem Bemühen gegenüber, sich als weltpolitischer Akteur zu positionieren?
3. Mit welchen ideengeschichtlichen Kategorien lässt sich die Formel erfassen, die EU müsse die Sprache der Machtpolitik lernen?
4. Welche intrinsischen und externen konzeptionellen Gegensätze beeinflussen die Entwicklung des weltpolitischen Selbstverständnisses der EU?
5. Wie setzt sich die EU mit der geostrategischen Machtprojektion anderer Staaten der Erde auseinander und welche kultursoziologischen Anforderungen muss die EU mitdenken?

III. Grundbegriffe

1. Europäische Union

Der Begriff „Europa" ist ebenso schillernd wie vielfältig interpretierbar. Das Kapitel untersucht, wie seine Bedeutung im Laufe der Geschichte unterschiedlichste Metamorphosen durchlaufen hat.

Der Begriff „Europa" ist nie frei gewesen von dialektischen Widersprüchen, zumal in Bezug auf das Verhältnis zwischen der europäischen Kultur und der Politik in Europa. Um den Begriff „Europa" herum haben immer wieder Machtverschiebungen stattgefunden, sowohl in territorialer Hinsicht als auch in Bezug auf die Funktion der Europaidee. Überraschend gering berücksichtigt wurde in der bisherigen Forschung die Deutung des Begriffs „Union". Das Kapitel rekonstruiert seine Genese und den Weg als Teil der Selbstbeschreibung der heutigen Ordnung der politischen Einigung Europas. Zur Diskussion gestellt werden damit besonders französische Ideen zu Europa.

Anregung für eine kreative Gestaltung der Seminareinheit: Die Seminarteilnehmerinnen und Seminarteilnehmer reflektieren in kleinen Arbeitsgruppen die Frage, welche Aspekte der europäischen Kultur-, Wirtschafts- und Politikgeschichte für den Fortgang der Entwicklungsprozesse in der heutigen EU relevant sind. Beispiele sind: Raum (offene Grenze vs. Abgrenzung) – Religion (Christentum, andere Religionen, Säkularisierung) – Demographie (Bevölkerungsverschiebungen und ihre Folgen) – Wirtschaftskulturen (Prägewirkungen auf das jeweilige Demokratie- und Gesellschaftsbild). Bei der anschließenden Diskussion im Seminarkreis sollten pointierte Begründungen für die ausgewählten Aspekte und Begriffe präsentiert werden.

1.1 Europäisch: Metamorphosen, dialektische Widersprüche und Machtverschiebungen

Studien über die Entwicklung Europas, Geschichte und Kultur des Kontinents füllen ganze Bibliotheken. Dabei ist die Frage nicht ausgelassen worden, warum Europa überhaupt seine eigene Geschichte schreibt und ab wann Menschen in Europa sich als Europäer verstanden haben. Im Blick auf die Frage nach den Ursprüngen und der Bedeutung des Begriffs „Europäische Union" sind vor allem drei Stränge der Forschung lehrreich.

Metamorphosen: Jeder Anlauf der Geschichtswissenschaft, die Ursprünge Europas freizulegen kommt zumindest zu zwei Ergebnissen: Es gibt nicht nur eine Erklärung und zu allen Erklärungen gibt es eine Gegenerklärung. Die Ursprungsmythen (Zeus, Aneas) ebenso wie die demographischen und sprachlichen Befunde (Völkerwanderungen) verweisen darauf, dass viele Rinnsale in den großen Fluss der europäischen Geschichte zusammengeflossen sind (Davies 1996: 213–290).

Conceptualizing a Continent
„Thus an abducted Asian woman gave Europa her name; a vagrant Asian exile gave Europe its political and finally its cultural identity; and an Asian prophet gave Europe its religion. As Hegel was later to observe, Europe was ‚the centre and end' of History; but History had begun in Asia."
(Pagden 2010: 35)

Keine europäische Geschichte beginnt ohne Verweis auf Griechen und Römer. Dabei haben beide sich überhaupt nicht selbst als „Europäer" interpretiert. Mit der griechischen und römischen Antike aber beginnt eine lange Kontinuität von Widerspruch und Dialektik, die sich in immer neuen Varianten durch die Geschichte des europäischen Selbstverständnisses zieht: Die Griechen definierten sich in Abgrenzung zu den „Barbaren", für sie die Perser. Die Römer sahen sich eher als Zentrum der Welt, die sich um sie in alle Richtungen über das Mittelmeer ausbreitete. Mit Aeneas, gefolgt von Romulus und Remus, war Europa nach Westen ausgewandert, ehe die Region im Ringen mit arabischen Invasoren im 8. Jahrhundert ihre kulturell konnotierte Selbstbezeichnung erhielt. Philosophen (Platon, Aristoteles) und Historiker (Strabo) rangen um die Dialektik zwischen Natur (physis) und menschengeprägter Ordnung (nomos). Europa wurde christlich, obgleich Jesus Christus, der Religionsgründer, kein Europäer gewesen ist. Der christliche Glaube an die Vorstellung, dass alle Menschen Kinder des einen Gottes sind, durchbrach ethnische Grenzen und Vorurteile.

Dialektische Widersprüche: Christliche Nächstenliebe, Barmherzigkeit und Versöhnung wurden nicht nur Antrieb zur Kultivierung Europas (Klöster, Landrodungen, Bildung, Hospitäler). Ab dem 11. Jahrhundert wendete sich Europa nach außen. Christliches Sendungsbewusstsein wurde expansiv. Die Menge antwortete Papst Urban II. 1095 auf seinen Aufruf zur Befreiung Jerusalems mit „Deus lo vult". Kreuzzüge sollten das Grab Christi von muslimischer Kontrolle befreien, aber immer ging es auch um die Machtverhältnisse in Europa. Christliche Nächstenliebe, Barmherzigkeit und Versöhnung verblassten hinter Machtfragen. Geographen überwanden Schranken der Natur, definierten neue Grenzen der Welt und übersetzten ihr Wissen in Landkarten und Globen. Im Innern aber kam Europa nur noch selten zur Ruhe. Man hat gesagt, Europa ist dort, wo Marktplatz, Kirche und Gerichtsgebäude nebeneinander gebaut worden sind. Städte, freie Bürger und produktiver Handel, agrarische Innovationen und die Ordnung des Rechts gehören zu Europa wie die alle Sachverhalte des Daseins durchziehenden Prägungen durch das Christentum. Europa, so ist man zu sagen geneigt, ist der Kontinent, in dem selbst Atheisten noch an Gott und seine Werke glauben. Die biblische Verheißung der Erlösung, utopische Gegenentwürfe zur Wirklichkeit (Thomas Morus), die Hoffnung der Aufklärung aus der selbstverschuldeten Unmündigkeit (Immanuel Kant) und radikale Ideologiebildungen (chiliastischen und später romantischen Ursprungs) ließen Europas Gelehrte, Denker und Intellektuelle immer wieder neu schwanken zwischen „Weltgeschichte und Heilsgeschehen" (Löwith [1953] 2004). Die politische Philosophie wurde als säkularisierte Theologie bezeichnet. Versuche der menschlichen Selbsterlösung aber, so zeigte sich immer wieder, endeten zu häufig in der Hölle, die schon im Diesseits lodern kann. Europa wusste nicht, wie es seinen selbstzerstörerischen Kräften entkommen konnte.

Die Begründung Europas
„Dennoch ist Europa eine historische Einheit, die innerhalb ihres Bereichs mehr Selbstbezüge kennt als Fremdbezüge. Es ist geprägt von der Tradition einer jahrhundertelangen Begegnung der Mittelmeerwelt mit dennoch viel älteren orientalischen Hochkulturen, die schließlich vor zweitausend Jahren im römischen Imperium politische Gestalt annahm. Und bei allen möglichen Veränderungen im Lauf von mehr als tausend Jahren hat Europa bestimmte Charakterzüge ausgeprägt, wie ein Mensch auch im Lauf seines Lebens, hat besondere Fähigkeiten entwickelt, gewisse Gewohnheiten angenommen, hat seine Kultur gefunden. Diese Kultur verheißt eine rational intendierte Lebensbewältigung mit ihren eigenen Vorstellungen von Vergangenheit und Zukunft, mit ihrer Ordnung, Planung und Hoffnung, mit dem technischen Fortschrittsoptimismus und der klassischen Humanitätsidee, mit ihrem gebrochenen, aber noch immer lebendigen Christentum. Dazu noch mit einem Schuss Kulturpessimismus, wie ihn die Historiker seit je aus Hochschätzung vor dem antiken Erbe vermittelt haben."
(Seibt 2002: 18).

Verschiebung von Machtzentren: Zu den besonderen Charakteristika von Europa gehört, dass es immer wieder zu Verschiebungen der Machtzentren gekommen ist. Europa begann am Mittelmeer und um das Mittelmeer herum. Die Spaltung zwischen der lateinischen Westhälfte und Ostrom, dem späteren griechisch-orthodoxen Byzanz, stärkte die Westbindung Europas, aber schuf Fragen der geographischen Zuordnung im Osten und Südosten, die bis in die Gegenwart nachwirken. Europa begann sich erst als solches wahrzunehmen, nachdem sein Zentrum in den Norden der Alpen verlagert worden war („translatio imperii", Karl der Große). Weitere Machtverschiebungen folgten, beispielsweise auch jene, die durch die „Hanse“ (12.-17. Jahrhundert) definiert waren. Der starke wirtschaftliche Verbund von Städten um Ostsee und Nordsee bis hinein in den nordatlantischen (Bergen) und russischen (Novgorod) Raum fand sein südeuropäisches Pendant infolge des Aufstiegs der italienischen Seemächte Genua und Venedig, die Motoren einer genuinen wirtschaftlichen Globalisierung wurden mit Beziehungen bis nach China (Marco Polo). Die Stärkung des Papstes durch den Ausbau des Kirchenstaates, der Aufstieg des Hauses Habsburg, in dessen Reich zwischen Madrid und Wien, Mexiko und den Philippinen die Sonne nicht unterging, und das Ringen um Hegemonie und Machtbalance in der Mitte Europas, das sein Pendant in den maritimen Ausgriffen der Portugiesen und Spanier, Briten, Franzosen und Niederländer über die Weltmeere fand (Elvert 2018), sind nur einige der wichtigsten Stichworte. Das Ringen um Einheit und Konfessionsvielfalt in der christlichen Kirche ebenso wie die Frage nach dem Primat des Kaisers über regionale Könige und Fürsten kulminierte in den Dreißigjährigen Krieg. Seither gehörte die Geschichte in der Mitte Europas den Deutschen nicht mehr allein. Alle Versuche einer „balance of power“ (von Utrecht 1713 bis Wien 1815 und Paris 1919) stießen immer wieder an die gleiche Grenze: Machtambitionen und Hegemonialversuche, Allianzen und Gegenallianzen, um Grenzen zu ändern und Machtzentren zu festigen. Napoleon und Hitler repräsentierten zwei extreme Exzesse europäischer Selbstzerstörung. Im 20. Jahrhundert musste sich Europa in seiner Selbstüberschätzung den Flügelmächten beugen, so wie der Historiker Alexis de Tocqueville es bereits 1839 vorhergesehen hatte: Die Vereinigten Staaten von Amerika und die Sowjetunion bestimmten die entscheidenden geopolitischen Parameter des kurzen Jahrhunderts (1917 bis 1989). Industrialisierung, funktionale Zunahme wirtschaftlicher Interdependenzen und weltweit wirksamer Finanzkapitalismus schärften den Blick auf die wirtschaftlichen Fragen (Tooze 2015). Marktmacht und politische Macht mussten zusammengedacht werden. Am intelligentesten dachte der Unternehmer und Verwaltungsfachmann Jean Monnet pragmatische Initiativen weiter, die in der Zwischenkriegszeit nicht zuletzt in Kreisen der europäischen Industrie entstanden waren. Monnet ebnete mit seinem Denken den Weg zur Europäischen Gemeinschaft für Kohle und Stahl, deren Hoher Behörde er von 1952 bis 1955 vorstand. 1976 wurde Jean Monnet durch die Staats- und Regierungschefs der seinerzeitigen Europäischen Gemeinschaft zum ersten Ehrenbürger Europas ernannt. 1998 wurde der aus dem Amt scheidende deutsche Bundeskanzler Helmut Kohl als zweiter Ehrenbürger Europas ausgezeichnet.

1.2 Union: Bedeutungen in Religion und Politik

Während die wissenschaftliche Literatur zum Thema Europa unübersichtlich vielfältig ist, überrascht der Mangel an solider Forschungsliteratur zur Genese und politischen Bedeutung des Begriffs „Union". Der aus dem lateinischen Begriff „unio", „Vereinigung" gebildete Begriff findet sich zunächst vor allem in religiösen Zusammenhängen nach der ersten tiefgreifenden Spaltung der christlichen Kirche durch die Ablösung der griechisch-orthodoxen Kirche (Schisma im Jahr 1054). Die von dem Naturwissenschaftler Johann Georg Krünitz ab 1773 initiierte „Oeconomische Encyclopädie" enthält im 196. Band (1848) ein ausführliches Lemma zum Stichwort „Union". Dort wird auf die konfessionellen Hintergründe eingegangen. Erwähnt werden päpstliche Versuche, vor allem in Polen-Litauen, Anhänger des griechischen Ritus wieder mit der römisch-katholischen Kirche zusammenzuführen. Bis heute werden diese „Uniati" genannt. Aufbauend auf Enzykliken verschiedener vorheriger Päpste entstand 1917 unter Benedikt XV. eine vatikanische „Kongregation für die orientalischen Kirchen", die seither zu den Dikasterien der römisch-katholischen Kirche gehört. Ein zweiter Strang von Bemühungen um eine Union bezieht sich auf Versuche, Katholiken und Protestanten wieder zu vereinen (Regensburger Religionsgespräche 1541). Ein dritter Strang bezieht sich auf entsprechende Bemühungen zwischen diversen protestantischen Kirchen (Lutheraner und Reformierte, vor allem in Brandenburg und Preußen im 18. Jahrhundert). In der Publizistik fanden diese Unionsgedanken Widerhall, beispielsweise in Erasmus von Rotterdams Spätschrift 1533 „Von der Eintracht der Kirche" („De sarcienda ecclesiae concordia"). Theologische Differenzen (Abendmahl, Prädestinationslehre) sowie die Machtfrage (Rolle des Papstes) führten über die Konkordanzformel des Augsburger Religionsfriedens von 1555 („cuius regio, eius religio) bis zu den ungelösten Problemstellungen der Ökumene in der Gegenwart.

Umso erstaunlicher ist die Wiederaufnahme des Unions-Begriffs in politischem Zusammenhang. Politisch wurde der Unionsbegriff erstmals verwendet, als sich 1397 die Königreiche Dänemark, Norwegen und Schweden in der „Kalmarer Union" zusammenschlossen, die bis 1523 Bestand hatte. Die dänisch-norwegische Personalunion blieb anschließend noch bis 1814 bestehen. Die protestantische Union, die 1608 von acht protestantischen Fürsten und 17 protestantischen Städten als Defensivbündnis gebildet wurde, stand im Dreißigjährigen Krieg (1618–1648) den in der katholischen Liga zusammengeschlossenen Staaten gegenüber. „Union" bezeichnete auch den Zusammenschluss Englands und Schottlands 1707 (Act of Union) sowie Englands und Irlands 1800 (Act of Union).

Äußerst ambitioniert war die Verwendung des Unions-Begriffs, die der deutschstämmige amerikanische Journalist Clarence K. Streit 1939 verwendete, um eine Union von fünfzehn atlantischen Demokratien, einschließlich ihrer Kolonien, im

Kampf gegen das totalitäre Deutschland und die totalitäre Sowjetunion zu postulieren (Streit 1939). Konkreter und pragmatischer wurde das Unions-Denken nach dem Ende des Zweiten Weltkrieges. 1946 tauchte der Unionsbegriff in der französischen Staatsordnung auf: Durch die Bildung der „Union française" am 27. Oktober 1946 wurden in der Verfassung Frankreichs zeitgleich mit der Gründung der Vierten Republik die Beziehungen zwischen dem französischen Mutterland und den überseeischen französischen Kolonien neu geordnet.

Constitution du 1946, IVe République/Verfassung der Vierten Französischen Republik (1946)

„La France forme avec les peuples d'outre-mer une Union fondée sur l'égalité des droits et des devoirs, sans distinction de race ni de religion.
L'Union française est composée de nations et de peuples qui mettent en commun ou coordonnent leurs ressources et leurs efforts pour développer leurs civilisations respectives, accroître leur bien-être et assurer leur sécurité."

„Frankreich bildet mit den Völkern in Übersee eine Union, die auf gleichen Rechten und Pflichten beruht, ohne Unterschied von Rasse oder Religion.
Die Französische Union besteht aus Nationen und Völkern, die ihre Ressourcen und Bemühungen zur Entwicklung ihrer jeweiligen Zivilisationen, zur Steigerung ihres Wohlergehens und zur Gewährleistung ihrer Sicherheit bündeln oder koordinieren."

Mit dem Unionsbegriff sollten Widersprüche überdeckt werden: Während von der sukzessiven Gleichheit zwischen Mutterland (métropole) und Überseegebieten (territoires d'outre mer) gesprochen wurde, blieb die volle Souveränität beim Mutterland Frankreich. Formal sollte das Staatsbürgerrecht für alle Angehörigen der Union française gelten und das Strafsystem des Indigénats abgeschafft werden. Alle Widersprüche zwischen Theorie und Praxis wurden indessen auf diesem Wege nicht aufgelöst. Das Aufbegehren der Kolonien nahm mit eruptiver Gewalt zu, zunächst vor allem in Indochina, alsbald aber auch in dem formal mit der Metropole Frankreich integrierten Algerien. Am 4. Oktober 1958 wurde mit Beginn der Fünften Republik die „Union française" in „Communauté française" umbenannt, man könnte auch sagen: zurückgebaut.

1.3 Zur Diskussion gestellt: Französische Ideen für die Europäische Union

Unterdessen hatte der Unionsbegriff bereits seine europäische Karriere begonnen. Es muss die Logik der „Union française" gewesen sein mit ihrer leitenden Idee eines immer engeren föderalen Zusammenschlusses zwischen Metropole und territoires outre-mer, die zur Verwendung des Unionsbegriffs im Zusammenhang der Neuordnung Europas geführt hat. Die Europäische Gemeinschaft von Kohle und Stahl (1951) firmierte umgangssprachlich als „Montanunion". Im Vertragstext zur Gründung der Europäischen Gemeinschaft für Kohle und Stahl (18. April 1951) taucht das Wort „Montanunion" nicht auf. In der deutschen Fassung war von „Zusammenschluss ihrer wesentlichen Interessen" die Rede, in der französischen Fassung von „fusion de leurs intérêts essentiels", in der italienischen Fassung von „una fusione die lori interessi" und in der niederländischen Fassung von „samensmelting hunner wezenlijk belanger" (Vertrag über die Europäische Gemeinschaft für Kohle und Stahl 1951). In der Präambel der Römischen Verträge vom 25. März 1957 tauchte der Unionsbegriff explizit als Ziel der Europäischen Wirtschaftsgemeinschaft auf, zumindest in der französischen Sprachfassung: Während in der deutschen Sprachfassung eher ungenau davon die Rede war, „die Grundlagen für einen immer engeren Zusammenschluss der europäischen Völker zu schaffen" und in der niederländischen Sprachfassung ähnlich ungenau, „vastberaden, de grondslagen te leggen voor een steeds hechter verbond tussen de Europese volkeren.", hieß es im französischen Text deutlich und klar, die unterzeichnenden Regierungen seien „détérminés à établir les fondements d'une union sans cesse plus étroite entre les peuples européens", sowie analog dazu in der italienischen Sprachfassung „determinati a porre le fondamenta di una unione sempre più stretta fra i popoli europei" (Vertrag zur Gründung der Europäischen Wirtschaftsgemeinschaft [EWG] 1957). Hätte es eine englische Original-Version gegeben, hätte sie „ever closer union" geheißen.

Das copyright für die Präambel der Römischen Verträge hat der französische Diplomat und spätere Politiker Jean-François Deniau beansprucht. Als damaliger Generaldirektor der französischen Delegation bei den Organen der Montanunion in Brüssel war er nicht nur Zeitzeuge der Entstehung der Römischen Verträge, sondern aktiv mit der Aufgabe betraut worden, die Präambel für die Römischen Verträge zu entwerfen. Der deutsche Wirtschaftsminister Ludwig Erhard, so erinnerte sich Deniau, war grundsätzlich gegen die Idee einer europäischen Zollunion eingestellt gewesen, weil er einen generell freien Welthandel präferierte. Umso stolzer zeigte sich Deniau, dass sein Präambel-Vorschlag unter Einschluss des Wortes „union", jedenfalls in der französischen Sprachfassung, akzeptiert wurde (Deniau 1997: 156–158). So wurde die französische Handschrift bereits in den ersten Sätzen der Römischen Verträge deutlich.

Der europapolitisch gefasste Begriff der Union wurzelt also vornehmlich in französischen Traditionen. Carl Friedrich Ophüls, als Botschafter der Bundesrepublik Deutschland in Belgien von 1955 bis 1958 wie Deniau ein Zeitzeuge, bestätigte diese Sicht in einem Beitrag „zur ideengeschichtlichen Herkunft der Gemeinschaftsverfassung". Schon der Vertrag über die Montanunion, so Ophüls, sei stark von französischen Traditionen des Verwaltungsrechts geprägt worden, „das von den übrigen Mitgliedsstaaten mehr oder weniger rezipiert war und somit weithin ein gemeinsames Recht der Mitgliedsstaaten darstellte" (Ophüls 1966: 393). Daher ist es wenig überraschend, wenn man in der politischen Ideengeschichte Frankreichs fündig wird bei der Auffindung der erstmaligen Verwendung des Begriffs „Europäische Union": Charles-Irénée Castel de Saint-Pierre, bekannt als Abbé Saint-Pierre, verwendete den Begriff „Europäische Union" erstmals 1712. In seinem Konzept, um den Frieden in Europa dauerhaft werden zu lassen, beschrieb Saint-Pierre den friedenspolitischen und ökonomischen Nutzen eines föderalen Zusammenschlusses. Er nannte ihn „Europäische Union".

Charles-Irénée Castel de Saint-Pierre, Projet pour rendre la paix perpétuelle en Europe (1712)

„Je cherchay ensuite si les Souveraines ne pourroient pas trouver quelque sûreté suffisante de l'execution de promesses mutuelles en établissant entr'eux un Arbitrage perpetuel, je trouvay que si les dix-huit principales Souverainetez de l'Europe pour se conserver dans leur Gouvernement present, pour éviter la Guerre entr'elles & pour se procurer tous les avantages d'un Commerce perpetuel de Nation à Nation, vouloient faire un Traité de l'Union & un Congrez perpetuel à peu près sur le même modele, ou de sept Souverainetez de Hollande, ou de treize Souverainetez de Suisse, ou de Souverainetez d'Allemagne,& de former l'Union Européenne sur ce qu'il y a de bons dans ces Unions, & surtout dans l'Union Germanique, composée de plus de deux cent Souverainetez, lesplus foibles auraient sûreté suffisante, que la grande puissance des plus forts ne pourroit leur nuire, que chacun garderoit exactement les promesses reciproques, que le Commerce ne feroit jamais interrompu, & tous les differens futurs se terminerioent sans Guerre par la voye des Arbitres, sûreté que l'on ne peu jamais trouver sans cela."

„Ich habe schließlich danach gesucht, ob die Souveräne keine ausreichende Sicherheit bei der Erfüllung gegenseitiger Versprechen finden könnten, indem sie ein fortwährendes Schiedsverfahren zwischen sich einrichteten. Ich habe festgestellt, dass die achtzehn wichtigsten Souveränitäten Europas um in ihrer gegenwärtigen Regierung zu bleiben, um den Krieg zwischen ihnen zu vermeiden und alle Vorteile eines ewigen Handels von Nation zu Nation zu nutzen, einen Unionsvertrag und einen ewigen Kongress schliessen könnten in etwa nach dem

> gleichen Vorbild der sieben holländischen Souveränitäten oder der dreizehn Souveränitäten der Schweiz oder der Souveränitäten in Deutschland, um die Europäische Union über das zu bilden, was in diesen Unionen und insbesondere in der Germanischen Union, die aus mehr als zweihundert Souveränitäten besteht, gut ist Die Schwächsten hätten ausreichende Sicherheit, dass die große Macht der Stärksten ihnen nicht schaden könnte, dass jeder genau die gegenseitigen Versprechen halten würde, dass der Handel niemals unterbrechen würde und alle Unterschiede ohne Krieg beendet würden durch Schiedsrichter, eine Sicherheit, die man ohne dies niemals finden kann."

1957 versprachen die Römischen Verträge „une union sans cesse plus étroit". Am 19. Oktober 1961 legte der französische Diplomat Christian Fouchet einen Plan vor, abgestimmt mit Frankreichs Staatspräsident Charles de Gaulle. Fouchet schlug die Bildung einer „Europäischen Politischen Union" vor. De Gaulles Nachfolger Georges Pompidou formulierte im Januar 1971 die Perspektive einer „europäischen Regierung". Am 19. Oktober 1972 schlug er den anderen Regierungschef der EG vor, „vor Ablauf dieses Jahrzehnts die Gesamtheit ihrer Beziehungen in eine Europäische Union umzuwandeln" (zitiert bei Loth 2020: 197). Am 7. Februar 1992 unterzeichnete der Europäische Rat in Maastricht den „Vertrag über die Europäische Union". Er trat am 1. November 1993 in Kraft.

Der Begriff „Europäische Union" bringt Einheit und Vielfalt des politisch geeinten Europa gut zum Ausdruck. Es ist bewusst ein interpretationsoffener Begriff, der unterschiedliche Gestaltungsformen und Deutungsakzentuierungen möglich macht. Damit kann er eine integrative Wirkung entfalten. Zugleich ist der Begriff „Europäische Union" unbestimmt und vorbildlos. Damit führt er immer wieder zu neuen Diskussionen, ob die Europäische Union auf Dauer ein staatsähnliches Gebilde werden wolle oder im Gegenteil niemals werden solle. Insofern kann der Begriff „Europäische Union" auch unbeabsichtigt polarisieren oder sogar spalten.

Übung

Lösungsskizzen zu diesen Fragen finden Sie online unter:

https://www.utb.de/doi/book/10.36198/9783838558943

1. Wie lässt sich der historische und kulturelle Europabegriff von einem politischen Ordnungsbegriff abgrenzen?
2. Welche Wirkungen hatte der Europabegriff für die Herausbildung einer politischen Ordnung in Europa?

3. Was bedeutet „Union", der unterforschte Namensbestandteil der Europäischen Union und wo tritt der Begriff „Union" in früheren Zusammenhängen in Erscheinung?
4. Wie lässt sich die frühzeitige Einbeziehung des Begriffs „Union" in die Römischen Verträge erklären und wann wurde der Begriff „Union" mit dem Wortteil „Europa" zur „Europäischen Union" zusammengesetzt?
5. Welche gedanklichen Widersprüche kann der Begriff der Europäischen Union auflösen und welche bleiben bestehen?

2. Europäische Identität

Zu den beständig diskutierten Fragen gehört diejenige nach einer europäischen Identität. Das Kapitel rekapituliert die überraschende erstmalige Verwendung des Begriffs „europäische Identität“ in einem Dokument der europäischen Einigungspolitik 1973. Die Analyse der nachfolgenden Darstellung des Begriffs in der Europäischen Union geht von dem Unterschied zwischen der Verwendung des Begriffs „Identität“ im Zusammenhang von einerseits Kultur und andererseits Politik aus. Aus der Fülle der kulturwissenschaftlichen Deutungen des Begriffs der europäischen Identität wird auf die These eingegangen, dass Europa sich in grundlegender Hinsicht durch Aneignung und Umverwandlung von kulturellen Entwicklungen gebildet hat, die ihren Ursprung außerhalb Europas haben. Das Kapitel endet mit einer Diskussion über die Zusammenhänge von Identität und europäischer Gesellschaftsbildung sowie deren Problemen und Chancen.

Anregung für eine kreative Gestaltung der Seminareinheit: Die Seminarteilnehmerinnen und Seminarteilnehmer sammeln in Kleingruppen Stichworte, um die Unterschiede zwischen der europäischen Kultur und der politischen Kultur der Europäischen Union herauszuarbeiten. In der abschließenden Diskussion wird nach der Plausibilität der vorgetragenen Ergebnisse gefragt.

2.1 Die politische Dynamik der Identitätsfrage

Am 14. Dezember 1973 stellten die neun Staats- und Regierungschefs der damaligen Europäischen Gemeinschaften ein überraschendes, ja eigenwilliges Dokument vor. Sie begannen ihr zweitägiges Treffen in Kopenhagen mit der Präsentation eines „Dokumentes über die europäische Identität“. Was man von Kulturwissenschaftlern erwartet hätte, wurde von Politikern in Worte gefasst. Auch wenn die Außenminister der beteiligten Staaten das Dokument erarbeitet hatten und es auch formal beschlossen, sollte an die Namen der denkwürdigen Runde in Kopenhagen erinnert werden: Edmond Leburton, Ministerpräsident von Belgien, Anker Jørgensen, Ministerpräsident von Dänemark, Willy Brandt, Kanzler der Bundesrepublik Deutschland, Georges Pompidou, Staatspräsident von Frankreich, Edward Heath, Premierminister von Großbritannien, Liam Cosgrave, Ministerpräsident von Irland, Mariano Rumor, Ministerpräsident von Italien, Pierre Werner, Ministerpräsident von Luxemburg, Joop den Uyl, Ministerpräsident der Niederlande. Diese Männerrunde formulierte erstmals nicht weniger als die politische Identität Europas.

Europäischer Rat, Dokument über die europäische Identität (1973)
„Die neun europäischen Staaten, deren Vergangenheit ebenso wie die egoistische Verteidigung falsch verstandener Interessen sie zur Zerrissenheit hätte drängen können, haben ihre Gegnerschaft überwunden und in Erkenntnis der fundamentalen europäischen Notwendigkeiten beschlossen, sich zusammenzuschließen, um das Überleben einer Zivilisation zu sichern, die ihnen gemeinsam ist. In dem Wunsch, die Geltung der rechtlichen, politischen und geistigen Werte zu sichern, zu denen sie sich bekennen, in dem Bemühen, die reiche Vielfalt ihrer nationalen Kulturen zu erhalten, im Bewusstsein einer gemeinsamen Lebensauffassung, die eine Gesellschaftsordnung anstrebt, die dem Menschen dient, wollen sie die Grundsätze der repräsentativen Demokratie, der Rechtsstaatlichkeit, der sozialen Gerechtigkeit, die das Ziel des wirtschaftlichen Fortschritts ist, sowie die Achtung der Menschenrechte als die Grundelemente der europäischen Identität wahren. Die Neun sind davon überzeugt, dass dieses Vorhaben dem inneren Streben ihrer Völker entspricht, die an seiner Verwirklichung, vor allem durch ihre gewählten Vertreter teilhaben müssen."

Das „Dokument über die europäische Identität" erwähnte die „Vielfalt der Kulturen im Rahmen einer gemeinsamen europäischen Zivilisation", leitete daraus ein „Bekenntnis zu gemeinsamen Werten und Prinzipien" ab, sprach von „Annäherung der Lebensauffassungen", gemeinsamen Interessen und vom europäischen Einigungswerk, das „der europäischen Identität ihren unverwechselbaren Charakter und ihre eigene Dynamik" verleihe (Europäischer Rat 1973). Nach diesem Aufschlag, der einem akademischen Seminar alle Ehre gemacht hätte, folgte ein überraschender Sprung in die Welt. Das bisher Gesagte wurde bezogen auf die Tatsache, dass die Länder Europas im Laufe der Geschichte „sehr enge Bindungen zu zahlreichen anderen Teilen der Welt entwickelt haben". Drei Prioritäten wurden ausgeführt, die sich daraus für die EG ergeben: Einflussnahme auf die Weltwirtschaftsbeziehungen, Beiträge zur Erhaltung des Friedens, weltpolitische Verpflichtungen als „ein Element des Gleichgewichts und ein Pol der Zusammenarbeit mit allen Nationen ungeachtet ihrer Größe, ihrer Kultur und ihres Gesellschaftssystems." Es folgten eine Reihe von Selbstverpflichtungen, um eine gemeinsame europäische außenpolitische Zusammenarbeit mit Leben zu füllen. Explizit wurden fast alle Partner, Länder und Regionen der Erde mit jeweiligen Akzentuierungen ihrer Beziehungen zur EG aufgelistet, dazu das große Menschheitsthema „Kampf gegen die Unterentwicklung". „Die Neun", wie sie sich nannten, wollten „zum internationalen Fortschritt" beitragen, durch gemeinsame Positionen, „die sie wann immer möglich in den internationalen Organisationen, vor allem der Organisation der Vereinten Nationen und den Sonderorganisationen, einnehmen wollen". Der Text endete so originell, dass es lohnt, ihn noch einmal zu zitieren.

Europäischer Rat, Dokument über die europäische Identität (1973)
„Die Entwicklung der europäischen Identität wird sich nach der Dynamik des europäischen Einigungswerkes richten. In den Außenbeziehungen werden die Neun vor allem bemüht sein, ihre Identität im Verhältnis zu den anderen politischen Einheiten schrittweise zu bestimmen. Damit stärken sie bewusst ihren inneren Zusammenhalt und tragen zur Formulierung einer wirklich europäischen Politik bei. Sie sind überzeugt, dass die fortschreitende Verwirklichung dieser Politik ein wesentlicher Faktor sein wird, der es ihnen erlaubt, die weiteren Stadien des europäischen Einigungswerks mit Realismus und Vertrauen in Angriff zu nehmen; diese Politik erleichtert auch die vorgesehene Umwandlung der Gesamtheit ihrer Beziehungen in eine Europäische Union."

Ebenso bemerkenswert wie das „Dokument über die politische Identität" ist die Tatsache, wie wenig Beachtung dieser Text über Jahrzehnte in den wissenschaftlichen Diskussionen zur europäischen Identität gefunden hat. Sicher, historische Darstellungen der europäischen Einigungsgeschichte verweisen gebührlich auf den Kopenhagener Text. Dabei wird der weltpolitische Kontext, vor allem im seinerzeitigen Dreieck von deutscher Ostpolitik, europäischer Integration und transatlantischen Beziehungen, erwähnt. Das „Dokument über die politische Identität" wird in der Regel als strategisch zu unverbindlich bezeichnet (Loth 2020: 201 f.). In der Literatur über die Identität Europas sticht die Studie des Historikers Wolfgang Schmale heraus, der das „Dokument über die politische Identität" in einen weiteren „Diskurskontext" stellt: Die Erfahrung der Selbstzerstörung Europas in den beiden Weltkriegen und der nachfolgende weltpolitische Niedergang. „Die Schöpfung Europäischer Identität aus der Situierung Europas in der Welt," so Schmale, „besaß eine zu lange historische Tradition, als dass zu erwarten gewesen wäre, sie verschwände angesichts des kriegszerstörten Europas automatisch." Schmale erinnerte daran, dass auch bereits der erste Präsident der Europäischen Kommission, Walter Hallstein, „immer wieder auf den Zusammenhang zwischen Europas Rolle in der Welt, der inneren Einigung und Einigkeit sowie Europäischer Identität zu sprechen" gekommen sei. Schmale blieb eher distanziert zu diesen Ansätzen, die ihm wie ein Beleg für eine Art Amnesie – das heißt: eine Störung des Gedächtnisses – erschienen. Die Anrufung der geschichtlichen Leistungen Europas sei als Kontrast zu der selbstverschuldeten Zerstörung erfolgt. Mit Beginn der 1970e Jahre, rekonstruierte Schmale, habe der Rekurs auf den Begriff der europäischen Identität in der EG zugenommen, kulminierend in dem „Dokument über die politische Identität" von 1973. Schmale kritisierte, dass das Dokument Europas Identität unter Verwendung von „Euphemismen bezüglich der kolonialen Vergangenheit" nur auf die externe Rolle Europas eingeht und diese nicht in Beziehung zu den Bürgerinnen und Bürgern setzt".

Diese Verkürzung endete in den 1980er Jahren: Nun setzte eine „Gewinnungsstrategie gegenüber den Bürgerinnen und Bürgern“ ein (Schmale 2010: 121–127). Symbole (Flagge, Hymne, Europatag), Unionsbürgerschaft, gemeinsame Währung, das Narrativ vom Friedensprojekt, Wertebezug und gemeinsame Projekte, schließlich Geschichtspolitik (Rahmenprogramme, Kulturhauptstadt) sollten die Idee der europäischen Identität mit Leben füllen. Die Vielfältigkeit der entsprechenden Bemühungen bestätigt die Annahmen der sozialwissenschaftlichen Theorie des Konstruktivismus: Auch die EU ist eine imaginierte Gemeinschaft, nicht weniger, aber auch nicht mehr als die Erfindung der Nation, des Staates und anderer kollektiver Entitäten und Identitäten (Anderson 1983).

Damit ist indessen noch nicht erklärt, warum das „Dokument über die europäische Identität“ von 1973 als ein Gründungsdokument für das politische Denken der EU bezeichnet werden muss. Diese Bedeutung erschließt sich nicht aus der Abfolge der europäischen Einigungsgeschichte und nur bedingt aus dem Zusammenhang von jahrhundertelanger europäischer Expansion, Kolonialismus und Imperialismus, sowie Selbstzerstörung und Entmachtung durch die strategischen Flügelmächte USA und Sowjetunion im Kalten Krieg. Weiterführend ist ein Rekurs auf die philosophische Deutung der europäischen Identität.

2.2 „Exzentrische Identität“

Aus der unübersichtlich großen Zahl geistesgeschichtlicher und kulturphilosophischer Deutungen der Identität Europas sticht die Akzentuierung heraus, mit der sich der französische Philosoph Rémi Brague zu Wort gemeldet hat. Sein denkerischer Ansatz ist nicht nur anregend. In der ihm eigenen Provokation kann Brague ganz unbeabsichtigt auch den Sachverhalt begründen, der zur Einführung, wenn nicht gar Erfindung des Konzeptes der politischen Identität in die europäische Einigungssaga geführt hat. Mehr noch: Brague kann kulturphilosophisch erklären, was als Leitgedanke zur Herleitung der politischen Einigung Europas an früherer Stelle in diesem Buch bereits ausgeführt wurde: dass und warum die Einigung Europas gegen die Geschichte Europas gesetzt ist.

Für Rémi Brague ist die gesamte Entwicklung der europäischen Kultur nicht dadurch zu verstehen, dass Faktoren und ihre Wirkung beschrieben werden. Europäisch sind in der Sicht von Brague kulturelle Entwicklungen erst geworden, nachdem Europäer sich angeeignet haben, was außerhalb Europas ihren Ursprung hatte. In diesem Sinne ist die Entwicklung von Europas Kultur ex-zentrisch verlaufen. Sie hatte ihr Ursprungszentrum außerhalb Europas.

Europäische Kulturgeschichte
„Es gibt kein ‚altes Europa'. Angeblich neuere Kulturen sind Erben oder Ableger Europas. Nur gegenüber Kulturen, die es selber hervorgebracht hat, ist Europa ein Älteres. Voreuropäische Kulturen hat es in großer Anzahl gegeben (...) So sind die heutigen Erb-Kulturen Europas eher über-europäisch als un-europäisch. Wenn sie Europa in gewissen Punkten übertrumpfen, tun sie dies mit Mitteln, die europäischer Herkunft sind und die sie mit größerer Konsequenz anwenden. Ihr Sieg ist der Sieg des Wesens Europas über seine konkreten Erscheinungen."
(Brague 2002: 27)

Rémi Brague gab Beispiele dafür, was er mit der exzentrischen Identität Europas meint: Rom sei erst geworden, als es sich die griechische Welt angeeignet hatte. Es bildete sich erst selbst infolge der dafür notwendigen Vermittlungsprozesse. Gleiches gilt für das Christentum im Verhältnis zum Judentum. Für Brague waren dieser römische Weg Europas und damit Rom und der römische Katholizismus das Eigentliche. Dieser Kern der Identität Europas hat gleichwohl eine sekundäre Identität zum Ausgang: Europas Identität wurde erst durch die Welt außerhalb Europas zu dem, was Europa ausmacht. Ironisch vermerkte Brague, Europa habe auf diese Weise seine genuine „kulturelle Armut" als Chance begriffen: „Europa ist auch ein Kontinent von Strebern, von Schülern, die Nachhilfestunden brauchen und besuchen." (Brague 2002: 29). Wie anders, so fragte er, wäre zu erklären, dass man Sprachen lernen sollte (altgriechisch und lateinisch), die in Europa niemand spricht, um die eigene Kultur zu verstehen?

Von außerhalb nahm alles Nachfolgende seinen Ausgang. Neue Aufbrüche wurden in Europa seither immer wieder als Renaissancen definiert. Es waren und sind Wiedergeburten durch Rückbesinnung auf einen Ursprung, an dem niemand gewesen war, der sich auf ihn beruft, so Brague. Dieser Gedanke führt zurück zu den Bemerkungen über Europas einstige kulturelle Größe und die Brüche in seiner Geschichte, die 1973 in dem „Dokument über die europäische Identität" gemacht worden sind. Die Vergangenheit, ihre Größe und ihr Drama, wurden in diesem Text angerufen, um dort anzuknüpfen, wo Europa in der Vergangenheit stets seinen Platz sah: In der Welt. Europa habe, so Rémi Brague, ein besonders waches Bewusstsein der geschichtlichen Brüche, die auf diesem Kontinent stattgefunden haben. Dies gehe einher mit einem Zeitbewusstsein, das Vergangenheit, Gegenwart und Zukunft voneinander unterscheidet. Erfolgreich in die Zukunft voranzuschreiten erfordere – so führte er seine Überlegungen weiter – sich mit den Brüchen auseinanderzusetzen, die die Gegenwart beschweren. So lasse sich an den Ursprung zurückfinden, den eigentlich niemand kennt und der gerade deshalb idealisiert wird, so Brague.

Wer sich auf diese kulturphilosophischen Überlegungen einlässt, findet eine Erklärung dafür, warum das politische Denken über die europäische Identität mit einer weltpolitischen Ausrichtung der Bestimmung dieser Identität begonnen hat. Es ist – so betrachtet – wenig überraschend, dass auch Nichteuropäer immer wieder an Europas Vergangenheit erinnert haben, um eine Überwindung aktueller Krisen durch die Inspiration aus der Geschichte in Angriff zu nehmen. 2016, in einem besonders krisenerfüllten Jahr für die Europäische Union, wurden der amerikanische Präsident Barack Obama und der aus Argentinien stammende Papst Franziskus auf ihre je unterschiedliche Weise mit ebensolchen Anrufungen der Vergangenheit zitiert, aus der die EU Nektar für neue Renaissancen ziehen könnte: Obama sprach sich gegen den Austritt Großbritanniens aus der EU mit dem Argument aus, Großbritannien sei historisch immer dann stark gewesen, wenn es Europa angeführt habe. Papst Franziskus ermutigte die EU, mit einem neuen Humanismus den Chancen der Migrationskrise zu begegnen.

Dass Europa zu seiner inneren Stärkung das kontrastierende Andere benötigt, ist keine Erfahrung, die sich nur auf die Antike beziehen lässt. Europa hat den von Rémi Brague erklärten Dreischritt von Aneignung, Vermittlung und Selbstbildung immer wieder gesucht. Die Gründungsgeschichte der politischen Identität 1973 zeigt, dass diese Methode auch dann noch aktiviert wurde, als es um die Absage an eine negative Geschichtserfahrung ging. In dem „Dokument über die europäische Identität" wird das eigene Scheitern dadurch zu überwinden gesucht, dass eine Renaissance der mit dem vorherigen Scheitern verbundenen Interaktionen mit der Außenwelt gesucht wurde.

Diese Pointe gibt der endlosen Reflexion über die europäische Identität eine frische Kontur. Üblicherweise werden die Diskurse über die europäische Identität in Form historisch-linearer Rekonstruktionsversuche geführt, an deren Ende zumeist ein „patchwork Europe" konstatiert wird (Dunkerley 2002: 121). Nicht selten werden europäische und nationale Identitäten gegeneinander gestellt, entweder, um ihre Unversöhnlichkeit zu belegen oder um über die anhaltende Existenz nationaler Identitätsprofile zu klagen (Tabellini 2018: 14). Europa indessen grundsätzlich gegen seine eigene komplexe innere Kulturgeschichte und aus dem Wechselspiel mit den anderen Teilen der Erde zu denken, hat nicht nur die starke philosophische These von der „exzentrischen Identität" generiert. Diese Erweiterung der Perspektive hat – in maßvollerer Weise, nicht weniger wirksam – auch zu der Wende des politischen Denkens von der kulturellen Identität zur politischen Identität geführt, die der Europäische Rat 1973 vollzogen hat. Dieses Verdienst ist auch deshalb bemerkenswert, weil sich gewiss keiner der im damaligen Europäischen Rat sitzenden Politiker philosophisch verstanden wissen wollte.

2.3 Zur Diskussion gestellt: Identität und europäische Gesellschaftsbildung

Der Vertrag von Lissabon hat die Zusammenhänge bisheriger Diskussionen und Erkenntnisse über die europäische Identität auf eine Formel gebracht: Die Europäische Union „wahrt den Reichtum ihrer kulturellen und sprachlichen Vielfalt und sorgt für den Schutz und die Entwicklung des kulturellen Erbes Europas" (Artikel 3 EUV). Die Ausgestaltung und Absicherung der eigenen Identität – im Innern wie nach außen – bleibt in der Europäischen Union naturgemäß unabgeschlossen. Im Wechselspiel von Identitätsbildung und Erinnerungskultur verarbeiten Gesellschaften wie einzelne Menschen nicht nur ihre Verpflichtungen gegenüber der Vergangenheit (Booth 1999: 249–263). Sie wollen sich dadurch zugleich Zukunftsoptionen erschließen. Dieser Prozess fällt in der Europäischen Union trotz der gedanklichen Vorarbeiten schwer, die seit über mehr als einem halben Jahrhundert stattgefunden haben. Pragmatische Ideen sind vorhanden, allein es fehlen die Mechanismen, um sie in die Tat umzusetzen: Der Eurovisions-Song-Contest gehört zu den wenigen pan-europäischen Ereignissen auf der Ebene der Gesellschaften. Eine gemeinsame europäische Olympiamannschaft oder zumindest der gemeinsame Einzug der EU-Olympioniken hinter der gemeinsamen Fahne ins Olympiastadion wäre gewiss eine gute medientaugliche Initiative. Die regelmäßige Durchführung einer gemeinsamen Talkshow in allen öffentlich-rechtlichen Fernsehanstalten der EU, bei der die Teilnehmer in ihrer Muttersprache sprechen können, wäre ein nützlicher Beitrag zur Stärkung europäischer Öffentlichkeit. Warum sucht man gemeinsame europäische Arbeitskämpfe oder auch nur gemeinsame europäische Demonstrationen gegen die zweifelhaften moralischen Folgen der europäischen Agrarpolitik bisher vergebens?

Am schlagkräftigsten präsentieren sich immer noch gemeinsame gesellschaftliche Initiativen, die ihren Referenzpunkt über Europa hinaus haben. Ob amerikakritische Demonstrationen wie 2002/2003 gegen die Invasion in den Irak oder die Klimademonstrationen (Schulstreiks „Friday for Future" ab 2018): Die Mobilisierungsimpulse für europaweite Aktionen besitzen üblicherweise noch immer einen übereuropäischen Referenzpunkt. Damit bestätigen sie indessen den intrinsischen Zusammenhang zwischen der politischen Identität Europas und der übereuropäischen Ausrichtung und Bedingtheit der europäischen Bestimmung.

In der wissenschaftlichen Diskussion dominieren die skeptischen Argumente hinsichtlich der Ausbildung einer europäischen Identität, die aus sich selbst heraus entsteht (Meyer/Eisenberg 2009). Optimisten sind in diesem Diskurs jene, die meinen, dass die ökonomische und politische Schwäche der europäischen Staaten auf Dauer zu einer gemeinsamen Form eines identitätsstiftenden Patriotismus finden kann.

Supranationale oder transnationale Identität – zwei Modelle kultureller Integration in Europa
„Ein identitätsstiftender europäischer Patriotismus auf breiter kultureller Grundlage, der auch auf sentimentalen Erinnerungen und Gefühlen basieren kann, wird nicht über die mobilisierenden Kräfte des modernen Nationalismus verfügen. Dennoch hat er eine gewisse Chance, diesen ablösen und überwinden zu können, da die europäischen Nationalstaaten als volkswirtschaftliche und politische Einheiten nicht über genügend Ressourcen verfügen, um auf Dauer weltweit konkurrieren zu können.“
(Reese-Schäfer 2019: 151)

Eine bemerkenswerte Ausnahme zu den Annahmen über die innere Unfähigkeit der europäischen Identitätsbildung ohne explizite Abgrenzung gegenüber „den Anderen“ auf der Welt macht das „Haus der Europäischen Geschichte“, das 2017 in Brüssel eröffnet wurde. Es ist das erste supranationale Geschichtsmuseum der Welt. Das „Haus der Europäischen Geschichte“ fragt nach den Zusammenhängen in der europäischen Geschichte, den nationalen Interpretationen und Bruchstellen, um aus dem Gewordenen mit den Mitteln der Visualisierung besser zu verstehen, wie mit der Gründung der Europäischen Union das Unikat einer politischen Identität Europas beginnen konnte (Pöttering 2014: 474–486). Es begründet das integrierte Europa nicht in Abgrenzung zu „den Anderen“ auf der Welt, sondern aus sich selbst und dem Ringen um innere Selbstbehauptung heraus. Das „Haus der Europäischen Geschichte“ arbeitet der politischen Identität Europas zu und gibt dieser zugleich eine beeindruckende neuartige Ausdrucksform. Seine Ausstellung ist unabgeschlossen und zukunftsoffen – wie der Prozess der politischen Identitätsbildung in der Europäischen Union selbst.

Übung

Lösungsskizzen zu diesen Fragen finden Sie online unter:

https://www.utb.de/doi/book/10.36198/9783838558943

1. Warum hat die europäische Politik den Begriff der europäischen Identität zuerst in einem außenpolitischen Zusammenhang eingeführt?
2. Inwieweit spiegelt die philosophische These von Europas „exzentrischer Identität“ (Brague) die Intention des politischen Dokuments des Europäischen Rats zur europäischen Identität von 1973?

3. Welche Folgen hat eine europäische „patchwork“ Identität für die europäische Politik?
4. Welche Folgen haben die Reflexionen über eine europäische Identität für die Frage nach den Möglichkeiten und Grenzen einer europäischen Gesellschafsbildung?
5. Welche Möglichkeiten gibt es, mit Mitteln symbolischer Politik die mühevollen Prozesse europäischer politischer Identität und europäischer Gesellschaftsbildung zu befördern?

3. Europäische Wertegemeinschaft

Das Kapitel stellt die Frage, was der Begriff „Wertegemeinschaft“ im Kontext der Europäischen Union bedeutet. Dabei wird zunächst zurückgeblickt auf die Entwicklung der Begriffe „Werte“ und „Gemeinschaft“ in den Geisteswissenschaften. Anschließend wird der Einbezug des Begriffs der Werte in die europäische Einigungsentwicklung analysiert. Dabei werden Zusammenhänge und Spannungsverhältnisse zwischen politischen und rechtlichen Vorgaben sowie stets wandelbaren gesellschaftlichen Erwartungen herausgearbeitet. Abschließend wird die Problematik des Solidaritätsbegriffs zur Diskussion gestellt, in dem sich die Hoffnungen, aber auch die Widersprüche für eine wertebasierte Europäische Union exemplarisch bündeln.

Anregung für eine kreative Gestaltung der Seminareinheit: Die Seminarteilnehmerinnen und Seminarteilnehmer erörtern die Art und Weise, wie die Europäische Union mit der Corona-Pandemie umgegangen ist. Dabei wirft eine Teilgruppe einen Blick von außen auf die EU. Eine Teilgruppe thematisiert die Frage nach dem Umgang mit politischen und ethischen Dilemmata. Eine weitere Teilgruppe erörtert die Stärken und Schwächen des Ansatzes der EU im Sinne eines lernenden Systems. In der abschließenden gemeinsamen Diskussion werden die Ergebnisse der Gruppengespräche vorgetragen und diskutiert.

3.1 Werte in der Gemeinschaft

Auftrag, Inhalt, Reichweite und Zweck des schillernden Begriffs „Europäische Wertegemeinschaft“ sind ungenau, erklärungsbedürftig und nicht konfliktfrei. Mit dem Begriffsteil „Gemeinschaft“ wird ausdrücklich an ein Verbundenheitsgefühl appelliert, das sich bei genauerer Betrachtung als besonders kompliziertes Moment für die Bestimmung des Gesamtbegriffs „Wertegemeinschaft“ herausstellt. Auch wenn im Kontext der europäischen Einigungsgeschichte mit dem Begriff „Gemeinschaft“ an die Europäische Wirtschaftsgemeinschaft erinnert werden soll, so hat der Begriff „Gemeinschaft“ doch eine viel weiter zurückreichende philosophische und soziologische Bedeutung. Mit dem Begriff „Gemeinschaft“ wird an vormoderne Formen des Zusammenlebens erinnert, die eine ganz eigene Ideengeschichte hervorgebracht haben. Die Unterscheidung des deutschen Soziologen Ferdinand Tönnies zwischen „Gemeinschaft“ und „Gesellschaft“ (1887) ging von der Annahme aus, dass in Gemeinschaften personale Loyalitäten dominieren, wie sie in Familienverbänden, Nachbarschaften und Zünften bestehen. In Gesellschaften dominieren abstrakte interpersonale Beziehungen, die infolge der Arbeitsteilung und des vertragsbasierten Zusammentreffens von Menschen entstehen (Albrecht 2017: 1355–1368). Analog zu den Analysen von Ferdinand Tönnies entwarf der französische Soziologe Émile Durkheim in seiner Studie „De la division du travail social" (1893) den Unterschied zwischen mechanischer und organischer Solidarität. Mechanische Solidarität, so argumentierte Durkheim, basiert auf gemeinsamen Erfahrungen und Emotionen. Organische Solidarität ist konstitutiv für moderne industrielle Gesellschaften. Sie beruht auf vertraglichen Vereinbarungen. Fehlende Eindeutigkeit über die Zusammenhänge zwischen Gemeinschaft und Gesellschaft auf der einen Seite und dem Solidaritätsbegriff auf der anderen Seite belastet die Ausgestaltung der vieldeutig interpretierbaren Denkfigur „Europäische Wertegemeinschaft" bis in die Gegenwart. Bevor darauf eingegangen wird, muss der Werte-Begriff eingeführt werden.

Ursprünglich erwuchs der Werte-Begriff aus ökonomischen Theorien. In der politischen Philosophie ist der Werte-Begriff erst relativ spät zu Bedeutung gelangt. Nicht nur, aber auch in Abgrenzung zu der metaphysisch ausgerichteten Philosophie von Immanuel Kant mit ihrem starken Fokus auf menschlichen Pflichten, entwickelten sich im frühen 20. Jahrhundert diverse philosophische Strömungen, die Fragen der Ordnung der Welt und der Werte ins Zentrum ihrer Überlegungen stellten (südwestdeutsche neukantianische Schule um Wilhelm Windelband und Heinrich Rickert, phänomenologische Werttheorie von Max Scheler und Nicolai Hartmann).

Der Formalismus in der Ethik und die materiale Wertethik
„Ein identitätsstiftender europäischer Patriotismus auf breiter kultureller Grundlage, der auch auf sentimentalen Erinnerungen und Gefühlen basieren kann, wird nicht über die mobilisierenden Kräfte des modernen Nationalismus verfügen. Dennoch hat er eine gewisse Chance, diesen ablösen und überwinden zu können, da die europäischen Nationalstaaten als volkswirtschaftliche und politische Einheiten nicht über genügend Ressourcen verfügen, um auf Dauer weltweit konkurrieren zu können."
(Scheler 1916: 14)

Welterfahrung und Werterfahrung hingen für Scheler zusammen. Zugleich argumentierte er in seiner phänomenologischen Zugangsweise für Werthierarchien. In der Lebenspraxis, so Scheler, können die Werthierarchien der Menschen mit unterschiedlichen Welterfahrungen voneinander abweichen. Es gibt kein „richtig" oder „falsch". Notwendig ist die von moralischen Subjekten zu erwartende Leistung, in einem rationalen Diskurs die Differenzen zwischen ihnen aufzulösen. Die Gründe, die Motive des anderen müssen erörtert und berücksichtigt werden. Diskursethische Begründungen für Wertpräferenzen nehmen seit den Zeiten von Scheler stets eine wichtige Rolle bei der philosophischen Diskussion über Werte, ihre hermeneutische Erschließung und ihre pragmatische Verwirklichung ein (Beispiele: Paul Ricœur, Jürgen Habermas, John Rawls). Die Spannungen zwischen dem zu Sollenden und dem, was Menschen wollen, wonach sie tatsächlich streben, sind erhalten geblieben. Systematisch betrachtet, geht es bei Wertefragen sowohl um Prinzipien als auch um Haltungen, sowohl um Erwartungen als auch um Verhaltensweisen, sowohl um die Verankerung von Werten in institutionellen Strukturen als auch um die Aktivierung von Wertpräferenzen als rhetorische Kampfbegriffe. Erstmals hat 2009 der Theologe Christof Mandry eine systematische wissenschaftliche Studie über diesen stets schillernden und wenig präzisen Begriff aus dem Arsenal des Selbstverständnisses der Europäischen Union vorgelegt.

Europa als Wertegemeinschaft
„(...) liegt der eigentliche ‚Ernstfall' der Strebensethik auf der Anwendungs- oder Entscheidungsebene, wo Strebensethik sich der Aufgabe zu stellen hat, eine Vermittlung von Vorstellungen des ‚guten Lebens' mit sollensethischen Normen zu leisten (...) Das Phänomen des Diskurses über die Werte in der Europäischen Union ist dabei in auffälliger Weise reflexiv, denn ‚Wertegemeinschaft' besagt ja, dass die politische Gemeinschaft auf Werten beruht, die ihr wichtig sind, und zugleich ist ihr dieses Verständnis ihrer selbst – als 'Wertegemeinschaft' – so wichtig, dass es darüber substantielle Auseinandersetzungen gibt."
(Mandry 2009: 47 f.)

3.2 Werte in der europäischen Einigungsgeschichte

Erstens: Wie alle großen Begriffe der politischen Philosophie ist der Begriff der Werte relational. Er bezieht sich auf etwas, das außerhalb seiner selbst liegt. Erst darin wird er konkret und wirksam. Zweitens: Werte sind Zielkonflikten ausgesetzt, wenn es um ihre Anwendung geht. Schließlich, drittens: Werte unterliegen den Bedingungen von Reziprozität. Sie müssen wechselseitig in gleicher Weise akzeptiert werden, damit sie ein dauerhaft tragfähiger Kompass der ethisch-politischen Orientierung sind. Der vieldeutige Begriff der Werte, der immer wieder eine Klärung dessen verlangt, was er ausdrücken soll und was mit ihm intendiert wird, hat im Zusammenhang mit der Geschichte der europäischen Einigung vor allem an entscheidenden Wendepunkten eine Rolle gespielt. In dem formativen Jahrzehnt nach Ende des Zweiten Weltkrieges wurden die wichtigsten Weichen für die Einigung Europas gestellt. Dabei lagen Versuch und Irrtum nahe beieinander. Unklar war, welcher der damals diskutierten Ordnungsansätze Wirkung entfalten und langfristig erfolgreich sein konnte. Angetrieben wurde die Suche nach einem Neubeginn in der europäischen Staatenordnung zweifellos von Wertpräferenzen. Die Abkehr von immer wieder neuen Kriegen in Europa und die Ablehnung totalitärer Herrschaftsformen waren leitende Prinzipien und Ziele. So überrascht es nicht, dass sowohl in der Satzung des Europarates (1949) als auch im Vertrag über die Gründung der Europäischen Gemeinschaft für Kohle und Stahl (1951) sowie im letztendlich gescheiterten Vertrag über die Gründung der Europäischen Verteidigungsgemeinschaft (1952) ausdrücklich von Werten die Rede war. Über größere Diskussionen, die seinerzeit zu diesen Formulierungen geführt haben, ist wenig bekannt. Werte und sittliches Erbe wurden damals offensichtlich als eine Selbstverständlichkeit vorausgesetzt, über die keine allzu großen Kontroversen erforderlich waren.

Satzung des Europarates, Präambel (1949)

„Die Regierungen des Königreichs Belgien, des Königreichs Dänemark, der Französischen Republik, der Irischen Republik, der Italienischen Republik, des Großherzogtums Luxemburg, des Königreichs der Niederlande, des Königreichs Norwegen, des Königreichs Schweden und des Vereinigten Königreichs von Großbritannien und Nordirland, sind überzeugt, dass die Festigung des Friedens auf der Grundlage der Gerechtigkeit und internationalen Zusammenarbeit für die Erhaltung der menschlichen Gesellschaft und der Zivilisation von lebenswichtiger Bedeutung ist; bestätigen ihre unerschütterliche Verbundenheit mit den geistigen und sittlichen Werten, die das gemeinsame Erbe ihrer Völker und von jeher die Quelle für Freiheit der Einzelperson, politische Freiheit und Herrschaft des Rechts sind, jene Prinzipien, welche die Grundlage jeder wahren Demokratie bilden (...)"

Überraschend ist es daher, dass der Vertrag über dic Gründung der Europäischen Wirtschaftsgemeinschaft (EWG) (1957) auf jede Art von Wertebezug verzichtet hat. Der Fokus auf die vier Freiheiten (Arbeit, Kapital, Güter, Dienstleistungen), mit deren Hilfe der gemeinsame europäische Markt geschaffen werden sollte, wendete die Wertefrage vom Grundsätzlichen ins Pragmatische. Dass die Europäische Wirtschaftsgemeinschaft gleichwohl von darüberhinausgehenden Prinzipien geleitet wurde, zeigte sich 1962: Der Antrag von Spanien auf Assoziierung mit der EWG, an deren Ende die volle Mitgliedschaft stehen sollte, wurde abgelehnt. Das autoritär-faschistische Regime unter General Francisco Franco, der bis 1975 regieren sollte, stieß auf starken Widerstand. Im fraktionsübergreifend angenommenen Bericht einer Arbeitsgruppe innerhalb der Europäischen Parlamentarischen Versammlung (Vorläufer des heutigen Europäischen Parlaments) wurden Kriterien für eine EWG-Mitgliedschaft formuliert: demokratische Staatsform, Achtung der Menschenrechte, Anerkennung von Rechtsstaatlichkeit, Menschenrechten und Grundfreiheiten (Birkelbach-Bericht).

Völlig unabhängig von der Entwicklung der europäischen Integration wurden in den 1970er Jahren Studien des Politikwissenschaftlers Richard Inglehart über den Wertewandel in der westlichen Welt einflussreich. Inglehart sprach von postmateriellen Werten, die bei zunehmendem Wohlstand einer Gesellschaft an Bedeutung gewinnen (Inglehart 1977). Seine Thesen wurden über die Wissenschaft hinaus rezipiert. Veränderungen in Werteinstellungen bedeuteten aber immer wieder auch: Neue Kontroversen um die Deutungshoheit der Werte. Wertekontroversen bezogen sich bereits ab dem 1960er Jahren vornehmlich auf sexuelle Fragen und Fragen der individuellen Lebensentwürfe. Ebenso wuchs die Bedeutung von Wertkontroversen im Zusammenhang mit Fragen des technisch-wissenschaftlichen Fortschritts und des Wirtschaftswachstums angesichts begrenzter Ressourcen und weltweit auftretender Umweltprobleme.

Das Ende der kommunistischen Einparteiendiktaturen in Mittel- und Osteuropa führte zu neuen Wertediskussionen in der Europäischen Union. In Bezug auf Menschenrechte und ihren Schutz herrschte in den 1990er Jahren weitgehend Einigkeit. Aber der tiefere Impuls für den Hilferuf aus den Transformationsgesellschaften, „zurück nach Europa“ zu wollen, wie es seinerzeit häufig hieß, wurde in Westeuropa weitgehend überhört: „Zurück nach Europa“ zu wollen, hieß für die vom Sowjetkommunismus befreiten Gesellschaften, wieder sie selber sein zu wollen und ihre eigene Identität leben zu können. Tatsächlich prägten und prägen in den Kulturnationen Mitteleuropas traditionell bewährte Werte (Familie, Kirche, Nation) das dortige Freiheitsverständnis weit stärker als in vielen Regionen Westeuropas. Mit dem Wandel Europas hatten sich seit den 1970er Jahren auch die Erfahrungen und Prägungen der westeuropäischen Gesellschaften dominierenden Werte gewandelt. Mehrheitlich setzten sich in Westeuropa liberale Wertinterpretationen durch, die substantielle Fragen des Menschenbildes berühren (Abtreibung, Euthanasie, biogenetische Forschung, sexuelle Präferenzen, Familienbegriff, Verhältnis zur Religion). Zugleich gewann seit den 1980er Jahre mit der Frage der möglichen Mitgliedschaft der Türkei in der EU, aber auch muslimisch geprägter Gesellschaften in Südosteuropa, eine ganz eigene religiöse Identitätsthematik Bedeutung für die Reflexion von Europa als Wertegemeinschaft. Sie ging über die Wiederentdeckung von Differenzen, aber auch Chancen der Begegnung westlich-säkularisierter Gesellschaften mit Gesellschaften, die den orthodoxen christlichen Kirchen zuzurechnen sind, deutlich hinaus (Kühnhardt 2003: 47–54; 2005a: 167–179; 2005b: 189–194).

Nie zuvor wurde in der Europäischen Union über Wertefragen und ihre Begründung so intensiv diskutiert wie im Zusammenhang mit der Erarbeitung des Europäischen Verfassungsvertrages (2001–2003) (Mandry 2009: 49–74). Besonders heftig waren die Debatten um einen Gottesbezug beziehungsweise einen Bezug zum christlich-jüdischen Erbe und Wertebestand als Grundlage für die Festlegung der Werte der heutigen Europäischen Union. Der Streit zwischen der Herleitung und Begründung von Werten und ihrer Funktion für die künftige politische Entwicklung der Europäischen Union wurde nicht gelöst. Bei dem Spagat zwischen „Selbstbeschreibung" und „Selbstfestlegung" (ebd.: 49) ging es immer weniger um die Anerkennung von Vielfalt im zusammenfindenden Europa jenseits der vormaligen west-östlichen Teilung. Nach dem Scheitern des Europäischen Verfassungsvertrages 2005 fand 2007 eine Auflistung von Werten, „auf die sich die Union gründet" (VEU, Artikel 2), aber keineswegs explizit der Begriff „Wertegemeinschaft" Eingang in den Vertrag von Lissabon. Gleichwohl ist seither die unbestimmt gehaltene und moralisch aufgeladene Formel „Europa als Wertegemeinschaft" eine beliebte rhetorische Denkfigur, der sich viele Politiker und Analysten in der Europäischen Union bedienen, um eine normative Rückbindung ihrer Argumente zu bekräftigen. Im Laufe der Zeit wurde immer deutlicher, dass dabei um jeweils neue, künftige Deutungsansprüche gerungen wird, die sich aus den in den Debatten gewählten Wert-Begriffen für den Fortgang der Europäischen Union ableiten lassen könnten.

Vertrag von Lissabon, Vertrag über die Europäische Union (EUV) (2007)
„Artikel 2
Die Werte, auf die sich die Union gründet, sind die Achtung der Menschenwürde, Freiheit, Demokratie, Gleichheit, Rechtsstaatlichkeit und die Wahrung der Menschenrechte einschließlich der Rechte der Personen, die Minderheiten angehören. Diese Werte sind allen Mitgliedstaaten in einer Gesellschaft gemeinsam, die sich durch Pluralismus, Nichtdiskriminierung, Toleranz, Gerechtigkeit, Solidarität und die Gleichheit von Frauen und Männern auszeichnen."

Es stimmt: Nie ist zuvor an so prominenter Stelle in einem EU-Dokument von Werten die Rede gewesen wie im Vertrag von Lissabon. Zugleich aber waren die Kontroversen, die zu diesen Formulierungen geführt hatten, noch nie so groß. Sie sind seit der Verabschiedung des Vertrages von Lissabon keineswegs beigelegt worden. Im Gegenteil: Die Kontroversen um die Auslegung der knappen Werte-Worte, die der Vertrag von Lissabon enthält, sind im Laufe der Zeit sogar noch größer geworden. „Achtung der Menschenwürde, Freiheit, Demokratie, Gleichheit, Rechtsstaatlichkeit und die Wahrung der Menschenrechte“, aber ebenso „Pluralismus, Nichtdiskriminierung, Toleranz, Gerechtigkeit, Solidarität und Gleichheit von Frauen“ eröffnen ebenso viele Interpretationsspielräume wie sie vordergründig eindeutig zu sein scheinen. Am heftigsten wird im politischen Denken der Europäischen Union immer wieder über „Solidarität“ als Ausdruck einer „europäischen Wertegemeinschaft“ gestritten.

3.3 Zur Diskussion gestellt: Bedeutung und Reichweite von Solidarität

Dass Werte relational sind, kommt bei der Ausdeutung des Solidaritätsbegriffs an stärksten zum Ausdruck. Der Politikwissenschaftler Peter Nitschke hat auf den wesentlichen Unterschied „zwischen einer ideellen und einer realistischen Perspektive“ hingewiesen, der für die Bestimmung von Wertepräferenzen bezeichnend sind (Nitschke 2019: 165). Der Philosoph Otfried Höffe hat daran erinnert, dass der Solidaritätsbegriff nach seiner Entstehung im römischen Privatrecht (obligatio in solidum: Dies bedeutet, dass in einer Gemeinschaft jeder für die Gesamtheit der bestehenden Schulden aufkommen muss, während die Gemeinschaft für die Schulden jedes Einzelnen ihrer Mitglieder haftet.) erst im späten 18. Jahrhundert auf nichtrechtliche Lebensbereiche ausgedehnt wurde und Eingang in die politische Philosophie gefunden hat. Dabei spielte der Begriff „Solidarität“ bei den wichtigsten deutschen Philosophen (Kant, Fichte, Hegel, Marx) keine Rolle, ebenso wenig in englischen Diskussionen (Mill) (Höffe 2018). Die französischen Traditionen, die auf die Verwendung des Solidaritätsbegriffs als Kampfbegriff während der Französischen Revolution ab 1790 zurückreichen, haben die Bedeutung von „Solidarität“ weitgehend geprägt. Höffe verordnete den Solidaritätsbegriff zwischen Gerechtigkeit „als Inbegriff dessen, was die Menschen einander schulden“, niedergelegt im „Rang der moralischen Leitidee einer zwangsbefugten Rechtsordnung“, und der Menschenliebe (Philanthropie) „durch freiwillig und großzügig erbrachte Mehrleistungen“, basierend auf dem christlichen Gebot der Nächstenliebe „mit dem barmherzigen Samariter als Vorbild“ (Höffe 2019).

Politische Solidarität
„1. Solidarität als normatives Ordnungskonzept und Legitimationsquelle.
2. Solidarität als politischer Regelungsmechanismus
a) Distribution versus Reziprozität
b) Akteurskonstellationen
3. Solidarität als Mehrebenenphänomen.“
(Kneuer/Masala 2015: 12)

Marianne Kneuer und Carlo Masala haben aus politikwissenschaftlicher Sicht die vorgenannten Untersuchungsebenen herausgearbeitet. Zugleich haben sie darauf hingewiesen, dass der Solidaritätsbegriff in besonderer Weise mobilisierende Wirkung besitzt und wegen seiner normativen Aufladung vielfältig instrumentalisiert werden kann. Mit dem Verweis auf die Wertegemeinschaft lassen sich nur zu leicht moralische Vorverurteilungen vornehmen, um rationale Diskurse über Gründe und Folgen einer Position abzublocken. Auch die Anerkennung der Tatsache, dass es sich beim Solidaritätsbegriff im Kontext der EU um eine „ergänzende bzw. überwölbende Solidarität" handelt, wie die Politikwissenschaftlerinnen Michèle Knodt, Anne Tews und Nadine Piefer formuliert haben (Knodt/Tews/Piefer 2015: 107), hat die Klärung der damit verbundenen Sachverhalte nicht erleichtert. Im Gegenteil: Der politikwissenschaftliche Verweis auf die unterschiedlichen Ebenen des Regierens, auf denen der Solidaritätsbegriff Verwendung findet, erschwert die Festlegung hinsichtlich der beiden wichtigsten Fragen: Wie verhält es sich mit der Reziprozitätsforderung, die dem Solidaritätsbegriff im Gegensatz zu den Begriffen Gerechtigkeit und Menschenliebe eigen ist? Wie verhält es sich mit dem Erfordernis eines Gemeinschaftsbewusstseins („Wir-Gefühl") als Voraussetzung zur Anwendung der aus dem Solidaritätsbegriff erwachsenen Anforderungen?

In der politischen Praxis der Europäischen Union haben die anhaltenden Unklarheiten im politischen Denken der EU mehrfach zu schwerwiegenden Spannungen und Kontroversen geführt (Euro-Krise, Energiesolidarität, Rechtsstaatsverpflichtung, Migrationspolitik). Rechtliche Klärungsversuche durch den Europäischen Gerichtshof haben nicht wirklich befrieden können (Nettesheim 2020: 261–274). Die Bezeichnung der EU als einer „Wertegemeinschaft", wie dies unter Berufung auf die impliziten Begriffslisten im Vertrag von Lissabon regelmäßig geschieht, kann offensichtlich nicht nur verbinden, sondern auch spalten. Die EU wird mit dieser nur im kontroversen Diskurs auszuhandelnden Ausgangslage weiterhin leben müssen. Dabei wird sie auch eine andere Relationalität berücksichtigen müssen, die mit kontroversen Wertdeutungen verbinden ist: Das EU-Motto „In Vielfalt geeint" (lateinisch: „In varietate concordia"). Aus diesem selbst ergeben sich weitere Interpretationsspannungen bezüglich der Werte, von denen der Vertrag von Lissabon fälschlicherweise annimmt, dass sie dem Motto widerspruchfrei zugrunde liegen. Mit der Betonung, die Europäische Union sei eine Wertegemeinschaft, haben die Interpretationsdebatten der in Vielfalt geeinten Union bestenfalls einen Rahmen gefunden, der die Unterschiede zwischen Sein und Sollen keineswegs aufhebt und weitere Kontroversen nach sich ziehen dürfte. Robert Schuman hat in seiner berühmten Definition von der „Solidarität der Tat" (1950) zu Recht von der erforderlichen Einzelfallentscheidung gesprochen, die notwendig bleibt, um dem Solidaritätsbegriff Kontur und Zielschärfe zu verleihen.

Übung

Lösungsskizzen zu diesen Fragen finden Sie online unter:

https://www.utb.de/doi/book/10.36198/9783838558943

1. Wie lässt sich die historisch gewachsene und vielfach gewandelte Bedeutung der Begriffe „Wert“ und „Gemeinschaft“ definieren?
2. Was bedeutet „Wertegemeinschaft“ im Kontext der Europäischen Union und welche Funktion hat der Begriff?
3. Wie verhält sich die Fortschreibung des Konzepts der europäischen Wertegemeinschaft zu den pluralistischen Aushandlungsprozessen in der EU?
4. Worauf bezieht sich der Solidaritätsbegriff in der EU und was bedeutet in diesem Zusammenhang das Wort von der „Solidarität der Tat“ (Robert Schuman)?
5. In welchem Verhältnis stehen rechtliche Vorgaben und gesellschaftliche Erwartungen zum Konzept der Solidarität in der EU?

4. Euro-Sprache

Bisher geringe Beachtung im Studium der Europäischen Union findet die Sprache, mit der die Integrationsprozesse begleitet oder beschrieben werden. Das Kapitel wirft zunächst einen Blick auf die Mühen, die sich aus den verschiedenen Sprachtraditionen für die Herstellung einheitlicher und allseits gleichverstandener Begriffe ergeben. Anschließend wird nach der Funktion der Sprache gefragt, die in der Europäischen Union zur Bezeichnung von Kontroversen, Kompromissen und Zielsetzungen verwendet wird. Schließlich wird die Absicht und Wirkungsweise von zusammengesetzten Begriffen in der Debatte über die EU zur Diskussion gestellt, die mit dem Zusatz „Euro" verbunden werden.

Anregung für eine kreative Gestaltung der Seminareinheit: Die Seminarteilnehmerinnen und Seminarteilnehmer bringen zuvor eigenständig übersetzte Beiträge aus Tageszeitungen in allen offiziellen Sprachen der EU zu einem ebenfalls zuvor festgelegten Thema mit. Jede Seminarteilnehmerin / jeder Seminarteilnehmer stellt einen Text vor. In einer gemeinsamen Diskussion werden die Gemeinsamkeiten und Unterschiede der Berichterstattung in der EU erörtert.

4.1 Das Recht der Sprachen

Die Funktion und Wirkung der Sprache in der Politik ist selbst ein Gegenstand des politischen Denkens. Politische Sprache kann mobilisieren und agitatorisch verwendet werden. Sprache kann Selbstverständliches dekonstruieren und Sachverhalte vernebeln. Sprache kann hegemoniale Absichten verfolgen und die Richtung von Diskursen dominieren. Wörter haben Macht. Was allgemein gilt, gilt auch für die Europäische Union. Die Perspektive einer „immer engeren Union" hat stets die Bedeutung und Funktion von Sprache mitbedenken müssen. Genauer gesagt: die sprachliche Vielfalt, die konstitutiv für die europäische Vielfalt ist. Begriffe bedeuten nicht automatisch das Gleiche in unterschiedlichen Sprachen. Der Kontext, in dem politische Sprache verstanden wird, ist stark gebunden an die geschichtlichen Zusammenhänge und soziologischen Wirklichkeiten. Die politische Sprache im Prozess der europäischen Einigung ist mithin selbst Teil dieses Prozesses.

Wie weit die Begriffswelten auseinanderliegen können, zeigt der für die Deutung der europäischen Einigung nicht unwichtige Begriff „Föderalismus". Der Begriff „föderal" meint im deutschen Sprachgebrauch und im demjenigen der romanischen Sprachen den freiheitssichernden Aufbau eines mehrschichtigen Herrschaftssystems. Föderalismus ist sozusagen das territoriale Äquivalent zum

Begriff „Pluralismus“. In der angelsächsischen Diktion meint „föderal“ die Bezeichnung einer zentralisierten und zentralisierenden Herrschaftsordnung. Kaum unterschiedlicher könnten die Interpretationen eines Begriffs sein.

Für die Entwicklung des gemeinsamen europäischen Rechtsbestandes, des acquis communautaire, haben das Problem des Sprachverständnisses und der Übersetzung stets eine große Rolle gespielt. Mit der Verordnung Nr. 1 wurden 1958 Französisch, Deutsch, Niederländisch und Italienisch als Amtssprachen für die neugegründete EWG festgelegt. Die Europäische Union funktioniert unterdessen mehr denn je nur mit Dolmetschern und Übersetzern, um die Vielfalt der 24 Amtssprachen zu schützen, die in der EU gesprochen werden. Dolmetscher und Übersetzer aber sind keine voraussetzungslos arbeitenden Maschinen. Sie müssen sich einfinden können in die kulturellen Konnotationen der Sprache, ohne dass von ihnen verlangt werden kann, alle Subtilitäten der Kulturgeschichte zu kennen. Die Reduzierung der Arbeitsabläufe in den europäischen Organen auf drei Amtssprachen (englisch, französisch, deutsch) vereinfacht die Anforderungen nur bedingt. Es gehört überdies zu den Paradoxien, dass die am meisten in den Organen und Institutionen der EU gesprochene Sprache – Englisch – nach dem Austritt Großbritanniens aus der EU die Muttersprache von nur noch einem Prozent aller Unionsbürgerinnen und Unionsbürger (in Irland und in Malta).

Wesentliche Rechtsbegriffe, die für die EU konstitutiv sind, haben ihren Ursprung im französischen Verwaltungsrecht. Die Verwendung der Bezeichnung „Verordnung“ für die Rechtsakte der Europäischen Wirtschaftsgemeinschaft, so der Diplomat und Rechtswissenschaftler Carl Friedrich Ophüls schon 1966 mit Blick auf deutsche Praxis, ähnele „weit mehr den einzelstaatlichen Gesetzen als den verwaltungsrechtlichen Verordnungen“. Ophüls erinnerte daran, dass schon der Gerichtshof der Europäischen Gemeinschaft für Kohle und Stahl 1955 und in den nachfolgenden Jahren mehrfach von „quasilegislatorischen Akten“ und von einer „Wirtschaftsgesetzgebung“ gesprochen habe (Ophüls 1966: 394). Die Finessen der Sprachproblematik waren damit keineswegs ausgeräumt. Für die Rechtsprechung des Europäischen Gerichtshofes spielt die Auseinandersetzung mit der Sprachenproblematik bis in die Gegenwart eine ungebrochen gewichtige Rolle. Bestimmte Rechtsbegriffe sind kaum übertragbar in andere europäische Sprachen und Sinnzusammenhänge: so beispielsweise das französische „ordre public“ oder die deutschen Begriffe „Rechtsstaatsprinzip“ oder „Verhältnismäßigkeitsgrundsatz“ (Burr/Mann 2003: 36). Die vom deutschen Bundesverfassungsgericht 1993 geprägte Bezeichnung der EU als „Staatenverbund“ wiederum verfügt über keine gewachsene französische oder englische Parallelformel. Die Formel vom „Staatenverbund“ ist allerdings durchaus auch in Deutschland auf Kritik gestoßen. Otto Lenz, von 1969 bis 1980 Vorsitzender des Rechtsausschusses des Deutschen Bundestages und von 1984 bis 1997 Generalanwalt des Europäischen Gerichtshofs, sprach von einem „ausbrechenden Rechtsakt“: „Das Urteil legt das integrationsoffene Grundgesetz in einer einseitig restriktiven Weise aus. Es be- oder verhindert die Erreichung der Ziele des ‚vereinten Europa'. Damit begibt sich das Gericht in eine politische Rolle, für die es weder geschaffen noch befähigt ist" (Lenz 2009: 7).

Über die Zeit haben sich unterschiedliche Methoden der Auslegung von Texten des Europäischen Gerichtshofes entwickelt, um mit den Umständen der Sprachenvielfalt zurechtzukommen: Die historische Auslegung, „die Vorgängernormen und die Entstehungsmaterien zur Auslegung heranzieht"; die systematische Auslegung, die „eine Vorschrift in ihren Regelungszusammenhang einzuordnen" sucht und die teleologische Auslegung „nach Sinn und Zweck der Vorschrift" (Kreße 2003: 159–161). Funktionale Begriffsklärungen können dabei immer wieder inhaltlich-normative Differenzen offenlegen. Die Wirkmächtigkeit der Sprachen hat ihr Recht auch in der Rechtsgemeinschaft EU behalten. Zugleich wirkt die in der EU entwickelte Begrifflichkeit auf die Weiterentwicklung der in der EU verbreiteten Amtssprachen ein, wie der Politikwissenschaftler Mark Harwood für die maltesische Sprache nachgewiesen hat (Harwood 2021).

4.2 Funktionen politischer Sprache

Die politische Sprache, die in der Europäischen Union verwendet hat, ist bisher weit weniger intensiv analysiert und systematisiert worden als die rechtliche Verwendung mehrdeutig interpretierbarer Begriffe. Hier besteht größerer Forschungsbedarf. Einige gewichtige Funktionen der politischen Sprache, mit der immer auch Positionen des politischen Denkens transportiert werden, können zweifelsfrei identifiziert werden. Dabei lassen sich unterschiedliche Funktionen unterschiedlichen Akteuren zuordnen. Im Bereich der politischen Exekutive, namentlich der Europäischen Kommission, gelegentlich aber auch im Europäischen Rat, herrscht eine Neigung, kontroverse Sachverhalte mit technischen Begriffen gleichsam zu entpolitisieren. Um den im Verfassungsvertrag verwendeten Begriff des „Außenministers" zu entschärfen, wurde im Vertrag von Lissabon wieder auf den Begriff „Hoher Repräsentant" für den Beauftragten der EU für Fragen der Außen-und Sicherheitspolitik zurückgegriffen. Im Rahmen der sogenannten Euro-Rettungspolitik nach 2010 kamen Begriffe auf, die für jeden politischen Laien ohne genauere Erklärung unverständlich, wenn nicht inhaltsleer bleiben müssen: „Europäisches Semester", „six-pack", „two-pack". Inmitten höchst kontroverser politischer Diskussionen, die zugleich in den Bevölkerungen der EU-Mitgliedsstaaten höchste Emotionen freisetzten, hielten es die Brüsseler Verantwortlichen offenbar für opportun, Lösungsstrategien auch sprachlich zu entdramatisieren. Diese Begriffe verwirrten eher, als dass sie die gemeinten politischen Sachverhalte und die damit verbundenen Machtverschiebungen zugunsten der Europäischen Kommission aufhellen konnten.

Besonders auffällig ist diese Vernebelung politischer Sachverhalte im Bereich der EU-Finanzverfassung feststellbar. Dort wird von „Eigenmitteln" (französisch: resources propres; englisch: own ressources) gesprochen, um die Einnahmen der EU zu beschreiben. Tatsächlich aber handelt es sich zu größten Teilen (70 Prozent) um Zuweisungen der Mitgliedstaaten, die einer Einbehaltung oder Entnahme aus dem nationalen Budget entsprechen, wie es im Französischen korrekt heißt (prélèvement). Bei den Überlegungen um eine „CO_2-Grenzsteuer" führte die Sorge, die Welthandelsorganisation könnte diese als ein nichttarifäres Handelshemmnis verwerfen, zu dem Kunstbegriff „CO_2-Anpassungsmechanismus".

Gleichzeitig erfolgte eine eigentümliche Begriffsverschiebung hinsichtlich der Verwendung des Wortes „Politische Union". Im Vertrag von Maastricht 1992 wurde das Ziel einer Politischen Union als Parallelprojekt zur Wirtschafts- und Währungsunion eingeführt. Mit Politischer Union war an die Stärkung der Demokratie in der EU, die Gleichberechtigung des Europäischen Parlaments im Gesetzgebungsverfahren, die Realisierung des Mehrheitsprinzips im Europäischen Rat und die Ausdehnung der EU-Kompetenzen auf die Bereiche der Rechts- und Justizpolitik sowie der Außen-und Sicherheitspolitik gedacht. Dieses Programm, das sich gewiss nur über einen längeren Zeitraum würde realisieren lassen, wurde als notwendige Ergänzung, ja geradezu als ergänzende Bedingung für den Erfolg der Wirtschafts- und Währungsunion verstanden. Es gehörte zu den Eigenwilligkeiten der Sprache der EU, dass im Zuge der Rettungs- und Stabilisierungsmaßnahmen im Kontext der Staatsschuldenkrise in einer Reihe von Staaten der Eurozone der Begriff „Politische Union" nahezu gleichgesetzt wurde mit der Vollendung der Wirtschafts- und Währungsunion (europäische Wirtschaftsregierung, Finanzunion) (Kühnhardt 2020: 167–174).

Mit der gegenteiligen Absicht, nämlich mit Begriffen zu emotionalisieren und zu mobilisieren, verwenden politische Akteure gelegentlich Grundbegriffe zum politischen Denken der Europäischen Union. Wenn von der „finalité politique" des europäischen Einigungswerkes gesprochen wird, ist zumeist weniger ein Endzustand gemeint. Eher sollen Argumente vorangetrieben und Verbündete gefunden werden, um einen spezifischen nächsten Schritt in die europäische Agenda zu gehen. Vom nächsten politischen Zweck oder der nächsten politischen Absicht zu sprechen, wirkt aber weit weniger erhebend. Mobilisierende Wirkung wird immer dann erhofft, wenn pauschale Kritik am Gang der EU erhoben wird, die keine Grundlagen in der Rechtsbasis und Beschlusslage hat. Besonders beliebt ist das Diktum, die EU dürfe „kein Superstaat" werden – ein Begriff, der in über 60 Jahren der Integrationsgeschichte in keinem einzigen Rechtskodex der EU enthalten ist. Mit ähnlicher Konnotation wird der Begriff „Transferunion" als Kampfbegriff verwendet. Nicht weniger wirksam wie symbolpolitische Kampfbegriffe sind gelegentlich Worthülsen. Zu dem immer wiederkehrenden Pauschalargument, man selbst oder jemand anders sei „für" oder „gegen" Europa gibt es kein nationalstaatliches Pendant. So wenig wie es nationalstaatliche Diskussionen um die Frage einer finalen Bestimmung eines spezifischen Staates gibt, gibt es semantische und intellektuelle Reduktionen des Niveaus, ob dieses oder jenes „für“ oder „gegen“ das eigene Land gerichtet sei. Solange solche Simplifizierungen und Eruptionen das politische Denken beeinflussen, erscheint die Europäische Union noch immer kein gänzlich „normaler“ Sachverhalt der europäischen Politik zu sein.

4.3 Zur Diskussion gestellt: Die Relevanz der Euro-Sprache

Ein besonderes Genre politischer Sprache bilden jene Begriffe, die direkt mit der europäischen Einigung verbunden werden. Bei Wortzusammensetzungen dieser Art lassen sich grundsätzlich zwei Typen feststellen. Erstens: In der Wissenschaft verwendete Begriffe wie „Eurotextes“ (Gréciano 2003: 141–148), „Euro-Politics“ (Sbragia 1992), „Europarteien“ (Bukow/Höhne 2013: 810–846) beziehungsweise „Europarties“ (Hertner 2018: 1–19) oder „Eurolegalism“ (Kelemen 2011) sollen auf das genuin Neue politischer beziehungsweise rechtlicher Sachverhalte im Kontext der europäischen Einigung verweisen. Sie stellen zumeist neutrale, gegebenenfalls wohlmeinende Wortschöpfungen dar, ohne zu große Ausstrahlung in der Öffentlichkeit zu finden. Der offizielle Begriff der ‚Eurozone‘ für den Verbund der EU-Mitgliedsstaaten, in denen der Euro alleiniges offizielles Zahlungsmittel ist, gehört ebenfalls in diese Kategorie.

Zweitens: Weitreichender und wirkungsvoller verhält es sich mit Begriffsneologismen, die eher kritisch zur europäischen Einigung generell oder zu spezifischen ihrer Umstände Position beziehen. Der Begriff „Eurosclerosis“ geht auf den Ökonomen Herbert Giersch zurück, der 1985 den schwächelnden wirtschaftlichen Zustand der EG bei gleichzeitig überbordenden nationalen Sozialausgaben auf den Begriff bringen wollte (Giersch 1985). Die brillante volkswirtschaftliche Analyse von Giersch wurde immer wieder in Wissenschaft und Publizistik zitiert. Der Begriff „euroskeptisch“ ist eine Wortschöpfung der Londoner „Times“. In einem Artikel am 2.Dezember 1985 beschrieb der Journalist Richard Owen die Position des britischen EU-Kommissars Lord Arthur Cockfield vor einem anstehenden Gipfeltreffen der EG als „euro-sceptic“. Owen verwendete die Begriffszuschreibung mit einem eher überraschten Unterton, da Cockfield im Ringen mit der britischen Premierministerin Margaret Thatcher eigentlich eher als integrationsfreundlich angesehen wurde. Der „Economist“ in seiner Ausgabe vom 26.Dezember 1992 verwendete erstmals den Begriff „euroscpeticism“. Damit sollte die Position derjenigen in der deutschen Öffentlichkeit beschrieben werden, die die von der EU geforderte Anpassung des deutschen Reinheitsgebots beim Bierbrauen ablehnten. Es waren Einzelvorgänge und wissenschaftliche beziehungsweise journalistische

Sprachkaft, die einer ganze politische Strömung ihren Namen geben sollte. Schon 1991 führte der französische ‚Grand Robert de la langue française" den Eintrag „eurosceptique". 1993 fand das Wort „Euroskeptiker" Eingang in den deutschen „Duden". In seiner brillanten Studie, einer Bonner Dissertation, hat der Politikwissenschaftler Malte Zabel neben den aufgeführten Details zur Begriffsherkunft und -verbreitung die vielen Facetten des Euroskeptizismus 2017 differenziert analysiert (Zabel 2017). Neben aller Distanz zu einem radikal-aggressiven und irrationalen Euroskeptizismus bricht er eine Lanze für einen moderaten und konstruktiven Euroskeptizismus. Er verortet ihn geistesgeschichtlich in der philosophischen Denkströmung des Skeptizismus, der seit der Antike als rationales Korrektiv und Motor für solide Entscheidungslagen gewirkt hat.

An dieser Stelle soll es nur um die Sprache und ihre Relevanz für das politische Denken der Europäischen Union gehen. Trotz großer wissenschaftlicher Traditionen in der Linguistik, in den Kommunikationswissenschaften und in der Politikwissenschaft (Harold Lasswell, Noam Chomsky, Elisabeth Noelle-Neumann, Wolfgang Bergsdorf) überrascht, dass es bisher keine größere Studie gibt, die die Sprache der Europäischen Union und die Euro-Sprache über die EU untersucht hat.

Übung

Lösungsskizzen zu diesen Fragen finden Sie online unter:

https://www.utb.de/doi/book/10.36198/9783838558943

1. Welche Probleme ergeben sich aus den unterschiedlichen Sprachtraditionen in der Europäischen Union mit insgesamt 24 offiziell anerkannten Amtssprachen?
2. Welche Methoden haben sich im Europäischen Gerichtshof entwickelt, um mit sprachlichen Übersetzungsproblemen zurechtzukommen, hinter denen sich zumeist auch Interpretationsdifferenzen verbergen?
3. Welche Problematik zeigt sich am Beispiel des vom deutschen Bundesverfassungsgericht in seinem Urteil zum Vertrag von Maastricht 1993 geformten Begriff der EU als eines „Staatenverbundes" und lassen sich weitere Beispiele für europäische Sprachverwirrung anfügen?
4. Welche Funktion haben genuine Begriffsbildungen durch EU-Akteure, um Kontroversen, Kompromisse und Zielsetzungen zu glätten?
5. Welche Wirkung wird mit der Hinzufügung des Epitethons „Euro" zu politischen Begriffen beabsichtigt?

IV. Machtfragen

1. Europäische Souveränität

Neue weltpolitische Konstellationen, die sich seit Beginn des 21. Jahrhunderts mit immer größerer Geschwindigkeit und Wirkungsbreite auch auf Europas innere Stabilität ausgewirkt haben, aber auch innere Anfechtungen der Legitimität der demokratischen Politik verlangen von der Europäischen Union ein neues Nachdenken über Bedingungen der eigenen Selbstbehauptung. In einer Rede an der Pariser Universität Sorbonne hat Frankreichs Staatspräsident Emmanuel Macron 2017 die Denkfigur der europäischen Souveränität entwickelt. Diese Denkfigur reiht sich an frühere Ansätze zur Deutung der Souveränität, wie in diesem Kapitel erläutert wird. Daran knüpft eine Diskussion über die Frage an, was die neue Denkfigur der europäischen Souveränität für innere und äußere Selbstbehauptung, vor allem im Blick auf Legitimität und Demokratieentwicklung, in der Europäischen Union bedeutet.

Anregung für eine kreative Gestaltung der Seminareinheit: Alle Seminarteilnehmerinnen und Seminarteilnehmer suchen nach eigenem Ermessen einen wissenschaftlichen Aufsatz, der sich mit der Konzeption des französischen Staatspräsidenten Emmanuel Macron zur europäischen Souveränität auseinandersetzt. Jeder Text wird kurz vorgestellt. In der anschließenden Diskussion wird eine Systematisierung der Beurteilungsaspekte erarbeitet.

In einer weiteren Seminareinheit werden die Seminarteilnehmerinnen und Seminarteilnehmer in zwei Gruppen eingeteilt. Je eine Gruppe identifiziert sich mit den Positionen von Dieter Grimm und Christine Landfried. In der Gruppenarbeit werden jeweils unterstützende, aber auch widerlegende Argumente und Begründungen gesammelt. Dabei sollte auf die Unterschiede auf den Ebenen von Kultur und Politik ebenso geachtet werden wie auf die Bedeutung der Fragen von Macht, Legitimität und Repräsentation. In der abschließenden Seminarrunde tragen beide Gruppen ihre Kontroverse aus.

1.1 Eine neue Lage trifft auf eine alte Systematik des Denkens

In der theoretischen Diskussion über die Europäische Union dominieren üblicherweise zwei Stichworte: Demokratie und Legitimität. Beide Begriffe verweisen auf wichtige Grundfragen. Sie betreffen die Begründung von Herrschaft und die Rechtfertigung von Macht. Beide Stichworte haben ihre genuine Systematik hervorgebracht, in politischer Philosophie, Rechtstheorie und politischer Wissenschaft. Bezugspunkt ist stets der Nationalstaat geblieben, aus dem heraus moderne Demokratietheorien und Legitimitätskonzepte erwachsen waren. Dieser Zusammenhang zwischen der Genese der politischen Theorie und ihrer Anwendung auf die EU erklärt nicht alles, aber doch gewichtige Teile der Skepsis, mit der der EU in der politischen Theorie begegnet wird: Demokratiedefizit und Legitimitätsprobleme stehen im Zentrum dieser Diskussionen (Abels 2020: 175–193). Dabei überrascht, dass der Referenzpunkt für die theoretische Definition und Deutung von Defiziten aus der Praxis genommen wird. Man kann es flapsig sagen: Die EU ist wie sie ist, aber das reicht nicht, um eine Theorie über sie zu bauen. Sachlich logisch wäre es, für die Bewertung von Demokratie und Legitimität einen Referenzpunkt aus dem Begriffsarsenal der politischen Philosophie zu nehmen. Ein tertium, ein Drittes, das hilft, die EU jenseits der Alltagsdebatten zu denken. Für lange Zeit hat es dieses tertium trotz gewichtiger Entwicklungen in der Einigungsgeschichte selbst nicht gegeben. Diese Tatsache erklärt, warum in den wissenschaftlichen Diskussionen einerseits immer logischere Begriffsbildungen und Argumentationsketten unter der Überschrift „Integrationstheorie" entstanden sind, andererseits Zuflucht zu einer rechtsphilosophischen Dogmatik gesucht wurde, die sich nicht vom Nationalstaat als Referenzpunkt lösen konnte. Diese analytischen Engführungen sind unterdessen aufgebrochen.

Mit einer fulminanten Rede an der Pariser Universität Sorbonne am 26. September 2017 hat der französische Staatspräsident Emmanuel Macron eine neue organisierende Idee als Referenzpunkt der künftigen Beurteilung der EU zur Diskussion gestellt: Europäische Solidarität. Es ist nicht Aufgabe eines Politikers, zu einer neuen Denkfigur zugleich die normbildende Systematik mitzuliefern. Aber dem Nachdenken über das politische Denken der Europäischen Union ist durch die Rede des französischen Staatspräsidenten eine neue Aufgabe gestellt worden. Die Ursachen, die Emmanuel Macron zu seiner Wortschöpfung veranlasst haben, sind rasch rekonstruiert: Es war und ist ja nicht allein der französische Staatspräsident, der von der Notwendigkeit einer „Selbstbehauptung" Europas gesprochen hat. Ökonomisch, sicherheitspolitisch und kulturell sieht sich die EU seit einer Reihe von Jahren multiplen Herausforderungen gegenüber. Dies drängt durchaus die Frage auf, ob diese Herausforderungen immer noch bloß Krisen in der Integration sind oder ob sich daraus nicht unterdessen eine weit gravierendere Krise der Integration ergeben habe (Kühnhardt 2009: 1–10). Die Denkfigur „Europäische Souveränität" eröffnet eine nachhaltige Perspektive, um auf diese Fragen und Selbstzweifel zu antworten.

1.2 Bisher: Drei Anläufe zur Souveränitätsfrage

In historischer Perspektive ist der Souveränitätsbegriff gleichsam Zwillingsbegriff zum modernen Staat. Bei der Einordnung dieses Sachverhaltes aber müssen immer zwei Aspekte getrennt voneinander berücksichtigt werden. Die Antworten, die von ideengeschichtlichen Vordenkern gegeben worden sind, waren zunächst immer Ausdruck einer aktuellen Problemlage. Erst später hat sich eine normlogische Systematik gebildet. Damit nicht genug: Drei sehr unterschiedliche Dimensionen des bisherigen Souveränitätsbegriffs, der sich auf den Staat bezieht, sind voneinander zu unterscheiden.

Erstens, Souveränität im Sinne einer einheitlichen Staatsgewalt. Der prominenteste Vordenker dieses Konzepts war Jean Bodin (1529/30–1996). Er war Jurist, Politikberater und Staatsbeamter. Bodin lebte im Zeitalter der französischen Konfessionskämpfe, die sich zu Fragen der Macht im Staat ausgedehnt hatten. Mit dem modernen Begriff von Toleranz, den es damals noch nicht gab, waren die konfessionellen Machtkämpfe nicht zu beenden. In Sorge um den Erhalt des Staates und seiner territorialen Einheit entwickelte Bodin Überlegungen über die einheitliche Souveränität der Rechtsordnung. Er gilt als Schöpfer des Konzepts des absoluten Staates. Bei den Kommentierungen zu Bodins Denken werden gewisse subtile Aspekte häufig nicht beachtet, die für ihn elementar waren: Sein subsidiäres Verständnis vom Eigenwert von Familie etwa und vom „Haus“ (oikos), vor allem vom Stellenwert des Eigentums, und seine roten Linien gegenüber Willkürherrschaft (Bermbach 1985: 123–143).

Jean Bodin, Six livres de la République (1576)
„Majestas est summa in cives ac subditos legibusque soluta potestas.“
„Der Begriff ‚Souveränität‘ beinhaltet die absolute und dauerhafte Gewalt eines Staates, die im Lateinischen majestas heißt.“ (1986: 19)

Zweitens, Souveränität im Sinne der staatlichen Selbstbestimmung. Mit den Beschlüssen der Friedenskongresse in Münster und Osnabrück erlangte diese Dimension des Souveränitätsbegriffs im 17. Jahrhundert ihre völkerrechtliche Anerkennung. Das Verständnis des modernen Staates nahm seinen Anfang. Von der Loslösung der Vereinigten Niederlande und der Schweiz aus der Ordnung des Heiligen Römischen Reiches Deutscher Nation bis zu einer UNO, der 193 souveräne Staaten angehören, einschließlich Nauru und Osttimor, zieht sich eine Linie. Georg Jellinek (1851–1911) hat im Jahr 1900 die klassische rechtspositivistische Definition des souveränen Staates geliefert: Staatsgebiet, Staatsvolk, Staatsgewalt. Im Zeitalter fragiler und gescheiterter Staaten hat eine Neubewertung der Folgen dieser Dogmatik begonnen.

Allgemeine Staatslehre
„Das Land, auf welchem der staatliche Verband sich erhebt, bezeichnet seiner rechtlichen Seite nach den Raum, auf welchem die Staatsgewalt ihre spezifische Tätigkeit, die des Herrschens, entfalten kann. In diesem rechtlichen Sinne wird der Staat als Gebiet bezeichnet. Die rechtliche Bedeutung äußert sich in doppelter Weise: negativ dadurch, daß jeder anderen, dem Staat nicht unterworfenen Macht, es untersagt ist, ohne ausdrückliche Erlaubnis von Seiten des Staates Herrschaft zu üben; positiv dadurch, daß alle auf dem Gebiete befindlichen Personen der Staatsherrschaft unterworfen sind."
(Jellinek 1905: 381)

Drittens, Volkssouveränität im Sinne der Vorstellung vom Volk als Träger aller Staatsgewalt. Auch hier standen wieder praktische Problemlagen am Anfang der Begriffsbemühungen. In seiner 1324 erschienenen Schrift „Defensor Pacis" setzte sich Marsilius von Padua (1285/90–1342/43), Staatstheoretiker und Berater von König Ludwig IV. (dem Bayern), mit den politischen Ansprüchen des seinerzeitigen Papstes Johannes XXII. auseinander (Marsilius von Padua, 1971). Marsilius sah sich in den Traditionen des Denkens, die Aristoteles grundgelegt hatte. Später suchte der Philosoph und Pädagoge Jean-Jacques Rousseau (1712–1778) in Auseinandersetzung mit dem französischen ancien régime nach legitimen Grundlagen politischer Herrschaft. Durch keinen anderen Denker wurde der Begriff der Volkssouveränität so prominent. Zugleich aber entstand die Ambivalenz, die seiner Deutung bis in die Gegenwart anhaftet.

Jean-Jacques Rousseau, Du contrat social (1762)
„Die die Menschen nun keine neuen Kräfte hervorbringen, sondern nur die vorhandenen vereinen und lenken können, haben sie kein anderes Mittel, sich zu erhalten, als durch Zusammenschluss eine Summe von Kräften zu bilden, stärker als jener Widerstand, und diese aus einem einzigen Antrieb einzusetzen und gemeinsam wirken zu lassen (...) Diese öffentliche Person, die so aus dem Zusammenschluss aller zustande kommt, trug früher den Namen Polis, heute trägt sie den der Republik oder staatlichen Körperschaft, die von ihren Gliedern Staat genannt wird, wenn sie passiv, Souverän, wenn sie aktiv ist, und Macht im Vergleich mit ihresgleichen." (1979: 16–18)

Mit der Idee der Volkssouveränität eröffnete sich ein weites Feld politikphilosophischer Fragestellungen. Immer ging es zugleich um Herrschaftsbegründung und um Herrschaftsbegrenzung. Vertragstheorien, Konzepte der Gewaltenteilung und der Menschen- und Grundrechte schlossen sich an Rousseaus Aufschlag an.

Vielfältige Kontroversen über formale und materielle Demokratie folgten, ebenfalls solche über repräsentative und direkte Demokratie.

Nach dem Zweiten Weltkrieg dominierten zwei Stränge die politische Philosophie, namentlich in Deutschland. Erstens, die Frage, ob sich die Idee der Souveränität nach den Erfahrungen der nationalsozialistischen Diktatur mit ihrer totalitären Überdehnung aller Politikbegriffe noch rechtfertigen lasse. Der Politikwissenschaftler Wilhelm Hennis (1923–2012) war der Erste, der 1951 einen neuen systematischen Anlauf nahm, um den Souveränitätsbegriff politikwissenschaftlich neu zu durchdenken und zu rehabilitieren (Hennis 1951). Sein Kollege Peter Graf Kielmannsegg hat 1977 eine grundlegende Klärung des Begriffs der Volkssouveränität vorgelegt, um das Prinzip vor direktdemokratischen Überhöhungen zu schützen (Kielmannsegg 1977). Beide politikwissenschaftliche Denker waren seinerzeit skeptisch gegenüber einer Überdehnung der europäischen Einigung. Sie standen auf den Schultern jener, die die Konzepte von Souveränität und Volkssouveränität systematisiert und in die Staatslehre eingeordnete hatten. Souveränität wie Volkssouveränität wären gefährdet, wenn die sie voraussetzende soziale Homogenität nicht stark genug bliebe, lautete ihr stärkstes Argument. Solche Homogenität aber könne nur im Nationalstaat angefunden werden. Gerade dieser Befund ist zweifelhaft geworden angesichts vieler fragiler Staaten ohne homogene Nationen. „Staatsgesinnung“, wie Wilhelm Hennis das Empfinden des Gemeinsinns genannt hat, ist dort kaum anzutreffen (Hennis 1951: 113). Im Zeichen von gesellschaftlichem Wandel und Multikulturalität sind unterdessen aber auch anerkannt stabile Staaten mehr denn je mit einer Auflösung tradierter Homogenitätsvorstellungen konfrontiert. Allen Staaten der Erde ist eigen, dass Homogenität nirgendwo ein vorgefundener Tatbestand gewesen ist, sondern sich unter gänzlich unterschiedlichen Bedingungen erst einmal entwickeln musste oder noch immer entwickeln muss.

Souveränität

„Wer soll souverän sein? Die bestehenden Nationalstaaten, größere bundesstaatliche Verbände oder gar der Weltstaat? Für jede Untersuchung, die nicht von der bequemen Voraussetzung ausgeht, unsere überkommenen Schemata der Staatenverbindung – Einheitsstaat, Bundesstaat der Staatenbund – enthielten für alle Zukunft die alleinmögliche Lösung, stellt sich damit zugleich und ganz natürlich und unabweisbar die Frage nach der Angemessenheit unserer völkerrechtlichen Begriffe, unseres auf der staatlichen Souveränität aufbauenden völkerrechtlichen Systems überhaupt (...) Eine Lösung wird daher zwischen Staatsverneinung und Staatsüberschätzung zu liegen. Der aussichtsreichste Weg zu einer solchen Lösung scheint uns der über den Versuch der Neuformulierung öffentlich-rechtlicher Kompetenzen überhaupt zu sein.“

(Hennis 1951: 3, 7)

Hennis war sensibel genug, um es nicht bei den Anforderungen zu belassen, denen er und seine Generation sich nach dem Zusammenbruch der deutschen Diktatur und der europäischen Zivilisation gegenübersahen. Er wusste, dass Geschichte nach vorne hin offen ist. Von den möglichen Entwicklungen der europäischen Einigung und der Welt, auf die Europa sich einmal einzustellen haben würde, konnte er 1951 noch nichts wissen. Aber er war weitsichtig genug, um zu vermuten, dass in nachfolgenden Jahrzehnten Vieles anders werden würde. So wagte er sich 1951 hinaus ins offene Meer der Spekulation über die Zukunft Europas. Er sprach davon, dass „die föderativen Glieder zu einer selbstverantwortlichen, d.h. souveränen Eigenstaatlichkeit zurückstreben, sofern sie in sich genügend Eigenwert finden“ (Hennis 1951: 105). Das könnte also auch der Weg hin zu einer souveränen europäischen Föderation sein. Das originäre Konzept einer Europäischen Union war Hennis 1951 noch fremd. Mit dem Begriff der Europäischen Union ist seit dem Vertrag von Maastricht ein flexibler Denkansatz möglich geworden, der europäische Souveränität mit nationaler Souveränität verbindet, anstatt die beiden Ebenen statisch in einen unauflösbaren Gegensatz zueinander zu setzen. Viele in der deutschen Politik- und Rechtswissenschaft dachten und denken allerdings noch immer in den binären Strukturen von „Nationalstaat oder föderativem europäischen Bundesstaat“. Dabei würde wohl auch auf Dauer zutreffen, dass die Leistungen und Ergebnisse der Integration wichtiger bleiben werden als Begriffszuschreibungen wie jener der europäischen Souveränität.

Die Verkörperung eines Eigenwertes

„Auch höhere Gebilde, die auf der Grenze zwischen staatenbündischen und bundesstaatlichen Organisationsformen liegen, wie früher das britische Commonwealth, können nur dort Bestand haben, wo auch sie für sich selbst wieder einen Eigenwert verkörpern und von ausreichenden Integrationsfaktoren getragen werden.“

(Hennis 1951: 105)

1.3 Zur Diskussion gestellt: Selbstbehauptung als neue Anfrage an Legitimität und Demokratie der EU

Frankreichs Staatspräsident Emmanuel Macron darf in Anspruch nehmen, als erster politischer Akteur der EU explizit von „europäischer Souveränität“ gesprochen zu haben. In der wissenschaftlichen Literatur ist das Lemma „Europäische Souveränität“ noch unbesetzt. Es bleibt daher wichtig, daran zu erinnern, dass auch die früheren Begriffsentwürfe zum Thema Souveränität zunächst in Reaktion auf faktische Problemlagen entstanden sind. Erst später kam es zu wissenschaftlichen Differenzierungen und theoretischen Systematisierungen. Emmanuel Macron hat daraus die zutreffende Folgerung gezogen, dass die Europäische Union infolge verschiedener Umstände inmitten ihrer Selbstbehauptung steht. Er sprach von der „Neubegründung eines souveränen, geeinten und demokratischen Europa". Souveränität, Einheit und Demokratie bilden das „untrennbare Triptychon, das wir hochhalten müssen" (Macron 2017). „Europäische Souveränität" ist eine originelle neue Denkfigur. Die russische Invasion in der Ukraine im Februar 2022 hat die Zweifel am praktischen Nutzen dieser Denkfigur schlagartig beendet: Die mühsame und zugleich existenzielle Herauslösung aus der Abhängigkeit vieler EU-Staaten von fossilen Brennstoffen aus Russland und die Versorgungssicherheit mit Energie geriet zur Mammutaufgabe für Politik und Privatwirtschaft. Gleichzeitig wurde die Gefahr von großflächigen russischen Cyber-Angriffen real. Europäische Souveränität war schlagartig zu einer Erhaltungsbedingung von Frieden, Freiheit und Wohlstand in der EU geworden.

Emmanuel Macron, Initiative für Europa (2017)

„Allein Europa kann tatsächliche Souveränität gewährleisten, das heißt, die Fähigkeit in der heutigen Welt zu bestehen, um unsere Werte und unsere Interessen zu verteidigen. Es gilt, eine europäische Souveränität aufzubauen und es besteht eine Notwendigkeit, sie aufzubauen. Warum? Weil das, was unsere Identität ausmacht, was unsere tiefe Identität prägt, dieses Wertegleichgewicht, dieses Verhältnis zur Freiheit, zu den Menschenrechten, zur Gerechtigkeit ist etwas nie Dagewesenes auf diesem Planeten. Die Treue zur Marktwirtschaft, aber auch die zur sozialen Gerechtigkeit ist ebenso wichtig. Was Europadarstellt, können wir nicht blind übertragen, weder auf die andere Seite des Atlantiks noch auf die Grenzen zu Asien. Es liegt an uns, es zu verteidigen, und es in der Globalisierung aufzubauen."

Macron war bereits 2017 nicht im Pathos der Dogmatik stecken geblieben. Er hatte auch der Versuchung widerstanden, einen europäischen Exzeptionalismus zu entwerfen. Pragmatisch benannte er sechs „Schlüssel der Souveränität, die unerlässlich sind für den Erfolg": (1) Militärische Sicherheit und die Notwendigkeit, eine gemeinsame strategische Kultur aufzubauen. (2) Sicherstellung der europäischen Souveränität, indem die Grenzen der EU gesichert werden und die sie tragenden Werte gewahrt werden. (3) Partnerschaft mit Afrika. (4) Die Gestaltung des ökologischen Wandels. (5) Die Nutzung der Möglichkeiten der Digitalisierung für die Wirtschaft und den Wandel der menschlichen Vorstellungswelten. (6) Der Ausbau der EU als Wirtschafts-, Industrie- und Währungsmacht.

In seiner „State of the Union Address 2018" griff der damalige Präsident der Europäischen Kommission, Jean-Claude Juncker, den Begriff der europäischen Souveränität auf. Es gehe darum, dass „die Saat für ein souveränes Europa gelegt" werden müsse, ordnete Juncker die neue Denkfigur in das tagespolitische Geschäft der EU ein.

Jean-Claude Juncker, Die Stunde der Europäischen Souveränität (2018)
„Europäische Souveränität (...) heißt, Europa „weltpolitikfähig" zu machen und seine Fähigkeit zu entwickeln, als Union bei der Gestaltung der Welt eine prägende Rolle einzunehmen (...) geht aus der nationalen Souveränität unserer Mitgliedstaaten hervor (...) beruht auf der Überzeugung, dass die gemeinsame Ausübung der Hoheitsrechte die Nationalstaaten stärkt (...) ermöglicht uns, gemeinsame Lösungen für gemeinsame Probleme zu finden (...) versetzt uns alle in die Lage, unsere Bürgerinnen und Bürger besser zu schützen, zu verteidigen und ihnen bessere Möglichkeiten zu eröffnen (...) kann niemals eine Entschuldigung für den Rückzug aus der Welt sein, sondern ist vielmehr ein Anreiz für unseren Kontinent, mehr Verantwortung zu übernehmen — Europa ist ein Kontinent, der nie eine Insel sein kann, sondern nur dann gedeihen wird, wenn wir mit der Welt verbunden sind."

Ob allseits in der EU in gleicher Weise über europäische Souveränität gedacht wurde, blieb einstweilen undeutlich. So gab die damalige deutsche Bundeskanzlerin Angela Merkel zwar ein unterstützendes Interview in der Londoner „Financial Times", bei dem sie von „technologischer Souveränität" sprach (Financial Times 2019). Für ein Treffen 2020 hatten Macron und Merkel laut der Journalistin Martina Meister immerhin „nun eine Agenda – „Europäische Souveränität" (Meister 2020). Ansonsten liess Merkel bedauerlicherweise die Ideen Macrons weitgehend ins Leere laufen.

Nach der russischen Invasion in der Ukraine am 24.Februar 2022 konnte niemand in der europäischen Politik länger der Aufgabe ausweichen, die eigene Resilienz und Souveränität in Schlüsselfeldern der Wirtschaft und – zusammen mit der NATO – in allen Fragen von Sicherheit und Verteidigung zu stärken. Europäische Souveränität war ein anderer Begriff für Abschreckung und Selbstbehauptung geworden, wo immer möglich (und nötig) in engster Partnerschaft und Militärallianz mit den USA.

Staat oder nicht Staat? Eine Kontroverse
Dieter Grimm, Richter am Bundesverfassungsgericht 1987–1999:
„Käme es zu einer Übertragung der Souveränität von den Mitgliedsstaaten auf die EU, wäre diese damit, gleich ob man sich das bewusst gemacht hat oder nicht, in einem Staat verwandelt." *(Grimm 2017)*

Christine Landfried, Professorin für Vergleichende Regierungslehre 1990–2014:
„Eines wird klar, wenn man sich die Initiative Macrons anschaut: Europa soll nicht verstaatlicht, sondern stärker, einiger und demokratischer werden." *(Landfried 2017)*

Weder die Politik noch die Wissenschaft können künftig umhin, sich grundsätzlicher mit der elementaren Machtfrage auseinanderzusetzen, die mit der Idee der europäischen Souveränität beantwortet werden soll. Konzeptionelle und strategische Konflikte sind einstweilen ungelöst. Dazu gehört auch, präzise den Unterschied zwischen dem Anspruch auf europäische Souveränität im Sinne geteilter Herrschaft und dem wolkigen Begriff der strategischen Autonomie im Sinne einer Emanzipation von der existenziellen Zusammenarbeit mit den USA zu definieren. Dieser Unterschied hat nicht nur für Außen- und Sicherheitspolitik, sondern ebenso für die Entwicklung der europäischen Wirtschaft große Folgen, die kontraproduktiv zur eigentlichen Absicht wirken könnten, wenn bei allen Bemühungen um eine europäische Industriepolitik nicht eindeutig klar ist, was gemeint ist und wie weit Europa mit seinen Souveränitätsabsichten überhaupt gehen kann und gehen sollte. Die Systematisierung des Konzepts „Europäische Souveränität" steht erst am Anfang. Dabei sollte a priori eindeutig sein, dass es nicht um ein Entweder-Oder zwischen nationaler Souveränität und europäischer Souveränität geht. Es geht um die kluge Balance geteilter Herrschaft. Das Konzept der geteilten Herrschaft kennt durchaus ideengeschichtliche Vorläufer. Dazu gehören auch die Überlegungen des deutschen Universalgelehrten Gottfried Wilhelm Leibniz aus dem 17.Jahrhundert. Allerdings: Leibniz Vorstellungen zur geteilten Souveränität im Rahmen einer europäischen Föderation (De Jure Suprematus Ac Legationis Principum Germanias, 1679; Codex Juris Gentium Diplomaticus 1693) waren zu sehr durch die Erfahrungen mit dem Heiligen Römischen Reich Deutscher Nation geprägt, die sich nicht einfach per copy and paste auf das gesamte Europa übertragen liessen (Nitschke 2014,174-179.)

Die Annahme, dass Souveränität teilbar ist, beruht auf der rationalen Einsicht, dass geteilte Souveränität eine Bedingung für die Selbstbehauptung aller Mitgliedstaaten der EU ist. Europäische Souveränität kann nationale Souveränität stärken und zielt nicht darauf ab, sie zu ersetzen. Dabei geht es immer um eines: Die Folgen externer Bedrohungen und Herausforderungen für Wirtschaft, Sicherheit und Lebensweise in der EU abzuwehren. Mit der Denkfigur „Europäische Souveränität" hat das politische Denken der EU erstmals eine organisierende Idee gefunden, um die gemeinsame Selbstbehauptung Europas jenseits von Nullsummenspielen zu erarbeiten. Auch für die offenbar unerschöpflichen wissenschaftlichen Diskurse über Demokratie und Legitimität in der EU gibt es nun einen Referenzbegriff: Europäische Souveränität.

Übung

Lösungsskizzen zu diesen Fragen finden Sie online unter:

https://www.utb.de/doi/book/10.36198/9783838558943

1. Was ist die neue Lage, der sich die Europäische Union seit Beginn des 21. Jahrhunderts gegenübersieht?
2. Was sind die Kernelemente bisheriger Begriffsbestimmungen von Souveränität im Blick auf den Staat?
3. Inwieweit schließt die Idee der „europäischen Souveränität" an klassische Souveränitätskonzepte an, verändert diese aber auch grundlegend?
4. Welche Inhalte entwickeln sich aus der Idee der „europäischen Souveränität", die den klassischen Aspekten von innerer (Volkssouveränität) und äußerer Souveränität (Staatssouveränität) entsprechen?
5. Wie weit reicht die Projektionsmacht, die mit dem Anspruch auf „europäische Souveränität" verbunden ist?

---

2. Steuerhoheit

Obgleich Haushaltsfragen als Kern aller politischen Fragen gelten, wird der Frage nach der europäischen Finanzverfassung anders als in der Wirtschafts- und in der Rechtswissenschaft bisher in der Politikwissenschaft eher marginale Aufmerksamkeit geschenkt. Zumeist wird stärker über die Ausgabeseite als über die Einnahmeseite des EU-Haushalts geforscht. Das Kapitel beginnt daher mit einer Darstellung der Finanzausstattung der EU und ihrer Entwicklung. Anschließend wird die ideengeschichtliche Thematik von privaten Ausgaben in öffentlichen, vor allem föderalen Ordnungen aufgearbeitet. Schließlich wird der Bogen zu der Diskussion geschlagen, welcher Haushaltsrahmen für eine souveräne Europäische Union erforderlich sein könnte. Dabei werden die Entscheidungen über den Corona-Wiederaufbaufonds („Next Generation EU") 2020, der fast zu einer Verdoppelung des EU-Haushaltsrahmens für die Jahre 2021–2027 geführt hat und die erste gemeinschaftliche Schuldenaufnahme der EU bedeutet, ausführlich analysiert.

Anregung für eine kreative Gestaltung der Seminareinheit: In Kleingruppen sammeln die Seminarteilnehmerinnen und Seminarteilnehmer Begründungen für und gegen die Einführung eines Rechts auf Steuerhoheit durch die mehrheitsbildenden Legislativorgane der Europäischen Union (Parlament und Rat). In der abschließenden Diskussion werden die Ergebnisse zusammengetragen und besprochen.

2.1 Haushaltsfragen als Kern aller politischen Fragen

Kaum ein Bereich der europäischen Politik ist so wichtig und zugleich so wenig erforscht und aufbereitet wie die Frage nach der Finanzausstattung der EU. Es beginnt mit den Begriffen und ihren Zuordnungen:

- Was sind „traditionelle Eigenmittel"? Zölle auf Einfuhren in die EU, Agrarzölle, Zucker- und (nach Ende der Zuckerquoten 2018 umso mehr) Isoglukoseabgaben, die von den EU-Mitgliedsstaaten erhoben und unter Einbehaltung von 20 Prozent an die EU weitergereicht werden. Die traditionellen Eigenmittel beruhen auf der alleinigen Zuständigkeit der EU für die Aufrechterhaltung der Zollunion und, daraus entstanden, der Außenhandelspolitik.
- Was ist mit „anderen Arten von Einnahmen" gemeint? Gemeint sind damit die Besteuerung der Bediensteten der EU, Beiträge von Nicht-EU-Staaten für ihre Mitwirkung an EU-Programmen, von der EU eingenommene Geldbußen wegen Verstößen von Unternehmen gegen das EU-Wettbewerbsrecht und Überschüsse aus dem Budget eines Vorjahres.

- Welche Rolle spielen diverse europäische Fonds und die Hebelwirkung des EU-Haushalts für die Aktivierung von Krediten der Europäischen Investitionsbank oder am privaten Kapitalmarkt? Das verschlungene System von diversen EU-Fonds, und Darlehensvergabe-Mechanismen wird in Abbildung 2 deutlich.

Faktisch sind die Mitgliedsstaaten der Europäischen Union die wichtigsten „Steuerzahler" der EU: Sie leisten die Abgaben der Mehrwertsteuer, die in jedem Mitgliedsstaat eingezogen werden und die anteiligen Beiträge aus dem Bruttonationaleinkommen (BNE), über die im siebenjährigen Turnus verhandelt wird. Der Begriff der „Eigenmittel", der für das im Kern seit 1988 existierende System der Zuweisungen der Mitgliedsstaaten an die EU verwendet wird, vernebelt den Sachverhalt. Bei Anwendung sprachlicher Redlichkeit muss das System als das Gegenteil von „Eigenmitteln" bezeichnet werden. Die Mitgliedsstaaten der EU entscheiden letztlich autonom, wie hoch ihre Zuwendungen an die EU sind. Die EU hat kein Steuerhebungsrecht und keine Kompetenz-Kompetenz, um sich ein solches Steuerhebungsrecht zu geben.

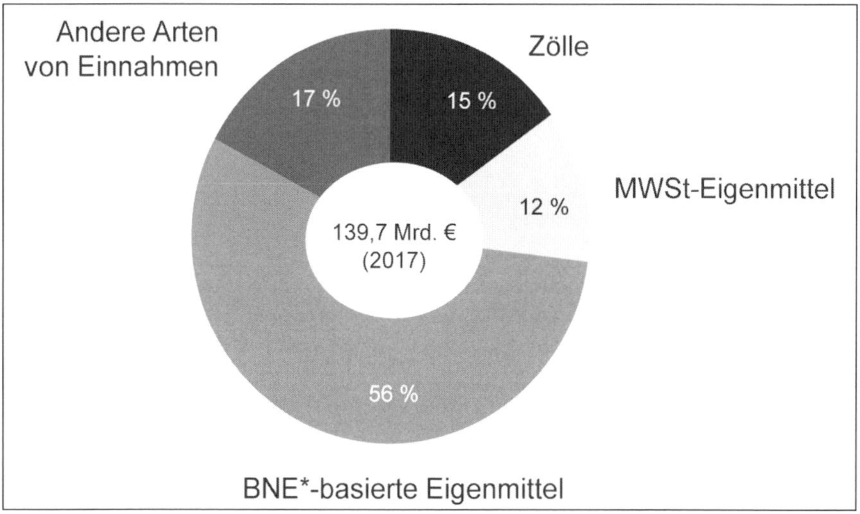

Abb. 1: Struktur der Einnahmen der Europäischen Union (2017)
Quelle: Europäische Kommission (2017).

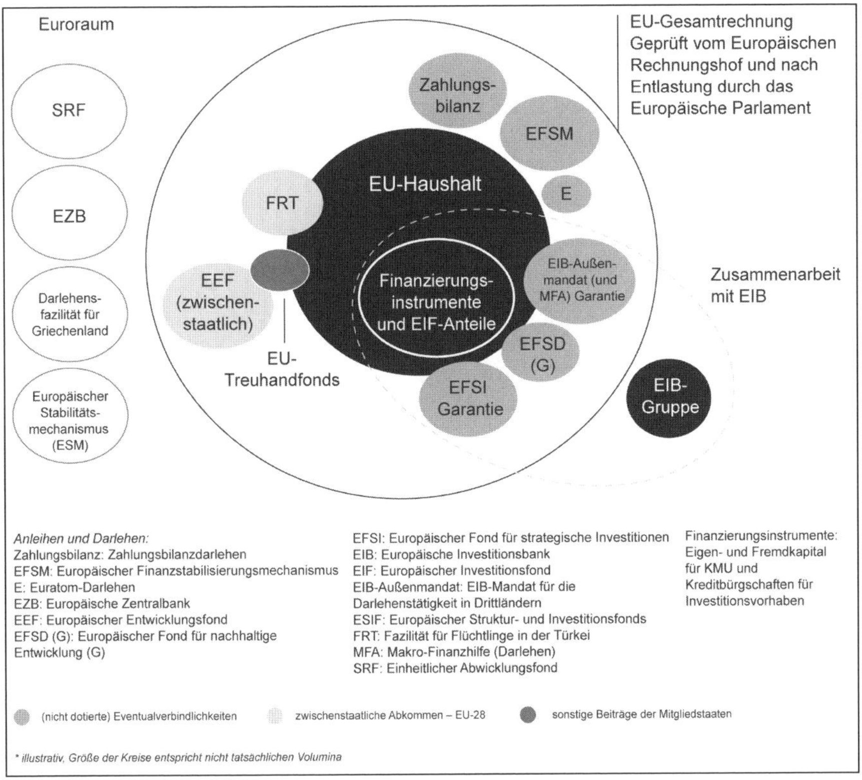

Abb. 2: Struktur aller Ausgabenelemente der Europäischen Union (2018)
Quelle: Europäische Kommission (2018).

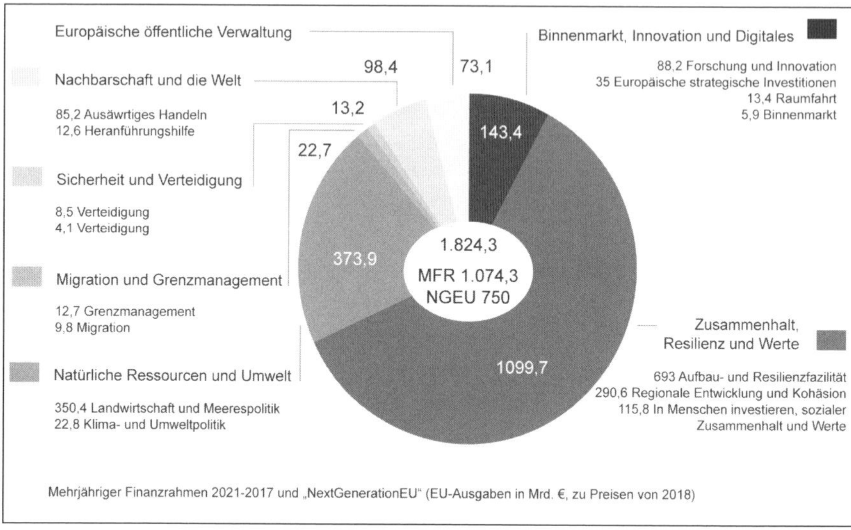

Abb. 3: Struktur des Haushalts der Europäischen Union 2021–2027
Quelle: Europäischer Rat (2021).

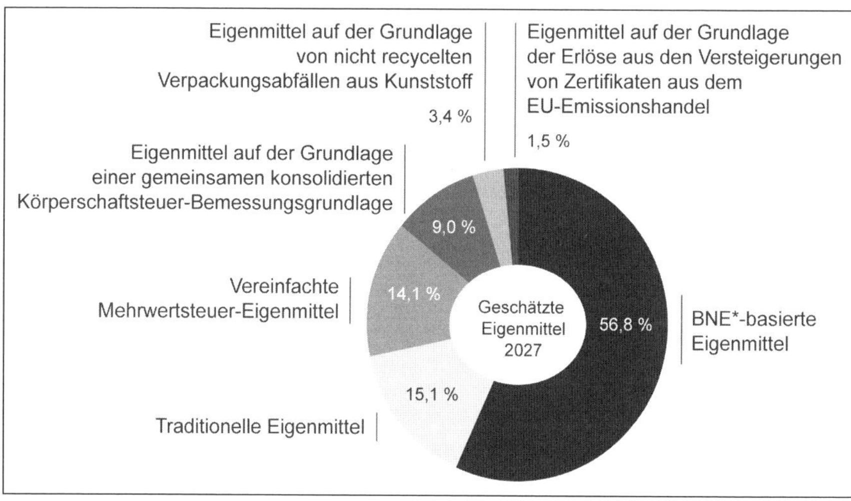

Abb. 4: Struktur der Einnahmen der Europäischen Union 2021–2027
Quelle: Europäisches Parlament (2021).

Vertrag von Lissabon, Vertrag über die Arbeitsweise der Union (AEUV) (2007)
„Die Eigenmittel der Union
Artikel 311: Die Union stattet sich mit den erforderlichen Mitteln aus, um ihre Ziele erreichen und ihre Politik durchführen zu können.
Les Ressources propres de l'Union
Article 311: L'Union se dote des moyens nécessaires pour atteindre ses objectifs et pour mener à bien ses politiques.
The Union's own ressources
Article 311: The Union shall provide itself with the means necessary to attain its objectives and carry through its policies."

In der Analyse zu den Finanzen der EU dominierte lange Zeit die Wirtschaftswissenschaft, die seit Jahrzehnten ungeniert von „Theorien des Fiskalföderalismus" spricht (Kotsogiannis 2016). In rechtswissenschaftlicher Perspektive herrschen, zumal in Deutschland, dogmatische nationale Sichtweisen vor (Waldhoff 2012). Die Politikwissenschaftlerin Anja Wenz-Temming ist eine der ersten ihres Faches, die sich auf substanzielle Weise mit der EU-Finanzverfassung auseinandergesetzt hat. Ihre Bilanz ist ernüchternd.

Die Einnahmen der Europäischen Union
„Indem der europäischen Ebene eine finanzielle Autonomie verwehrt wird, besitzen die Mitgliedsstaaten weiterhin ausgeprägte nationale Kontroll- und Einflussmöglichkeiten über die öffentlichen Finanzierungsquellen. Da die Finanzen für die staatliche Handlungsfähigkeit und Souveränität von großer Bedeutung sind, liegt dies im Eigen- bzw. Einzelinteresse der handelnden nationalen Akteure. Im Sinne des Rational-Choice-Institutionalismus haben die nationalen Vertreter demnach die bestehenden Verfahrensstrukturen genutzt, um ihre egoistischen Interessen durch eine geringe institutionelle Verwirklichung europäischer Einnahmeautonomie bestmöglich zu fördern. Eine Abweichung von dieser Grundtendenz, der europäischen Ebene keine wirkliche selbstständige Finanzierung zuzugestehen, lassen auch die Pläne für künftige Einnahmequellen nicht erwarten."
(Wenz-Temming 2017: 409).

Zu den Eigentümlichkeiten der politischen wie der wissenschaftlichen Diskussionen über die EU-Finanzen gehört, dass in der Regel mehr über die Ausgaben an sich und oft erst in zweiter Linie über die Zwecke dieser Ausgaben gesprochen und geschrieben wird. So erklärt sich, dass das Finanzierungssystem der EU überproportional stark aus der Perspektive von Verlust oder Gewinn in der nationalen Bilanz betrachtet wird (Nettozahler-Nettoempfänger). In einer polemischen Wendung dieses Themas wird insbesondere in Deutschland immer wieder die Behauptung von der EU als einer „Transferunion" aufgestellt, deren weiteren Wildwuchs es zu vermeiden gelte. Wie unvollständig diese Perspektive ist, zeigt sich daran, dass der Binnenmarkt insgesamt nach einer Studie des Instituts für Weltwirtschaft den Mitgliedsländern der EU jährlich zusätzlichen Wohlstand von 643 Milliarden Euro bereitet. Deutschland allein gewinnt demnach durch den Binnenmarkt 132 Milliarden Euro jährlich, ein Vielfaches des deutschen Nettozahlung von 23,5 Milliarden Euro, der irreführenderweise auch die 5 Milliarden Euro einschließt, die Deutschland an Zöllen namens der EU einnimmt, und der die Rückflüsse, vor allem an Landwirte, in Höhe von über 11 Milliarden Euro gerne verschweigt (Frankfurter Allgemeine Zeitung 2019; Kafsack, 2019: 17).

Der Haushalt der Europäischen Union – Großer Reformbedarf

„Die für den politischen Konsens und für den Abschluss der Verhandlungen notwendige Komplexität und Intransparenz widersprechen den klassischen haushaltspolitischen Geboten der Transparenz, der Überschaubarkeit und der Verständlichkeit. Folge dieser systemisch angelegten Tendenz zu Intransparenz und Komplexität ist die vorrangige Orientierung aller Akteure auf die Auflösung komplizierter Verhandlungssituationen und nicht auf die Rationalität des EU-Haushalts oder gar den Aufbau eines föderativen Budgets. Durch die Zementierung der der derzeitigen Strukturen und Sonderregelungen wird die Anpassungsfähigkeit der europäischen Politiken an veränderte Rahmenbedingungen erschwert."

(Becker 2020: 816)

Auch im Bereich ihrer Finanzausstattung ist die EU manche Umwege gegangen und Wege, die konträr zur nationalstaatlichen Logik liegen. Bisher erfolgten pragmatische Schritte (bis 1958 Montanumlage, seit 1958 Zölle und Agrarabgaben, 1970 erster Beschluss über Eigenmittel mit Mehrwertsteuer-Abgaben, 1988 Beschluss über die bis heute gültigen Eckdaten des Systems der Eigenmittel mit der Einführung der Mittelfristigen Finanziellen Vorausschau und dem jährlichen Haushaltsverfahren). Die grundsätzliche Machtfrage, die sich hinter dem Finanzierungssystem verbirgt, ist bisher noch kaum gestellt und gewiss nicht gelöst worden.

2.2 Begründung von privaten Abgaben in föderalen Systemen

Steuern und Abgaben für öffentliche Aufgaben sind so alt wie menschliche Gemeinwesen. In seinem Werk „Politik“ unterschied Aristoteles (385–322 vor Christus) zwischen „oikos“ und „polis“. Mit „oikos“ war das einzelne Haus, der Haushalt, die Hausverwaltung und in einem weiteren Sinne die Ökonomie gemeint. Aristoteles zitierte Hesiod, um die überlieferten Ordnungsprioritäten zu verdeutlichen: „Allererst nun ein Haus und das Weib und den pflügenden Ochsen“ (Aristoteles 1978: 48). Privateigentum war selbstverständlich und die gut geführte Familie das Ideal, auf die sich privates Recht bezog. In der „polis“ ging es um öffentliche Belange, die Frage nach dem guten Regieren und um öffentliches Recht. Mythologie und antike Geschichte liefern bemerkenswerte Facetten zum Thema: Der Trojanische Krieg brach aus als Streit unter „Häusern“. Nach zehnjähriger Irrfahrt kehrte Odysseus „nach Hause“ zurück. Von Xenophon ist der Dialog „Oikonomikos“ überliefert, in dem es um gute Haushaltsführung geht, ein Begriff, der bis heute im öffentlichen Bereich nachwirkt (Budget=Haushalt). Rom sah sich als „oikos“, als Schutzhaus für alle seine Bürger und Untertanen. Im theologischen Begriff „Ökumene“ schwingt bis heute der Gedanke mit, dass die Erde ein „oikos“ unter dem Schutz Gottes ist (Ingenkamp 2017: 1437–1445). Die Metapher vom „Haus Europa“ hat den Gedanken in Bezug auf die politische Zukunft des europäischen Kontinents einmal mehr belebt.

Steuern und Abgaben wurden schon bei Aristoteles gleichsam unreflektiert vorausgesetzt. Sie eröffneten Privilegien und Pflichten. Aristoteles erinnerte an Thales von Milet, der sich „durch einen Kunstgriff ein Monopol“ über den Verkauf bestimmter Waren verschaffte. Rasch lernte die öffentliche Verwaltung, sich Staatsmonopole zu sichern (Aristoteles 1978: 64). In Kreta wurde ein Teil der öffentlichen Ausgaben getätigt, um alle Menschen auf Staatskosten zu ernähren (ebd.: 96). Der Kauf von Ämtern durch höhere Steuerleistungen schuf schon in der griechischen Antike neue Probleme, die sich bis ins moderne Dreiklassenwahlrecht fortsetzten. Als Jean Bodin im 16. Jahrhundert seine Souveränitätstheorie vorlegte, enthielt sie ein eigentümliches Steuerparadox: Seine Theorie sah vor, dass die Untertanen ihrer Besteuerung zustimmen mussten. Dem eigentlich absoluten Souverän war seine materielle Basis faktisch entzogen. Das Steuerbewilligungsrecht des englischen Parlaments (1215 durch die Magna Charta begründet, 1689 durch die Bill of Rights gefestigt) strahlte aus. 1776 entwickelte der Moralphilosoph und Begründer der Nationalökonomie Adam Smith klare Grundsätze für die Besteuerung: Proportionalität zu den jeweiligen Möglichkeiten; Berechenbarkeit; Zweckmäßigkeit und Bequemlichkeit; Billigkeit, d.h. Angemessenheit in Bezug auf die erhofften Ziele (Smith 1776). Immer ging es um die Steuerpflichten Einzelner gegenüber dem Gemeinwesen. 1959 legte der Ökonom Richard Musgrave seine „Theory of Public Finance“ vor, die bis heute die idealtypischen Maßstäbe für die Besteuerung definiert hat: Korrektur der Einkommen (Distribution); Zuordnung und Lenkung knapper Güter (Allokation meritorischer Güter); Stabilisierung der Konjunktur (Musgrave 1959).

In der bisherigen Finanzverfassung der Europäischen Union findet sich kaum eine Möglichkeit des Rückbezugs auf die gedankliche Traditionslinie, die mit der Trennung von „oikos" und „polis" eingesetzt hat. Lediglich der Mehrwertsteueranteil an den Einnahmen der EU, der auf Konsumentscheidungen der Unionsbürgerinnen und Unionsbürger basiert, spiegelt diese Traditionslinie des Steuerdenkens in Ansätzen wider. Vorherrschend sind in der EU-Finanzverfassung Prinzipien und Ableitungen, die sich im Konzept des „Finanzföderalismus" wiederfinden, den die Verwaltungswissenschaftlerin Gisela Färber besonders gut erklärt hat (Färber 2012). Im Kern geht es dabei um die Aufteilung öffentlicher Einnahmen zwischen unterschiedlichen Ebenen eines föderal aufgebauten Gemeinwesens. Während in der politischen und politikwissenschaftlichen Betrachtung die Bezeichnung der EU als eines föderalen Systems heftig umstritten ist, ist die Finanzverfassung der EU wie selbstverständlich nach den Maßgaben des Finanzföderalismus organisiert. Zugleich ergeben sich aus diesem überraschenden Befund die Probleme von Transparenz, Effizienz und Effektivität, die im Blick auf die Finanzverfassung der EU immer wieder beklagt werden.

In der amerikanischen Revolution des 18. Jahrhunderts wurde der Schlachtruf „no taxation without representation" populär. In der heutigen Europäischen Union verhält es sich umgekehrt: Es gibt Repräsentation, aber keine Steuerhoheit. Das politische Denken der Europäischen Union in Bezug auf die Finanzverfassung der EU ist bisher hinter dem vertragsrechtlichen Denken zur Ordnung der EU zurückgeblieben. Während Unionsbürgerinnen und Unionsbürger einerseits sowie die Mitgliedsstaaten andererseits die legitimatorische Basis der EU bilden, fehlt diese Dualität im politischen Denken, das der EU-Finanzverfassung zugrunde liegt. Sobald dieses Argument vorgetragen wird, ist reflexartig der Einwand zu hören, die EU habe ein Demokratiedefizit und daher ein Legitimitätsproblem, um die Einführung individueller EU-Steuern zu rechtfertigen. Faktisch aber geht es nicht um kohärentes politisches Denken, sondern an erster Stelle um die Absicherung des Steuermonopols der EU-Mitgliedsstaaten. Es gehört zu den eigentümlichen Wegen des politischen Denkens der Europäischen Union, dass 2020 mit der ersten umfangreichen gemeinsamen Verschuldung („Next Generation EU") ein beachtlicher Schritt hin zu einer einheitlichen Finanzpolitik der EU gegangen wurde. Der damalige deutsche Finanzminister Olaf Scholz sprach vom europäischen „Hamilton-Moment". Der nachmalige Bundeskanzler wollte daran erinnern, dass die Vergemeinschaftung bisheriger Schulden unter dem amerikanischen Finanzminister Alexander Hamilton – Amtszeit: 1789–1795 – zum entscheidenden Schritt auf dem Weg zum amerikanischen Bundesstaat wurde. Folgt man der Analyse des seit 2008 an den Entwicklungen in der Euro-Zone beteiligten EU-Spitzenbeamten Marco

Buti, so wird der nächste Schritt wahrscheinlicher denn je zu einer zumindest begrenzten Steuerhoheit für die EU führen müssen (Buti 2021). Bis dahin sind indessen gewiss noch viele und lautstarke Kontroversen vorprogrammiert.

2.3 Zur Diskussion gestellt: Ein EU-Einnahmensystem, das europäische Souveränität ermöglicht

Mit der Idee europäischer Souveränität ist für diese machtpolitische Auseinandersetzung ein neuer gedanklicher Referenzpunkt entstanden. Wo nicht allein Demokratie- und Legitimitätserwägungen dominieren, hilft die Idee der europäischen Souveränität zu einem umfassenderen, weiter gefassten gedanklichen Ansatz. Wer europäische Souveränität ermöglichen will, muss die finanziellen Bedingungen für ihren Erfolg bereitstellen.

In der föderal verfassten Europäischen Union ist die Spannung zwischen den einzelmenschlichen Grundlagen der Souveränität und den Souveränitätsrechten der Mitgliedsstaaten bisher nicht aufgelöst worden. Beide Quellen von Souveränität fließen in der Denkfigur der europäischen Souveränität zusammen. Sie bremsen sich nicht gegenseitig aus, sondern ergänzen sich. Auf die Fragen im Zusammenhang mit der Finanzverfassung der EU bezogen bedeutet dies: Die Finanzverfassung der EU kann nur als komplementär zu den nationalen Steuersystemen gedacht werden. Damit dieser Ansatz effizient und effektiv organisiert werden kann, muss das nationale Steuermonopol der EU-Mitgliedsstaaten aufgebrochen werden. Damit nicht zugleich eine neue, weitere Steuerbelastung der Unionsbürgerinnen und Unionsbürger entsteht, muss das Steuervolumen nicht erhöht, sondern umgeschichtet werden. Ohne Bündelung von steuerlich finanzierten Ausgaben wird die Europäische Union ihre Aufgaben in der Bereitstellung derjenigen öffentlichen Güter nicht leisten können, die europäische Souveränität ermöglichen.

Intelligente Lösungsansätze müssen von win-win-Konstellationen im Sinne der rational choice Theorie ausgehen. Sie dürfen nicht als Nullsummenspiele wahrgenommen werden, um sich durchsetzen zu können. Die bisher vorliegenden Konzepte – besonders erwähnenswert ist der Bericht einer High Level Group unter Leitung des ehemaligen EU-Kommissars Mario Monti (High Level Group on Own Resources 2017), der mit dem Begriff des „value added" (Mehrwert) argumentiert, um neue Eigenmittel im Rahmen des seit 1988 geltenden Systems für die EU zu begründen – und politischen Ideen (Plastikabgabe, Finanztransaktionssteuer, Emissionsabgaben an der EU-Grenze) sind mit ihrem graduellen Ansatz gewiss der politisch plausible und praktikable Weg. Die grundsätzliche Diskussion wird dadurch nicht ersetzt.

Bereits 1977 legten Ökonomen den Bericht einer Arbeitsgruppe vor, den die Europäische Kommission in Auftrag gegeben hatte. Der nach dem Vorsitzenden der Arbeitsgruppe benannte „MacDougall-Bericht“ kam zu dem Ergebnis, dass eine europäische Föderation vorstellbar sei, deren Ausgaben 20 bis 25 Prozent des gemeinsamen Bruttosozialproduktes beträgt. Die Arbeitsgruppe definierte die damalige Europäische Gemeinschaft als Ausdruck einer „prä-föderalen Integration“. Deren Ausgabevolumen müsse 5 bis 7 Prozent des gemeinsamen Bruttosozialprodukts betragen (und 7 ½ bis 10 Prozent, wenn verteidigungspolitische Ausgaben hinzugerechnet werden sollten). Anders werde eine Wirtschafts- und Währungsunion nicht nachhaltig handlungsfähig sein können (Report on the Role of Public Finance in European Integration 1977).

Die Steuereinnahmen der EU-Mitgliedsstaaten betrugen 2020 im Durchschnitt 45 Prozent des gemeinsamen Bruttosozialproduktes. Die Einnahmen der EU lagen bei 1,1 Prozent, während das Aufgabenvolumen und die Erwartungen an die EU gegenüber 1977 exponentiell explodiert sind. Es kann nur einen Befund geben: Die EU ist maximal unterfinanziert und die Steueraufkommen zwischen ihren Mitgliedsstaaten und den Arbeitseinheiten der EU sind maximal ineffizient verteilt. Es ist an der Zeit, einen neuen Bericht über die Kosten von Nicht-EU im Bereich der EU-Finanzverfassung erstellen zu lassen. Der Bericht muss Aufgaben, Einnahmen und Ausgaben der EU zusammendenken, so wie sie sich aus dem Anspruch auf europäische Souveränität ergeben. Es bedarf an erster Stelle nicht nur neuer Kreativität, um Steuerabgaben zu generieren. Weit wichtiger ist ein substanzieller Transfer bisheriger Steuerausgaben von den EU-Mitgliedsstaaten hin zur EU. Nur so kann die EU die ihr übertragenen Aufgaben erfüllen und europäische Souveränität erzeugen.

Mit einem derartig mandatierten Bericht läge eine in die Zukunft gerichtete Analyse vor, die über die üblichen taktischen und defensiven Herangehensweisen hinausgeht. Wenn die Idee der europäischen Souveränität ernsthaft verfolgt werden soll, wäre ein solcher Grundlagenbericht zwingende Voraussetzung für eine Diskussion auf der Höhe des 21. Jahrhunderts. Unter dem Druck der Corona-Pandemie hat die EU 2020 erstmals gemeinsame Schulden aufgenommen, um eine gemeinsam als existenziell angesehene Aufgabe zu meistern. Es ist eine Aufgabe, die nicht nur Volkswirtschaften abstrakt, sondern viele Unionsbürgerinnen und Unionsbürger lebenspraktisch und konkret getroffen hat. Der 2020 im Konsens in der EU vereinbarte „Corona-Wiederaufbaufonds“ („Next Generation EU“) steht (noch) außerhalb des regulären EU-Haushalts für die Jahre 2021–2027. Erst nach der Entscheidung über die gemeinsamen Ausgaben begann in der EU die Diskussion über die Bedingungen für die schrittweise Rückzahlung der gemeinschaftlich aufgenommenen Schulden. Scheibchenweise und mit rasch verwirrenden Begriffen wird seither nach neuen Eigenmitteln gesucht: Abgaben aus dem Emissionshandel, Einnahmen aus einem CO_2-Grenzausgleichsmechanismus, Einnahmen aus der globalen Mindestbesteuerung für Großunternehmen, eine gemeinsame Körperschaftssteuer-Bemessungsgrundlage und eine Finanztransaktionssteuer. Zugleich wird pragmatisch das Ausgabeverhalten an neue Krisen angepasst: Aufgrund eines Beschlusses des Europäischen Rates vom 22.März 2021 wurden 5 Milliarden Euro im Rahmen der Gemeinsamen Außen.- und Sicherheitspolitik außerhalb des allgemeinen EU-Budgets für eine „Friedensfazilität" bereitgestellt. Spektakulär war die beträchtliche Verwendung dieser zusätzlichen Beiträge der Mitgliedsstaaten zur Unterstützung von Waffenankäufen durch die Ukraine nach dem russischen Überfall 2022. Erstmals waren EU-Militärausgaben zur Friedensfazilität geworden.

Die politischen Akteure vermeiden bei diesen Diskussionen, wenn irgend möglich, das Wort „EU-Steuer". Es wird behauptet, dies geschehe aus Angst vor euroskeptischen Einstellungen in der Bevölkerung. In Wirklichkeit geschieht dies wohl eher aus Angst der Akteure in allen beteiligten nationalen Regierungen, das Steuermonopol der EU-Mitgliedsstaaten könnte offensiv thematisiert werden. Denn dort, in den EU-Mitgliedsstaaten, befinden sich die größten Effizienzblocker und Effektivitätsbremsen, um die geschwächte nationale Souveränität aller EU-Mitgliedsstaaten durch eine gemeinsam erbaute europäische Souveränität zu ergänzen. Das politische Denken der Europäischen Union kommt an der Frage der Steuerhoheit nicht vorbei. Das bisherige Eigenmittel-System hat sich jedenfalls grundsätzlich überlebt und bedarf einer weitgehenden Änderung zugunsten einer substanziellen Ausweitung der EU-Einnahmen bei gleichzeitiger Kürzung nationaler Ausgaben auf Seiten der EU-Mitgliedsstaaten durch eine kohärente Übertragung von Aufgaben und Steuerkompetenzen auf die EU. Die Zukunft eines politisch definierten „echten" europäischen Finanzföderalismus muss erst noch beginnen.

Übung

Lösungsskizzen zu diesen Fragen finden Sie online unter:

https://www.utb.de/doi/book/10.36198/9783838558943

1. Aus welchen Elementen besteht die Einnahmestruktur der Europäischen Union und wie lässt sie sich begründen?
2. Warum dominieren Rechts-, Wirtschafts- und Finanzwissenschaft die wissenschaftliche Debatte bei geringer politikwissenschaftlicher Beteiligung?
3. Welche Argumente prägen die ideengeschichtlichen Begründungen für private Aufwendungen in öffentlichen, insbesondere in föderalen Ordnungen?
4. Welche Zusammenhänge bestehen zwischen Steuererhebungsrecht und Repräsentation?
5. Wie kann die Frage nach der Steuerhoheit der Europäischen Union weitergedacht werden als bisher?

---

3. Unionsverfassung

Der bisherige Prozess der europäischen Vertragsentwicklung, so lautet die Ausgangsthese dieses Kapitels, hat zu einer Vertragsverfassung geführt, die allerdings eine eigentliche Verfassung der Europäischen Union nicht ersetzen kann. Mit Rückgriffen auf ältere Argumente des Staatsrechts (Smend) wird Integration als eine Verfassungsfrage analysiert. Schließlich wird ein Ansatz für eine Unionsverfassung zur Diskussion gestellt: Diese könnte als Kopfteil im Sinne einer Verfassungscharta vor das bestehende europäische Primärrecht der Verträge von Lissabon gestellt werden und sollte eher wie ein „mission statement" formuliert sein.

Anregung für eine kreative Gestaltung der Seminareinheit: Die Seminarteilnehmerinnen und Seminarteilnehmer erarbeiten in fünf Kleingruppen ein Gliederungsverzeichnis für eine europäische Verfassungscharta als Kopftext einer Unionsverfassung. In der abschließenden gemeinsamen Diskussion werden die Stärken und Schwächen der Vorschläge erörtert.

3.1 Die europäische „Vertragsverfassung"

Die Europäische Union gründet auf einer Addition von zwischenstaatlichen Verträgen, die in der Summe eine „Vertragsverfassung" bilden, um eine Formel des Diplomaten Thomas Läufer zu übernehmen (Läufer 1994: 208). Die europäischen Staaten, die sich zunächst zur Europäischen Wirtschaftsgemeinschaft und später zur Europäischen Union zusammengeschlossen haben, sind demokratische Rechts- und Verfassungsstaaten. Ihre Souveränität gründet in der jeweiligen Nation. So ist es in jeder der nationalen Verfassungen der EU-Mitgliedsstaaten nachzulesen. Insofern sind die Bevölkerungen der EU-Mitgliedsstaaten Träger der jeweiligen staatlichen Hoheit. Zusammen mit den auf diese Weise legitimierten staatlichen Autoritäten sind und bleiben sie Basis der nationalen Souveränität. Dies gilt auch für die Umstände, die die staatlichen Regierungen zu einem zwischenstaatlichen Zusammenschluss bewogen haben. Insofern waren seit dem Beginn des europäischen Einigungswerkes Völker und Staaten „Herren der Verträge". Die Europarechtlerin Adelheid Puttler hat verschiedene Beschlüsse des deutschen Bundesverfassungsgerichts als Quelle dieser sehr patriarchalischen Begriffsbildung identifiziert (Puttler 2004:.671). Der eigentümlich pathetische und kaum in andere europäische Sprachen übersetzbare Begriff „Herren der Verträge" soll darauf verweisen, wer die Herrschaft über das Verfassungsgeschehen in der EU besitzt: die im Namen souveräner Völker handelnden Regierungen. „Solange das Monopol physischer Gewaltausübung bei den Mitgliedstaaten verbleibt, werden sie auf ihrer Rolle als Herren über die vertraglichen Grundlagen auch weiterhin bestehen“ (ebd.: 690).

Schon im Kontext der Diskussion um den Europäischen Verfassungsvertrag 2002/2003 hat der Europarechtler Ingolf Pernice das politikwissenschaftliche Wort des Regierens auf mehreren Ebenen (multi-level governance) aufgegriffen und verfassungsrechtlich interpretiert: In der Europäischen Union habe sich ein „multilevel constitutionalism“ herausgebildet. Die Vorstellung, allein die Mitgliedsstaaten seien „Herren der Verträge“ („masters of the Treaties“) sei irreführend. In modernen Demokratien, so Pernice, seien Staaten nicht „masters“, sondern „instrument of the self-organisation and self-ruling of the society“ (Pernice 2002: 518).

Die neue Europäische Union nach dem Vertrag von Lissabon
„Der Bürger wurde neben den Mitgliedstaaten zum Rechtssubjekt der europäischen Integration. Seine ‚Mediatisierung‘ durch den Staat wurde im Rahmen der europäischen Integration überwunden, womit sich das Europarecht ein Stück weit vom Völkerrecht emanzipierte. Zugleich wurde der Bürger – neben der Kommission als eigentlicher „Hüterin der Verträge“ – zum Garanten für die dezentrale Durchsetzung gemeinschaftsrechtlicher Vorgaben: In dem er seine Rechte durchsetzt, setzt er zugleich das Europarecht in den Mitgliedstaaten durch.“
(Callies 2010: 5 f.)

Im Verlauf der bisherigen Vertragsentwicklung der Europäischen Union haben sich sowohl die Inhalte der Integration als auch die mit der Materie befassten Akteure sowie die Kompetenzen und Folgen der europäischen Einigungsprozesse kontinuierlich ausgeweitet. Die Römischen Verträge (in Kraft: 1. Januar 1958), die Einheitliche Europäische Akte (in Kraft: 1. Juli 1987), der Vertrag von Maastricht (in Kraft: 1.November 1993), der Vertrag von Amsterdam (in Kraft: 1. Mai 1999), der Vertrag von Nizza (in Kraft: 1. Februar 2003), der Europäische Verfassungsvertrag (unterzeichnet: 29. Oktober 2004, nicht ratifiziert) (Höreth/Janowski/Kühnhardt 2005) sowie der Vertrag von Lissabon (in Kraft: 1.Dezember 2009) mit seinen beiden Bestandteilen des Vertrages über die Europäische Union (EUV) und des Vertrages über die Arbeitsweise der Europäischen Union (AUEV) sowie die rechtlich bindend mit dem Vertrag von Lissabon verknüpfte Charta der Grundrechte der Europäischen Union bilden eine Aneinanderreihung der europäischen „Konstitutionalisierungsprozess“, wie der Politikwissenschaftler Andreas Maurer diesen Vorgang charakterisiert hat (Maurer 2020: 87).

Ungeachtet politischer Kontroversen und rechtlicher Interpretationsdifferenzen darf davon ausgegangen werden, dass der Prozess der Ausbildung der „Vertragsverfassung“ der Europäischen Union noch längst nicht zu einem Abschluss gekommen ist. In der wissenschaftlichen Theoriedebatte erscheinen Vertragsveränderungen immer wieder als besonders markante Wegmarken, die mehr als alles andere die Deutung der europäischen Einigung bestimmt haben. Faktisch aber vollzogen sich die eigentlichen Integrationsprozesse stets zwischen den Phasen einer Vertragsveränderung. Vertragsveränderungen waren immer in erster Linie bilanzierender Abschluss einer Entwicklung, die zu einem neuen spezifischen oder allgemeinen Vertragskonsens geführt hatten. Zugleich haben Vertragsveränderungen neue Perspektiven, Erfahrungsfelder und Deutungsebenen eröffnet. Insofern waren Vertragsanpassungen stets Ausdruck eines tiefgreifenden Machtringens um Inhalte und Deutung der europäischen Einigung. Es spricht nichts dafür, dass sich an diesem politischen Ausgangsbefund künftig grundsätzlich etwas ändern sollte. Die Europäische Union ist nicht Ersatz, sondern rechtlich stabiler Rahmen für das Ringen um Interessen und die Suche nach Machtausgleich zwischen den sie konstituierenden Teilen. Aus diesem Ringen können sich immer wieder neue Konstellationen herausbilden, in konkreten Politikfeldern und in grundsätzlicher Hinsicht.

Die bisherige „Vertragsverfassung“ der Europäischen Union ist Ausdruck der lebendigen und sich mithin wandelnden politischen Wirklichkeit, so wie dies für jede Verfassung eines EU-Mitgliedstaates gilt. Dabei bleibt die Kernfrage in der EU ungelöst: Der mögliche Sprung von einer „Vertragsverfassung“ zu einer genuinen europäischen Verfassung. Wenngleich die Idee der europäischen Souveränität auch für diese Frage einen neuen Referenzpunkt gesetzt hat, so ist die Frage nach der Begründung und den Bedingungen einer souveränen EU damit noch nicht beantwortet. Das Gegenteil trifft zu: Die Denkfigur „europäische Souveränität“ wirft die Verfassungsfrage neu auf.

3.2 Integration als Verfassungsaufgabe

Die europäische Verfassungsdiskussion kann an Erkenntnisse des Verfassungsverständnisses anknüpfen, wie sie in der Rechtstheorie mit Blick auf den modernen europäischen Staat entwickelt worden sind. Traditionell hat sich in der Rechtstheorie eine enge Wechselbeziehung von Verfassung und Staatlichkeit herausgebildet. Die Verfassung begründet und umrahmt in dieser Sichtweise den Staat. Sie sichert den Staat ab und bildet den ultimativen Maßstab für die Legitimität staatlicher Gesetze. Hier ist nicht der Ort, um diese Sicht, für die in den deutschen Traditionen besonders die Interpretationen der Rechtswissenschaftler Georg Jellinek, Hans Kelsen und Carl Schmitt einflussreich gewesen sind, zu vertiefen. Andere Rechtstheoretiker haben die Idee der Verfassung gleichsam aus dieser Staatszentrierung emanzipiert. Am einflussreichsten für diese Sicht war zweifellos Rudolf Smend (1882–1975). Der Verfassungs- und Kirchenrechtler Smend verstand den modernen Staat als ein sich beständig wandelndes Gebilde. Die Lebenswirklichkeiten verändern kontinuierlich Gesellschaft und Staat. Er differenzierte zwischen persönlicher, funktioneller und sachlicher Integration. Entsprechend müsse eine Verfassung „elastisch“ sein. So diene sie zugleich der gesellschaftlichen Integration. Smend verband seine Integrationslehre mit einer Verfassungstheorie, die durchaus einen gedanklichen Weg zu einer überstaatlichen Verfassung für Europa weisen kann. Eine Verfassung, so schrieb er 1928, fördert „Integration durch Sachgehalte“ (Smend 1928: 215). Man könnte im Anschluss an Smend sagen: Die europäische Einigung würde durch eine Verfassung in ihrer Elastizität nicht gebremst, sondern vorteilhaft eingerahmt.

Verfassung und Verfassungsrecht
„Die gesteigerte Integrationskraft eines symbolischen Sachgehalts beruht allerdings nicht nur darin, daß er als irrationale und individuelle Fülle mit besonderer Intensität erlebt wird, sondern auch darin, daß er in dieser Gestalt zugleich elastischer ist als in der extensiven, rationalen, gesetzlichen Formulierung (...) Die Sachgehalte, die den integrierenden Sachbestand eines Willensverbandes ausmachen, sind als ein Moment seines Lebens ebenso im Flusse wie er als Ganzes.“ *(Smend 1928: 165)*

Die Forschungen zur Europäischen Union haben in immer neuen Varianten auf ein Legitimitätsdilemma und ein Demokratiedefizit hingewiesen. Die Varianten dieser Sichtweisen sind Legende und sollen an dieser Stelle nicht referiert werden. Besonders innovativ war die Analyse des Politikwissenschaftlers Marcus Höreth, der von einem Legitimationstrilemma sprach: Es bestehe nicht nur ein Problem der schlüssigen Begründung der demokratischen Legitimität (input-Legitimität) und der überzeugenden Problembewältigung (output-Legitimität). Höreth sprach von „Gemeinwohldienlichkeit“ (Höreth 1999: 93). Die dritte Achse im Dreieck von Legitimitätsproblemen der EU hat ihren Grund darin, dass die Weiterentwicklung des „Vertragsverfassung“ weiterhin abhängig ist von den Mitgliedsstaaten und ihren Parlamenten („soziale Legitimität“) (ebd.: 94).

Die Europäische Union im Legitimitätstrilemma
„Komplexe Lagen sind prinzipiell nicht durch einfache Problemlösungen aufzulösen. Und doch muss die Debatte um eine ‚Verfassung Europas‘ weiter fortgeführt werden. Ziel einer solchen Verfassungsdebatte kann jedoch kaum die dogmatische, d.h. an staatsrechtlichen und politologischen Lehr-

> büchern über die ,richtige' Verfassung eines politischen Gemeinwesens orientierte Überführung des derzeitigen ,Staatenverbundes' in einen lehrbuchgerechten Bundesstaat sein. Ein verfassungsähnliches Dokument sollte nicht mehr versprechen als die am europäischen Verfassungsleben Beteiligten auch tatsächlich halten können."
> *(Höreth 1999: 327f.)*

Das Rad der europäischen Einigung hat sich entschieden weitergedreht. Die Europäische Union ist in aller Komplexität lebendige Wirklichkeit, die zwischen Machtkämpfen und Optimierungsschritten voranschreitet. Die immer wiederkehrende, gleichwohl künstliche Debatte, ob die EU ein Staat werden solle, werden dürfe oder überhaupt werden könne, sollte eigentlich überwunden sein. Tatsache ist: Als Union ist die EU eine föderative Konstellation aus eigenem Recht, mit eigenem Gewicht. Eine Unionsverfassung aber fehlt noch immer. Lange hatte es an einem schlüssigen Referenzpunkt des politischen Denkens gefehlt, der eine solche Unionsverfassung aus den Aporien der Diskussionen um Legitimität und Demokratie befreit und von den Phobien der Bundesstaats-Obsession erlöst. Mit der Denkfigur der „europäischen Souveränität" ist dieser Referenzpunkt benannt.

3.3 Zur Diskussion gestellt: Eine Unionsverfassung für Europa

Walter Hallstein (1901–1982), von 1958 bis 1967 der erste Präsident der Europäischen Kommission, hat die Europäische Wirtschaftsgemeinschaft als unvollendeten Bundesstaat charakterisiert. Sie sei eine Schöpfung des Rechts, eine Quelle des Rechts und eine Rechtsordnung (Hallstein 1969: 33). Den mühevollen Schleiertanz um den unvollendeten Bundesstaat hat der seitherige Weg der europäischen Einigung hinter sich gelassen: Als Union ist die EU ein genuines Herrschaftsgebilde mit föderativem Charakter. Die prägnanten Rechtsbegriffe, die Hallstein formulierte, sind zum Tagesgeschäft der EU geworden. Sie markieren die Eckpunkte des politischen Denkens der Europäischen Union. Weit unvollendeter als ihre Form ist der Anspruch der EU, europäische Souveränität zu verkörpern und zu garantieren.

Damit rückt auch das Nachdenken über eine Unionsverfassung in ein neues Licht. Neue Sichtweisen verlangen nach neuen Ansätzen des Denkens. Hier ist ein solcher Neuansatz, der über gängige Lehrbuchschablonen hinausgeht: Ziel und Zweck einer Unionsverfassung sollte es sein, die Idee der europäischen Souveränität zu begründen. Diese Aufgabe ist mit der bisherigen „Vertragsverfassung" noch nicht gelöst worden. Die Methode der additiven Verfassungsfortschreibung hat beachtliche Wendepunkte in der europäischen Einigung markiert. Die Ausdifferenzierung der komplexen Materie angesichts anhaltender doppelter Legitimationsstränge – Unionsbürger und Mitgliedstaaten – hat ein kluges System hervorgebracht. Die beiden Teilverträge des Vertrages von Lissabon und die Bezugnahme auf die Charta der Grundrechte der Europäischen Union sind markante Felsen in den Brandungen des politischen Lebens in der EU. Sie versöhnen unterschiedliche, ja teilweise gegensätzliche Traditionen und Zukunftsvorstellungen. Als Primärrecht bilden sie die Quelle für eine unüberschaubar komplexe Wirklichkeit von Rechtsakten und politischen Beschlüssen. Der EU mangelt es nicht an Mechanismen der Komplexitätsverarbeitung. Aber: Der EU fehlt ein mission statement, eine schlüssig formulierte organisierende Idee, die das politische Denken der EU zum Ausdruck bringt.

Das ist die Aufgabe, die eine Unionsverfassung lösen muss. Sie muss nicht die 55 Artikel des Vertrages über die Europäische Union und die 358 Artikel des Vertrages über die Arbeitsweise der Europäischen Union, die 54 Artikel der Charta der Grundrechte der Europäischen Union und die 37 Protokolle, zwei Anhänge und 65 Erklärungen, die den Verträgen beigefügt sind, neu komponieren. Gewiss, Vertragsrevisionen werden immer wieder notwendig werden. Sie gehören zum lebendigen Verfassungsrecht der EU, so mühevoll es ist, sie politisch zu realisieren. Die Verfassungsfrage, die sich der EU stellt, ist eine andere: Sie muss die Denkfigur der europäischen Souveränität in die Sprache einer Unionsverfassung verwandeln. Diese Unionsverfassung sollte als Verfassungscharta Kopftext vor den weiterhin gültigen Bausteinen des europäischen Primärrechts werden.

Damit würde die europäische Verfassungsentwicklung die amerikanische Verfassungserfahrung gleichsam umkehren: In den USA sind auf knappe sieben Artikel in über zwei Jahrhunderten 27 Zusatzartikel gefolgt. In Zukunft könnten weitere dazukommen. In der EU werden immer wieder Vertragsrevisionen und Vertragsergänzungen erfolgen. Aber aller Systematik und Sophistik der „Vertragsverfassung" sollte eine kurze und knapp gehaltene Unionsverfassung über die europäische Souveränität vorausgestellt werden.

Was heißt das konkret? Empfehlenswert wäre eine Unionsverfassung, die auf wenigen Seiten in wenigen Artikeln ein echtes „mission statement" der EU formuliert. Dieser Text müsste folgende Bedingungen erfüllen:

- Das Selbstverständnis der EU so darzustellen, dass darüber Konsens in der EU besteht und bewahrt werden kann.
- Die Ziele und Prinzipien der EU so darzustellen, dass die Denkfigur von der europäischen Souveränität mit Leben gefüllt wird.
- Die bestehenden primärrechtlichen Vertragstexte als rechtliche Grundlage mit knappen Verweisen so an den Kopfteil der Unionsverfassung anzuschließen, dass ihre Verbindlichkeit als Teil der Unionsverfassung unzweifelhaft bleibt.

Die Unionsverfassung wäre wie ein Mantel um die Vertragsverfassung. Dem Unionsrecht, das sich aus dem europäischen Primärrecht (Vertrag von Lissabon) und dem europäischen Sekundärrecht (Rechtsakte der EU) zusammensetzt, würde ein kurzer und knapper Text vorgeschaltet. Damit würde das föderale Neben- und Miteinander zwischen dem Unionsrecht und dem nationalen Recht der EU-Mitgliedsstaaten sanktioniert. Damit würde der häufig ritualisierte Disput über die Frage, was für ein politisches Gebilde die EU sei, beendet. Damit würde Unionsrecht auf eine Weise mit einer Unionsverfassung verwoben, die ein auskömmliches Nebeneinander zwischen nationaler Souveränität der EU-Mitgliedsstaaten und der europäischen Souveränität der EU insgesamt garantiert.

Ist diese Idee realistisch? Die Europäische Kommission hat im Januar 2020 einen Fahrplan für intensive Bürgerdialoge in der EU vorgelegt. Die ursprüngliche Hoffnung: Bis zu den Wahlen zum Europäischen Parlament 2024 und der anschließenden Neubesetzung der Europäischen Kommission sollten von den Bürgerdialogen wirksame Impulse ausgehen. Die Demokratie in der EU sollte dauerhaft gestärkt werden (Europäische Kommission 2020). Konkret konnte diese Initiative von Anfang an nur heißen: Zwingend notwendig würden Veränderungen des Wahlrechts in den Mitgliedsstaaten der EU sein, damit wirklich europäische Wahlen auf Basis europäischer Parteien und, zumindest teilweise, transnationaler Listen möglich werden. Notwendig dürften auch diverse weitere Vertragsrevisionen werden, um aus den in den Bürgerdialogen gewonnenen Erkenntnissen schlüssige Veränderungen der bestehenden Politikprozesse werden zu lassen. Wann immer dazu der politische Wille ausreichen würde: Die Zeit war jedenfalls gekommen, nicht nur die Methoden der Arbeitsweise der EU zu optimieren. Notwendig war es, aus der Idee der Stärkung der Demokratie in der EU eine Verfassung der EU entstehen zu lassen. In ihr müsste vor allem eine organisierende Idee formuliert werden, die die EU als Herrschaftssystem und weltpolitischer Akteur beschreibt.

Die Formulierung dieses Vorschlags zeigt bereits das entscheidende Problem: Die europäische Verfassungsfrage ist und bleibt eine Machtfrage. Sie ist nicht so sehr eine Frage der möglichen Logik oder der Balance zwischen unterschiedlichen Kompetenzordnungen und politischen Entscheidungsebenen. Die europäische Verfassungsfrage als Machtfrage kann aber nur dann gelöst werden, wenn die Mitgliedsstaaten der EU ihr Verfassungsmonopol auch rhetorisch zurücknehmen. Faktisch hat sich längst ein europäischer Konstitutionalismus auf mehreren Ebenen herausgebildet. Faktisch ist die EU eine Föderation. Eine Machtteilung einzugestehen und anzuerkennen, fällt Monopolisten immer schwer, selbst dann, wenn diese Machtteilung längst Wirklichkeit geworden ist. Daher ist die Denkfigur „europäische Souveränität" so innovativ. Sie bedeutet, dass europäische Souveränität die nationale Souveränität der EU-Mitgliedsstaaten ebenso schützt wie das Selbstbestimmungsrecht der Unionsbürgerinnen und Unionsbürger. Europäische Souveränität minimiert die nationale Souveränität der EU-Mitgliedsstaaten nicht, sondern ergänzt sie. Europäische Souveränität bedeutet kein Verlustgeschäft für die EU-Mitgliedsstaaten, sondern einen Zugewinn an Sicherheit und Macht für Mitgliedsstaaten und Unionsbürger. Die Denkfigur „europäische Souveränität" befreit aus den Aporien der Debatten um Legitimität und Demokratiedefizit, denn sie zerschlägt mit ihrer genuin teleologischen Perspektive hinsichtlich des „Wozu?" der europäischen Einigung die immer wieder bemühte Fixierung jeder Verfassungsdiskussion, es müsse ein europäischer Bundesstaat verhindert werden, da es diesem an Legitimität und Demokratie fehle. Mit diesen Argumenten wird vor allem das nationale Verfassungsmonopol aufrechterhalten.

Der europäische Weg wird wohl noch lang sein, um die Verfassungsfrage zu lösen. Europas Monopolisten haben viel Erfahrung, um immer dann, wenn ein Licht am Ende des Tunnels aufscheint, den Tunnel zu verlängern. Einen europäischen Verfassungspatriotismus zu entwickeln, dürfte eine Aufgabe von Jahren, wenn nicht Jahrzehnten bleiben. Im Sinne der identifizierten Aufgabe, um die es im 21. Jahrhundert geht – die Selbstbehauptung Europas – ist es alle Mühe wert, diesen Weg zu beginnen.

Übung

Lösungsskizzen zu diesen Fragen finden Sie online unter:

https://www.utb.de/doi/book/10.36198/9783838558943

1. Mit welchen Argumenten lässt sich der bisherige Prozess der europäischen Vertragsentwicklung als eine additive Verfassungsbildung beschreiben, die zu einer Vertragsverfassung geführt hat?
2. Welche Argumente werden in klassischen, auf den Staat bezogenen Rechtstheorien angeführt, um Integration als eine Verfassungsaufgabe zu definieren?
3. Welche argumentativen Fixierungen blockieren die konsequente Verwirklichung einer europäischen Verfassung?
4. Wie könnte eine europäische Verfassungsform aussehen, die sich als „mission statement" einer souveränen Europäischen Union versteht?
5. Nach welchen Maßstäben wäre zu beurteilen, ob eine europäische Verfassung Legitimität und Souveränität der EU stärken würde und auf Dauer einen europäischen Verfassungspatriotismus ermöglichen kann?

4. Strategische Sicherheit

Das Kapitel analysiert die Frage, ob und wie ein föderal verfasstes Europa Weltmachtfähigkeit erlernen kann, um gegenüber anderen Großmächten in der Welt des 21. Jahrhunderts zu bestehen. Dabei ist es notwendig, die unterschiedlichen Erfahrungen und Herangehensweisen in Fragen von Sicherheit und Verteidigung schrittweise zusammenzuführen. Neben der Machtfrage einer Ausdehnung des Mehrheitsprinzips in Fragen der Außen- und Sicherheitspolitik der EU geht es vor allem auch darum, die bestehenden strukturellen Barrieren zwischen innenpolitischen und außenpolitischen Sichtweisen und Wahrnehmungen in den Institutionen der EU aufzubrechen. Das Kapitel stellt schließlich Überlegungen zur Diskussion, wie die EU strategiefähig gemacht werden kann.

Anregung für eine kreative Gestaltung der Seminareinheit: In fünf Kleingruppen verfassen die Seminarteilnehmerinnen und Seminarteilnehmer ein einseitiges Memorandum für den „Hohen Vertreter der Union für Außen- und Sicherheitspolitik" zu einem aktuellen Thema der Sicherheitspolitik. Das Memo enthält eine Kurzanalyse und Handlungsempfehlungen. In der abschließenden gemeinsamen Diskussion werden die Memos vorgetragen und auf ihre Stärken und Schwächen geprüft als Beitrag zur Politikberatung mit dem Ziel, europäische Souveränität in der Sicherheitspolitik zu befördern.

4.1 Strategische Vorausschau erlernen

Die Herstellung europäischer Souveränität in der Außen- und Verteidigungspolitik wird das dickste Brett bleiben, dass die EU-Akteure zu bohren haben. Die Übertragung von Kompetenzen an die EU, um auf der Ebene der EU strategische Sicherheit zu erwerben, dürfte auf lange Zeit bestenfalls nur inkrementell gelingen. Kleinste Schritte nach vorne wären bereits ein Erfolg. Selbst dieser ist nicht gesichert. Einstweilen bleiben die außen- und weltpolitischen Handlungsmöglichkeiten der EU begrenzt. Es dürften wohl nur größere Krisen sein, die die EU zu raschem und konsequentem Handeln zwingen. Selbst dann aber bleibt unvorhersehbar, ob die führenden Großmächte – allen voran die USA, Russland und China – die Europäische Union überhaupt als strategisch ebenbürtig akzeptieren. Die dramatischen Entwicklungen um die territoriale Integrität und außenpolitische Selbstbestimmung der Ukraine haben seit 2014 in immer stärkerem Maße gezeigt, dass die Europäische Union keineswegs ein relevanter Akteur gewesen ist, dessen strategische Projektionsmacht die Eskalation der russischen Aggression frühzeitig hätte bremsen können. Gleiches gilt für die rechtzeitige und tiefgreifend wirkungsvolle Beeinflussung der strategischen Neuausrichtungen im Nahen Osten, ungeachtet der durchaus beträchtlichen Rolle der EU beim Zustandekommen des Iran-Abkommens 2015.

Europäische Souveränität verlangt an erster Stelle eine gemeinsame Sicht der EU auf die Welt. Sie verlangt strategische Vorausschau. Damit sind nicht nur Fragen der militärischen Sicherheit und Verteidigung sowie der Diplomatie berührt, sondern ebenso weltweite ökonomische Interessen, ökologische Anforderungen und vielfältige Aufgaben im zivilen Bereich. In keinem dieser Politikfelder ist die Ausgangslage für alle EU-Mitgliedsstaaten identisch. Jede strategische Analyse trifft in der EU auf übereinstimmende Betrachtungsweisen, aber auch auf Interessenunterschiede. Und sie zieht Machtfragen unter den EU-Mitgliedsstaaten nach sich. Es überrascht nicht, dass die EU bisher vor allem in denjenigen Bereichen Integrationsfortschritte erreicht hat, in denen die zentralen Elemente nationalstaatlicher Souveränität nicht wirklich berührt waren (Außenhandel, Entwicklungshilfe, Katastrophenschutz). Selbst in diesen Bereichen aber tut sich die EU immer wieder schwer, aus einem Modus additiver Politikformulierung zu einer einheitlichen Position und einem gemeinsamen Handeln zu gelangen. Dies gilt erst Recht in den Bereichen, in denen der Einsatz von hard power unumgänglich ist. Insofern ist das bemerkenswert geschlossene Auftreten der EU – zugleich gemeinsam mit der NATO – nach dem russischen Angriff auf die Ukraine beachtlich und möglicherweise ein Wendepunkt nach langjähriger und übermäßiger Verhaltenszurückhaltung in Fragen von Abschreckung und Selbstverteidigung.

Die EU benötigt die Entwicklung einer strategischen Kultur, das heißt: die Entwicklung einer eingespielten und realitätsbasierten Übung in der vorausschauenden Analyse von Herausforderungen, Bedrohungen und Chancen. Dabei müssen auch kultursoziologische Fragen berücksichtigt werden. Nicht erst das Afghanistan-Debakel 2021 verlangt eine weit über die Sphäre der Politik hinausgehende kritische Neubewertung des im Westen vorherrschenden Fortschrittsbegriffs, der in ungefilterter Fortschreibung der westlichen Aufklärungstradition offenkundig nicht für alle Gesellschaften der Erde zugrunde gelegt werden kann. Zugleich wird der Einsatz für einen Minimalstandard an universell gültigen Menschenrechten (Stichwort: Völkermord), und an Verhaltens- und Verfahrensregeln (Stichwort: Einhaltung der territorialen Unversehrtheit von Staaten) und der rechtlichen Sanktionierung und Strafverfolgung von Kriegsverbrechen (Stichwort: Russlands Aggression in der Ukraine) angesichts von autoritären und partiell aggressionsbereiten Staaten conditio sine qua non der EU-Weltpolitik bleiben müssen. Die offenkundigen Widersprüche und Zielkonflikte auszubalancieren, ist leichter gesagt als getan, gerade im Umgang mit menschenrechtsverletzenden Regimen (nach UN-Definition), gegenüber den nicht- oder antiwestlichen Traditionen verhafteten vormoderner Gesellschaften (besonders in islamisch geprägten Gesellschaften) und gegenüber Machtstaaten, die eine Veränderung der internationalen

Verhaltens- und Verfahrensregeln mit resoluter strategischer Interessenpolitik (China, das dabei der Strategie des Siegen-Wollens ohne Krieg zu folgen scheint) oder mit ungehemmter Aggression und Zerstörungswillen (Russland) erzwingen wollen. Die EU befindet sich inmitten von enormen Lernprozessen im Umgang mit einer realistischen Weltbetrachtung, die die komplexen und vor allem widersprüchlichen Wirklichkeiten nicht länger verdrängt.

Die Entwicklung europäischer Souveränität erfordert es, sich miteinander in der EU an die Nützlichkeit, ja Unausweichlichkeit gemeinsamer Problembearbeitung auf Basis einer realistischen Weltsicht zu gewöhnen. Das kann gelingen. Aber die EU wird immer wieder neu eine Lerngemeinschaft sein müssen, solange sie nicht auf eingespielte Prozeduren und funktionsfähige Instrumente zurückgreifen kann, die ohne moralische Überheblichkeit und naive Wirklichkeitsverdrängungen auskommen und unter schwierigen Bedingungen weltumspannende Wirkung zeigen können. Zugleich wird die EU auf Dauer trotz aller eigenen Anstrengungen das Verteidigungsbündnis mit den USA und Kanada als conditio sine qua non der europäischen Souveränität, ja des eigenen Überlebens der EU akzeptieren müssen. Dies dürfte sich selbst bei der Entwicklung einer gemeinsamen europäischen Atomstreitmacht kaum ändern.

Emmanuel Macron, Initiative für Europa (2017)

„Woran es Europa, diesem Europa der Verteidigung, heute am meisten fehlt, ist eine gemeinsame strategische Kultur. Unsere Unfähigkeit, gemeinsam überzeugend zu handeln, gefährdet unsere Glaubwürdigkeit als Europäer. Unsere Kultur ist nicht dieselbe, weder die parlamentarische, noch die geschichtliche, noch die politische, und selbst unsere Empfindungen sind nicht dieselben. Und dies werden wir auch nicht von heute auf morgen ändern. Doch ich schlage vor, mit dem Aufbau einer solchen gemeinsamen Kultur jetzt sofort zu beginnen, und zwar durch eine europäische Interventionsinitiative für die Entwicklung dieser gemeinsamen Strategiekultur."

Der britische Austritt aus der Europäischen Union 2020 hat die machtpolitischen Konstellationen in der EU deutlich durcheinandergewirbelt. Vor allem Frankreich und Deutschland sind mehr denn je aufeinander bezogen und stoßen andere EU-Staaten damit ungleich schneller ab. Zugleich sind EU-interne Allianzen gegen Deutschland und alle möglichen Varianten von Interessenverbindungen mit latenter oder faktischer Vetokapazität häufiger denn je möglich geworden. Es trifft zu: Gemeinsames Agieren von Frankreich und Deutschland ist zumeist eine notwendige, allerdings keineswegs die ausreichende Bedingung, um ein gemeinsames Ergebnis aller in der EU zu erreichen. Die kleineren und die mittelgroßen

EU-Mitgliedsstaaten wollen nicht nur respektiert werden. Vor allem die mittelgroßen Staaten erwarten, dass ihre Sichtweisen und Interessen in die EU-Entscheidungsfindung einfließen, ohne dass sie sich als zweitrangig abqualifiziert fühlen. Frankreich und Deutschland müssen diese Konstellation in Rechnung stellen, wenn sie als Führungsmächte Erfolg bei politischen Konsensbildungen in der EU haben wollen. Überdies: Die Ausbalancierung von Frankreichs anhaltender Weltmachtambition inklusive seiner Atomstreitkraft sowie dem Sitz im UN-Sicherheitsrat und Deutschlands engerem Selbstverständnis als Kontinentalmacht mit der nicht selten anzutreffenden Neigung, eine Art Kontinentalschweiz sein zu wollen, hat immer wieder zu Bremswirkungen auf dem Weg in eine gemeinsame strategische Sichtweise der beiden Partner Frankreich und Deutschland geführt (Tenenbaum/Paglia/Ruffié 2020; Schlie 2020; Kaim/Kempin 2020). Es bleibt abzuwarten, was die von Bundeskanzler Olaf Scholz im Angesicht des russischen Überfalls auf die Ukraine am 27.Februar 2022 ausgerufene „Zeitenwende" dauerhaft für Deutschlands Verteidigungs- und Bündnispolitik bedeutet. Auch in Fragen der Nutzung der friedlichen Kernenergie gehen die Meinungen in den beiden Gesellschaften weit auseinander, selbst unter den kriegsbedingten Umständen beim Blick auf die Erfordernisse der Versorgungssicherheit.

Die strategische Hilflosigkeit der EU im Angesicht des Krisenbogens im Nahen Osten, in Nordafrika und in Westasien ist seit den 2010er Jahren immer wieder beklagt worden, nicht zuletzt von politischen Akteuren in der EU. Schlussfolgerungen zu ziehen und sie in einen systematischen politischen Willen zu übersetzen, erscheint wie eine titanische Aufgabe. Selbst als Frankreichs Präsident Macron 2020 mehrfach in den Libanon reiste, um das Land nach dem verheerenden Explosionsunfall im Hafen von Beirut auf strukturelle Reformen einzuschwören, war nicht einmal ein EU-Repräsentant an seiner Seite. Das 20 Jahre währende Afghanistan-Engagement endete als Niederlage des Westens und mit mehr neuen Metastasen des islamisch motivierten Terrorismus, auch in Afrika. Im Blick auf den Umgang mit Russland, das offenkundig Politik nur als Wechselspiel von Stärke und Macht definiert, setzen Frankreich und Deutschland traditionell gerne eigene Akzente. Gegenüber dem von Deutschland auch gegen polnischen und baltischen Widerstand durchgesetzten Bau der Gaspipeline ‚NordStream2' vertrat Frankreich stets eine kritische Sicht. Erst der Überfall Russlands auf die Ukraine bewog die deutsche Regierung, ‚NordStream2' zu stoppen. Mehr als in anderen EU-Staaten mussten erhebliche Teile der deutschen politischen Elite ihre Fehleinschätzungen zu Russland korrigieren. Der Triumph des geopolitischen Realismus über politische Illusionen und Hoffnungen drang nun unvermeidlicherweise auch in anderen Themenfeldern. Bei der Frage nach dem strategischen Stellenwert der EU-Erweiterung um die beitrittswilligen Länder des westlichen Balkan waren die Auffassungen von Deutschland und Frankreich weiterhin nicht identisch. Gegenüber China hatten Frankreich und Deutschland im Blick auf Menschenrechts- und

Rechtsstaatsfragen, aber auch im Blick auf Transparenz bei der Aufarbeitung der Corona-Krise weithin abgestimmt agiert. Hinsichtlich der geopolitischen und geoökonomischen Folgen der Erschütterung der Weltordnung durch die russische Aggression auf das künftige Verhältnis zu China war die strategische Vorausschau weiterhin von Interessenunterschieden gekennzeichnet: Deutschlands geoökonomische Beziehungen, ja Abhängigkeiten vom Exportpartner China sind deutlich größer als die Wirtschaftsinteressen Frankreichs in China. Frankreichs geopolitisches Engagement bei der Eindämmung Chinas im Indo-Pazifik ist handfest. Auch wenn die Einrichtung der Militärallianz AUKUS (Australien, Großbritannien, USA) 2021 von Frankreich als Brüskierung empfunden wurde: Frankreich kooperiert weiterhin militärisch mit Indien und Australien. Zugleich zeigt es Präsenz über seine Überseegebiete im Indischen und im Pazifischen Ozean, die über symbolische deutsche Flottenbesuche deutlich hinausgehen. Besuche von Frankreichs Staatspräsident in diesen strategisch äußerst wichtigen, mit der EU assoziierten Territorien sind in Deutschland gewöhnlich nicht einmal ein Thema. Gleiches gilt für Frankreichs Antarktika-Engagement. In maritimen geopolitischen Fragen hat sich bisher jedenfalls keine gemeinsame strategische Kultur in Frankreich und Deutschland, geschweige denn in der gesamten EU entwickelt. Am ehesten gelingt es der Europäischen Union noch im Bereich der Afrikapolitik, verschiedenste Sichtweisen leidlich kohärent zusammenzuführen, die in der EU mit Blick auf Afrika existieren. 2017 beschloss die Europäische Union eine Permanente Strukturierte Zusammenarbeit (PESCO) in der Verteidigungspolitik. Von einer kohärenten gemeinsamen strategischen Ausrichtung und vor allem: von einer konsequenten operativen Anwendung von PESCO ist die EU aber noch weit entfernt (Rüger 2021: 617–626). Schlimmer noch: Ende 2022 vertrieben Sahel-Jihadisten und russische Söldner gemeinsam die französische Befriedungs-Armee aus Nord-Mali. Die EU insgesamt sah sich in ihren Ambitionen bei der Befriedung und Stabilisierung der strategisch für Europas Sicherheit wichtigen Sahelzone gedemütigt.

In der Rede, mit der Frankreichs Staatspräsident Emmanuel Macron am 26. September 2017 an der Sorbonne dafür plädierte, mit allen Partnern zusammen in der EU „europäische Souveränität" zu entwickeln, mahnte er, die EU könne es sich „nicht erlauben, dieselben Gewohnheiten, Politikstrategien, Begrifflichkeiten und Budgets beizubehalten". Über alle Einzelfragen der Politik hinaus machte Macron damit eine Ebene zum Thema des erforderlichen Neudenkens, die in der Europäischen Union – und in ihren Mitgliedsstaaten – üblicherweise eher vernachlässigt wird: die Art, wie die europäische Politik organisiert ist.

4.2 Paradoxien zwischen „Innen"- und „Außen"-Politik überwinden

Europäische Souveränität zu entwickeln wird eine Arbeit bleiben, die oftmals dem Mythos des Sisyphos gleicht. Europa ist in Bezug auf seine weltpolitischen Strategien häufig unentschieden und daher wenig unterscheidbar. Im antiken Griechenland war, wie selbstverständlich, der Strategos Heerführer in Kriegszeiten. In diesem Sinne konnte noch der preußische Generalmajor Carl von Clausewitz Strategie bezeichnen als „die Lehre vom Gebrauch der einzelnen Gefechte zum Zweck des Krieges." Das Ziel war immer der Sieg. Der Wandel des Begriffs der Strategie hat im zivilen Bereich unter anderem den Begriff der Unternehmensstrategie generiert. Aber auch hier ist das primäre Ziel der Erfolg des eigenen Produktes, des eigenen Unternehmens. Es geht um Markteroberung. Bei der heutigen Verwendung des Begriffs der Strategie im politischen Europa geht es nicht mehr um Kriege und auch nicht mehr um Eroberungen und Erfolge. Europa ist bescheiden geworden. Im Grunde geht es um Wege zur Selbstbehauptung, wenn heute in der Europäischen Union von Strategie und strategischen Sicherheit die Rede ist. Das ändert indessen nichts daran, dass für die revisionistischen Gegenmächte und auch für viele andere Staaten mit regionalen Ambitionen die Anwendung von Gewalt weiterhin – und teilweise bedrückend vermehrt – eine legitime Fortsetzung bei der Durchsetzung politischer Interessen ist.

> **Homer, Odyssee, 11.Buch**
> „Auch den Sisyphos sah ich, von schrecklicher Mühe gefoltert,
> Einen schweren Marmor mit großer Gewalt fortheben.
> Angestemmt, arbeitet' er stark mit Händen und Füßen,
> Ihn von der Au aufwälzend zum Berge.
> Doch glaubt' er ihn jetzo
> Auf den Gipfel zu drehn: da mit einmal stürzte die Last um;
> Hurtig mit Donnergepolter entrollte der tückische Marmor.
> Und von vorn arbeitet' er, angestemmt, daß der Angstschweiß
> Seinen Gliedern entfloß, und Staub sein Antlitz umwölkte."

Der europäische Wandel der Perspektive gegenüber der strengen klassischen Definition von Strategie und strategischer Sicherheit wird unterdessen mit hoher Geschwindigkeit an unbequeme und teilweise bedrohliche Realitäten auf der Welt außerhalb des integrierten Westens (EU und NATO) angepasst. Über lange Zeit vermittelten die meisten Strategiepapiere der EU eher einen betulichen und selbstzufriedenen Eindruck. Diese Zeit ist vorbei. Aber das Neue erwächst nicht auf einen Schlag und mit einer einzigen Denkwendung. Europa mit seiner intuitiven Fixierung auf Multilateralität ist vielen anderen in der Welt gedanklich so weit voraus, dass wenig Verständnis in Europa dafür besteht, wenn andere auch weiterhin an dem klassischen Begriff von Strategie festhalten und strategische Sicherheit als robuste Interessen- und Machtpolitik verstehen. Die EU muss es verinnerlichen: Die großen Player in der Welt – die USA, Russland und China – setzen zumeist weiterhin auf Siege und nicht auf Kompromisse in der Etappe.

Die Diskussion über den Primat von Innen- oder Außenpolitik hat schon das 19. und 20. Jahrhundert mit vielen Diskussionen in Politik und Wissenschaft begleitet. Als Erstes muss die EU erkennen: Der Charakter der Außenpolitik hat sich grundsätzlich geändert. Es geht nicht mehr an erster Stelle darum, im Innern aus eigenem Antrieb zu formulieren, was man mit Durchsetzungsanspruch in die Außenwelt projizieren möchte. Es ist unterdessen umgekehrt: Was Europas Freiheit und Sicherheit, Wohlstand und Selbstbehauptung im Innern herausfordert, hat zu einem entscheidenden Teil seine tiefsten Ursachen außerhalb Europas. Die Mechanismen der europäischen politischen Institutionen aber trennen weiterhin zwischen innen und außen, zwischen Innenpolitik und Außenpolitik, so als seien dies zwei strikt getrennte Abteilungen der gleichen Firma. Strategische Selbstbehauptung Europas macht einen sehr grundsätzlichen Umbau der politischen Institutionen der EU und ihrer Mitgliedsländer notwendig. Erforderlich sind Organisationsformen, die man „auswärtige Innenpolitik" nennen könnte.

Um weltfähig zu werden, ist es erforderlich, dass auswärtige Gesichtspunkte und Kenntnisse systematisch in möglichst alle innenpolitischen Strukturen, Institutionen und Organisationseinheiten in der EU und in ihren Mitgliedsstaaten einbezogen werden. Es geht um einen grundlegenden Wechsel der Haltung und die daraus resultierenden organisatorischen Folgen. Ob „best practice", „benchmarking" oder „strategic preview", wie auch immer die blumigen Worte heißen mögen: Es geht um Querschnittsaufgaben für jedes Politikfeld von Landwirtschaft bis Bildung, Justizpolitik bis Sozialpolitik, die besser als bisher mit allem nur denkbaren Weltwissen strukturell verbunden werden sollten. Zwei Beispiele: Hätten Experten des Nahen Ostens mit am Tisch gesessen, als eine beachtliche Zahl von Menschen aus der arabischsprachigen Volksgruppe der Mhallami vor Jahrzehnten aus dem libanesischen Bürgerkrieg heraus in Deutschland aufgenommen wurden, hätte das Entstehen und die Ausbreitung von arabischer Clan-Kriminalität in den Dimensionen, die viel später in Deutschland beklagt wurden, möglicherweise verhindert werden können. Gleiches gilt für die lange Zeit vernachlässigte Expertise von Modernisierungsexperten zu Migrationstrends im globalen Süden. Die sogenannte Flüchtlingskrise, die Europa weiterhin lähmt, war seit Jahrzehnten absehbar (Kühnhardt 1984). Im Blick auf die „russische Frage" hätte seit Ende des Kalten Krieges eine weit realistischere Einschätzung dominieren können, wenn dies alle Akteure und Analytiker im Westen nur gewollt hätten (Kühnhardt 1994, S.239–246). Es gibt keine schwarzen Schwäne, wie die Klimaentwicklung zeigt, von der schon seit Jahrzehnten zu hören ist. Es gibt allerdings überkommene, nicht mehr zeitgemäße Organisationsformen der nationalen wie der europäischen politischen Institutionen, die externe Trends zu spät in die interne Politikformulierung einbezieht. Der Umbau der politischen Institutionen in der EU und in ihren Mitgliedsstaaten hin zu durchschlagender strategischer Vorausschau muss grundsätzlich und zielgerichtet ansetzen. Er beginnt mit einer Änderung der Haltung gegenüber der Welt. Dieser Haltungswechsel verlangt von der Europäischen Union wie von den Regierungsapparaten ihrer Mitgliedsstaaten institutionalisierte Voraussetzungen zur Weltfähigkeit. Erst wenn „auswärtige Innenpolitik" in den verschiedensten innenpolitischen Organisationsstrukturen etabliert ist, werden die Demokratien Europas sicher für das Dasein und Miteinander in der Welt werden.

4.3 Zur Diskussion gestellt: Die politischen Mechanismen der EU strategiefähig machen

Zu den Voraussetzungsunterschieden in der EU gehört die Tatsache, dass die meisten EU-Mitgliedsstaaten in ihren Blickweisen auf die Welt und ihre Herausforderungen von ihrer jeweiligen nationalen Geschichte und den darin geprägten Interessen ausgehen. Auch wenn immer wieder gesagt wird, dass alle EU-Mitgliedsstaaten zu allen internationalen Fragen das gleiche innere Verhältnis hätten, ist das Gegenteil zutreffend. Es ist erfreulich, dass sich die Positionen der EU-Mitgliedsländer bei Abstimmungen in der UNO weithin angenähert haben. Umso verblüffender bleibt, wie schwer außen- und sicherheitspolitische Konsensbildung innerhalb der EU bleibt. Dafür gibt es mehrere Gründe. An vorderster Stelle steht die Ausgangssituation: In der UNO geht es im Regelfall um Diplomatie. Dabei auf einen gemeinsamen sprachlichen Nenner zu gelangen ist ein kunstvolles Handwerk. Aber es ist ein Handwerk, dass die Außenministerien aller EU-Mitgliedsländer beherrschen. In der EU geht es nicht nur um verbale Positionierungen, sondern immer häufiger um Handlungsbedarf, um Aktionen. Dafür genügt nicht mehr das diplomatische Handwerkszeug. Gefragt sind Entscheidungskraft und politischer Gestaltungswille.

Strategische Vorausschau in politischen Gestaltungswillen zu verwandeln und strategische Sicherheit zu generieren ist in der EU eine permanente Machtfrage. Sie verläuft nicht nur zwischen den einzelnen Mitgliedsstaaten, die in der nach wie vor intergouvernemental organisierten Außen- und Sicherheitspolitik der EU das letzte Wort haben. Die Machtfrage verläuft auch zwischen den Akteuren auf Ebene der EU, die unterschiedliche Herangehensweisen und Perzeptionen repräsentieren: Der Europäische Auswärtige Dienst, die Generaldirektion Außenhandel und die Generaldirektion Internationale Zusammenarbeit agieren aus je eigenem Recht und Antrieb. Überschneidungen zu Politikfeldern kommen hinzu, die im Zentrum innereuropäischer Diskussionen und Entscheidungslagen stehen (Wirtschaft, Umwelt, Recht). Die Europäische Union wird geleitet von der Neigung, pragmatische Konsensbildung über Instrumente und Techniken zu befördern. Dieser Zugang entspricht den Erfahrungen im Umgang mit der Frage, wie Ergebnisse in der EU erreicht werden können. Eine strategische Grundsatzdiskussion ist durch diese rigide Form der Arbeitsteilung eher hinderlich. Sie wird üblicherweise von denjenigen in der EU favorisiert, die eine bestimmte Materie in den Vordergrund rücken wollen. Sobald diese Sicht einzelner Akteure nicht unmittelbar von allen anderen Akteuren geteilt wird, ist die Drohung mit einem nationalen Veto nicht weit. Verknüpfungen zwischen unterschiedlichen Materien werden nicht selten gesucht, um die eigene Sicht zu stärken. Was in innenpolitischen Aushandlungsprozessen zum System entwickelt worden ist („package deals"), führt in außen- und sicherheitspolitischen Fragen rasch zum Eindruck einer gelähmten, handlungsunfähigen EU, die sich im Klein-Klein von Einzelinteressen aufreibt.

Der EU mangelt es nicht an außen- und sicherheitspolitischer Expertise. Trotz aller immer wieder beklagten übermäßigen Fixierung auf Institutionen fehlen der EU-Mechanismen, um in Krisensituationen – dem Normalfall der internationalen Politik – zügig eigene Positionen zu formulieren, Interessen zu projizieren und Handlungen zu aktivieren. Um bestehende Expertise und institutionelles Nebeneinander zwischen den Mitgliedsstaaten der EU und den Organen der EU zu bündeln, könnte ein „Europäischer Sicherheitsrat" wichtige Koordinierungsaufgaben zwischen den Brüsseler Organen und den Regierungen der EU-Mitgliedsländer leisten. Er müsste neben einem klar gefassten Mandat vor allem mit einer grundlegenden Veränderung der EU-Entscheidungsprozesse einhergehen, wenn die Quadratur des Kreises gelingen soll: Das Einstimmigkeitsprinzip in Fragen der europäischen Außen-, Sicherheits- und Verteidigungspolitik müsste aufgehoben und die Durchsetzungsverbindlichkeit von außen-, sicherheits- und verteidigungspolitischen Beschlüssen müsste garantiert werden.

Um zu einer kohärenten strategischen Ausrichtung ihres weltpolitischen Anspruchs zu gelangen, steht sich die EU noch in anderer Hinsicht selbst im Wege: Ihre normativen Vorstellungen sind im innenpolitischen Aushandlungsprozessen Konsens geworden. Aber strategische Anforderungen und Verhaltensweisen können immer wieder neu in Widerspruch zu normativen Einstellungen und Empfindungen stehen. Protestieren allein genügt nicht, um in der Weltpolitik Wirkung zu haben. Aber: Protest und rhetorische Empörung sind bisher zu oft das einzige Mittel angesichts der begrenzten Wirkungsmöglichkeiten der EU. Humanitäre Interventionen haben sich in den vergangenen zwei Jahrzehnten diskreditiert. Dennoch könnte es auch in Zukunft vermehrt Krisensituationen geben, in denen sie unausweichlich werden. Sanktionen bleiben in ihren unmittelbaren Wirkungen begrenzt, wie zielgerichtet sie auch immer sein mögen. Der Instrumentenkasten der Europäischen Union umfasst unterdessen Handelsrestriktionen, Waffenembargo und Exportverbote für „dual use"-Technologien, Reiseverbote und das Einfrieren von Bankguthaben sowie Formen negativer Konditionalität, d.h. die Einstellung von Entwicklungshilfe bei schwerwiegenden Menschenrechtsverletzungen (Urbanski 2020). Der russische Angriffskrieg auf die Ukraine hat urplötzlich den friedensstiftenden Ankauf von militärischen Gütern und Waffen zum Instrumentenkasten europäischer Machtprojektion und Selbstverteidigung hinzugefügt. Eine tatsächlidhe wirksame Form der Einflussnahme auf das Geschehen in Staaten, deren Führung sich nicht an internationales Recht hält, ist bisher nicht erfunden worden. Der russische Aggressionskrieg auf die Ukraine hat die Aufgabe auf den Punkt gebracht: Die EU sucht nach Elementen einer Strategie des Sieges ihrer Überzeugungen, Interessen und Ambitionen ohne aktive Beteiligung an regime change oder Krieg. Ein „Europäischer Sicherheitsrat" müsste sich an diese Denkaufgabe machen, unterstützt von wissenschaftlicher Expertise, die in der EU vorhanden, aber nicht gut gebündelt ist. Zugleich müsste er rückgekoppelt sein an die politischen Organe der EU-Mitgliedsstaaten, um ihre Expertise zu nutzen und ihre Vetokapazitäten zu minimieren.

Hinter dem machtpolitischen Ringen, das Abstimmungsbedarf und Entscheidungsfindung bei nahezu jedem gewichtigen außen- und sicherheitspolitischen Thema in der EU begleitet, stehen die Dilemmata, mehr aber noch die oftmals unerfreulichen, aber unvermeidlichen Entscheidungszwänge der zeitgenössischen Weltpolitik. Eine geopolitisch und geoökonomisch agierende EU zu werden, die darin von den anderen großen Akteuren der Weltpolitik anerkannt und akzeptiert wird, bleibt eine anstrengende Lernaufgabe. Angesichts aller denkbaren Alternativen muss man von einer nicht nur notwendigen, sondern existenziellen Lernaufgabe der EU sprechen, um strategische Vorausschau in politischen Willen zu übersetzen. Strategische Sicherheit für die eigene freiheitliche Lebensweise zu entwickeln ist wohl die wichtigste Aufgabe für das politische Denken der Europäischen Union. Die „Geburtsstunde des geopolitischen Europas" (Josep Borell zitiert bei Brzozowski, 2022) verlangt viele kluge Antworten.

Emmanuel Macron, Initiative für Europa (2017)
„Unsere politischen Debatten sind in Europa immer schwieriger als im Rest der Welt. Denn der europäische Sisyphos muss immer noch sein Unübersetzbares vor sich her rollen. Doch dieses Unübersetzbare ist unsere Chance! Es ist ein Teil des Mysteriums in jeder und jedem von uns und es ist Teil des Vertrauens in das europäische Projekt. Es ist die Tatsache, dass wir, die wir nicht dieselbe Sprache sprechen und diesen Teil unbekannter und unüberwindbarer Differenz besitzen, zu einem bestimmten Zeitpunkt beschliessen, gemeinsam zu arbeiten,

> obwohl wir uns hätten trennen können. Ich bekenne mich zu diesem Teil unübersetzbarer, unüberwindbarer Differenz, weil ich mir einen glücklichen Sisyphos vorstellen möchte."

Übung

Lösungsskizzen zu diesen Fragen finden Sie online unter:

https://www.utb.de/doi/book/10.36198/9783838558943

1. Wie kann ein föderal verfasstes Europa Weltmachtfähigkeit lernen und gegenüber anderen Großmächten bestehen?
2. Wie behindern unterschiedlichen Erfahrungen und Herangehensweisen die konsequente Entwicklung von europäischer Souveränität in Fragen der Sicherheit?
3. Wie müssen die Prozesse und Strukturen der Politik neu gedacht werden, um europäische Souveränität durch strategische Vorausschau zu stärken?
4. Wie lassen sich bestehende argumentative und operative Hindernisse überwinden, um die strategische Sicherheit der EU zu verbessern?
5. Wie lässt sich strategische Vorausschau in wirkungsvolleren Gestaltungswillen der EU übersetzen?

V. Folgerungen

1. Selbstbehauptung: Die in die veränderte Welt gestellte Europäische Union

Die Welt, von der die Europäische Union nur ein Teil ist, hat sich seit Beginn des europäischen Einigungsprozesses dramatisch verändert. Das Kapitel beginnt mit der Einschätzung, dass die explosionsartige Zunahme der Weltbevölkerung der am stärksten unterschätzte Faktor unter allen Veränderungen seit Mitte des 20. Jahrhunderts ist. Damit verbunden war die enorme Verbreitung des nationalstaatlichen Souveränitätsdenkens aufgrund der starken Zunahme neuer Staaten. Unterdessen, so setzt sich die Analyse fort, unterliegt die Europäische Union massiven Deutungszweifeln in einer Epoche, in der schon der Postkolonialismus überwunden schien und gleichzeitig hegemoniale Vorstellungen über imperiale Einflußsphären zurückgekehrt sind. Inmitten neuer interner Selbstzweifel und externer Infragestellungen werden Überlegungen zur Diskussion gestellt, ob und wie die Europäische Union zwar kein Imperium, aber doch eine Weltmacht sein kann.

Anregung für eine kreative Gestaltung der Seminareinheit: Die Seminarteilnehmerinnen und Seminarteilnehmer stellen in fünf Kleingruppen Bausteine für eine Rede des Vertreters der Europäischen Union vor der Generalversammlung der Vereinten Nationen zum Thema Klimaschutz mit besonderem Fokus auf Fragen der Entwicklung der Weltbevölkerung zusammen. In der anschließenden gemeinsamen Diskussion werden Kritikpunkte aus der Sicht anderer Akteure der internationalen Politik erörtert.

1.1 Unterschätzte Faktoren: Demographie und nationales Souveränitätsdenken

Die unvollendete ökonomische Globalisierung ist Treiber vieler zeitgenössischer Konflikte und Paradoxien. Die Weltbevölkerung hat sich zwischen 1960 von 3 Milliarden Menschen auf 7,9 Milliarden 2021 vermehrt (Frankfurter Allgemeine Zeitung 2021). Für 2057 wird mit 10 Milliarden Menschen gerechnet. Die Bevölkerung der Staaten, die die EU ausmachen, ist von 1960 bis 2019 von 13,5 Prozent der Weltbevölkerung auf 6,7 Prozent gesunken (mit rund 447 Millionen Unionsbürgerinnen und Unionsbürgern). Die EU-Bevölkerung sank infolge des Brexits noch einmal auf 5,9 Prozent. Bis 2057 wird die Bevölkerung der EU auf 5,1 Prozent der Weltbevölkerung sinken (Kiss 2020: 2).

Die Entwicklung der Weltbevölkerung und ihre Zusammenhänge sind der erste Treiber, der viele der heutigen Phänomene erklärt, die sich in den großen Konflikten und Krisen der Welt ausdrücken. Demographische Grunddaten wirken auf

Nahrungs-, Wasser-, Energieverbrauch. Sie beschleunigen den Klimawandel und führen zu neuen, massiveren Folgeproblemen. Pandemien gehören dazu, von denen die Corona-Pandemie nicht die letzte gewesen sein dürfte. Es gehört zu den Paradoxien der unvollendeten Globalisierung, dass sich in den vergangenen Jahrzehnten wesentliche Kennziffern verbessert haben, die die Entwicklungsprobleme der Menschheit zum Ausdruck bringen. Dennoch: Der menschliche Fortschritt wird durch die globale Bevölkerungszunahme in erheblichem Masse neutralisiert. Eine Milliarde Menschen müssen noch immer von weniger als einem Dollar pro Tag leben, barfuß und ohne Zugang zu fließendem Wasser. Drei Milliarden Menschen leben von Subsistenzwirtschaft. Zwei Milliarden Menschen leben von 8 bis 32 Dollar pro Tag. Eine Milliarde Menschen leben auf einem Niveau leicht darüber. Tatsächlich hat in allen Segmenten der Weltbevölkerung im Laufe der letzten Generation enormer Entwicklungsfortschritt stattgefunden. Dieser Fortschritt aber ist nicht stabil und nicht gleichmäßig auf der Welt verteilt. Notwendig sind daher neue und innovative Konzepte von Entwicklung. Nachhaltige Entwicklung ist unterdessen zum Mantra der Weltgemeinschaft geworden. Bisher zu wenig beachtet wird das Konzept der „reverse innovation", das Entwicklungsfragen und technische Innovation kreativ kombiniert, um zur Stabilisierung des Mittelstands im globalen Süden auch und gerade durch Forschungsimpulse aus dem industrialisierten Norden beizutragen (Govindarajan/Trimble 2012).

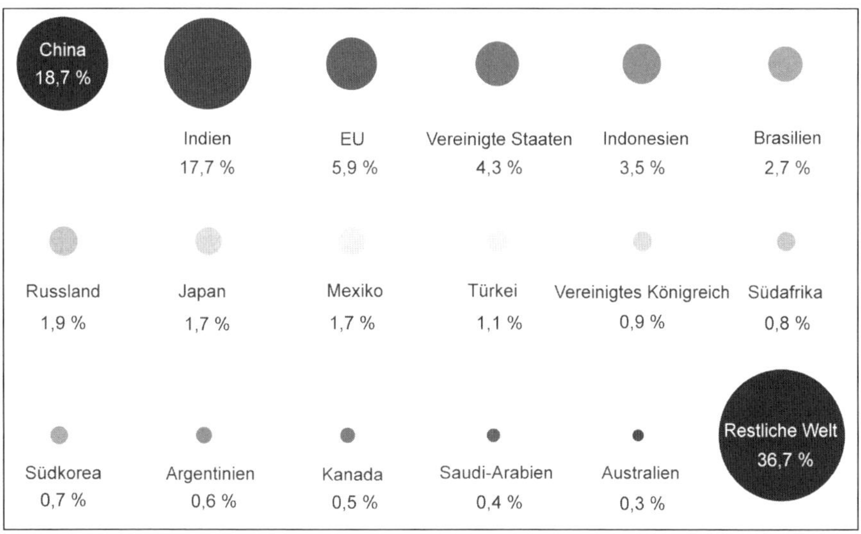

Abb. 5: Verteilung der Weltbevölkerung (Stand 2018)
Quelle: Eurostat (2020).

Viele Verbesserungen im Entwicklungsstandard werden durch die hohe Bevölkerungszunahme vor allem in Afrika wieder nivelliert. Dort sind weiterhin 40 Prozent der Bevölkerung jünger als 15 Jahre. Angesichts dieses Jugendüberschusses („youth bulge") vergrößert sich die afrikanische Bevölkerung jährlich um 30 Millionen Menschen. Derzeit hat Afrika 1,2 Milliarden Einwohner. Für 2100 prognostiziert die UNO bis zu 4,4 Milliarden Menschen, die in Afrika leben. Viele der am stärksten wachsenden Länder der Erde tauchen bisher in den Statistiken der Verursacher von Emissionen aufgrund fossiler Brennstoffe noch gar nicht auf. Mit der wachsenden Verbesserung der Lebensverhältnisse wächst der Energieverbrauch und zugleich auch der Wusch nach Auswanderung. Weiterer Klimawandel ist in vielen Ländern der Erde vorprogrammiert, deren Regierungen zugleich mit Bevölkerungszuwachs und der Notwendigkeit, ihrer Jugend Ausbildung, Arbeit und Lebensperspektiven zu geben, konfrontiert sind. Das gehört zu den Paradoxien von Entwicklung unter den heutigen Bedingungen: Länder mit einem mittleren Einkommen von 5.000 bis 10.000 Dollar pro Kopf/Jahr haben eine dreimal höhere Auswanderungsrate als Länder mit einem niedrigen Einkommen von 2.000 Dollar pro Kopf/Jahr. In Niger liegt das Durchschnittseinkommen (BIP pro Kopf) bei 1.000 Dollar, in Nigeria bei 6.000 Dollar, im weltweiten Durchschnitt bei 17.000 Dollar, in Deutschland bei 50.000 pro Kopf/Jahr. Würde die Entwick-

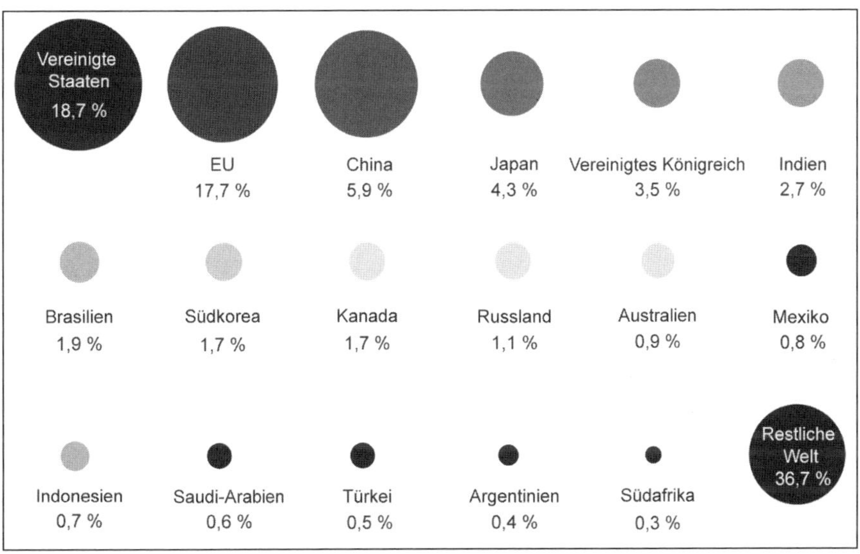

Abb. 6: Verteilung des Weltbruttoinlandsprodukts (Stand 2018)
Quelle: Eurostat (2020).

lungshilfe um 10 Prozent erhöht, so stiege die Auswanderungsquote gegenüber der Gesamtbevölkerung um 1,5 Prozent, haben Forschungen gezeigt (Plickert 2019: 16). Erst ab einem bestimmten Entwicklungsniveau können Smartphone und Menschenschmuggler gezahlt werden.

Noch immer ist für viele Menschen die Angst, in der Heimat könnte es bald wieder weniger gut vorangehen, größer als die Furcht, auf der Migration zu sterben oder in Europa schlecht behandelt zu werden. Aber auch die Menschen, die in dem Land ihrer Geburt bleiben, wünschen ein Leben in Würde, mit Arbeit, Einkommen und Lebenschancen. Europa ist für viele von ihnen bei aller Ablehnung von Kolonialismus und Imperialismus weiterhin (oder wieder) Referenzpunkt vieler Hoffnungen. Frieden, Freiheit, Wohlstand und hohes Sozialniveau wirken anziehend. So verwundert es nicht, dass 30,2 Prozent aller Migranten weltweit (77,9 Millionen von 257,7 Millionen im Jahr 2017) in Europa leben (davon 38,5 Millionen als „Ausländer" und 16,9 Millionen als Angehörige eines EU-Mitgliedsstaates). Der Anteil der Migranten an der Gesamtbevölkerung Europas liegt damit bei 10,5 Prozent gegenüber 3,4 Prozent Migranten an der Weltbevölkerung insgesamt (Bundeszentrale für Politische Bildung 2018). Der Migrationsdruck auf die EU dürfte anhalten und stärker werden, obgleich dies für die Herkunftsländer häufig mit dem Verlust gut ausgebildeter aktiver Menschen einhergeht. Auch die weltweiten Fluchtbewegungen sind nicht erklärbar ohne eine gewisse Zunahme an Wohlstand im globalen Süden, die organisierte Flucht erst möglich werden lässt. Dabei gehört es zu den besonders auffälligen Paradoxien der Zeit, dass muslimische Menschen aus Ländern nach Europa drängen, die von inneren Auseinandersetzungen oder offenen Gewaltkonflikten zwischen aufklärerischer Moderne, die mit Nationalstaatsbildung und ökonomischer Globalisierung verbunden ist, und dem kulturellen Gegenuniversalismus des politischen Islam erschüttert sind. Eine noch gefährlichere Paradoxie für die Stabilität der EU entsteht, wo islamistischer Gegenuniversalismus und russischer Neoimperialismus sich zu einer antiwestlichen – und das heißt nicht nur antiamerikanischen, sondern immer auch: antieuropäischen – Allianz zusammenfinden. In Mali (2021) und in der Ukraine (2022) wurde dieses ganz eigentümliche Horroszenario bereits sichtbar (russische Söldner und Sahel-Jihadisten, Putins Invasionsarmee und tschetschenische Elitekämpfer).

Der zweite Treiber zeitgenössischer Paradoxien und Konflikte ist Folge der konsequenten globalen Ausbreitung des modernen Souveränitätsdenkens. 1945 wurden die Vereinten Nationen von 50 souveränen Staaten gegründet. Heute gehören der UNO 193 formal souveräne Staaten an. Viele von ihnen haben die westliche Kolonialherrschaft abgeschüttelt. Sie taten dies im Namen eines anderen aus dem Westen stammenden Prinzips: Sie schufen den auf autonome Souveränität gegründeten Staat. In über vierzig neuen Staaten sind allein seit Ende des Kalten Krieges 1990 Bürgerkriege ausgebrochen. Es handelt sich um Konflikte um Ressourcen und Macht, um Identität und auch um Stellvertreterkriege. Auch wenn die These umstritten sein dürfte: Schleichend hat sich ein Dritter Weltkrieg ausgebreitet. Über 12 Millionen Tote und 65 Millionen Flüchtlinge sind seine bisherigen humanen Opfer, die bislang in mehr als vierzig Staaten der Erde gezählt werden mussten (Kühnhardt 2017: 13–60). Mit dem russischen Aggressionskrieg in der Ukraine ist 2022 die neue Wirklichkeit endgültig in Europa angekommen, das so lange so gerne in der Illusion von dauerhaft vorteilhaften Friedensdividenden gelebt hatte. Dabei zeigen der neoimperiale Größenwahn Russlands und das von Geheimdiensten und ihren Methoden getragene Regime Putin, dass die Globalisierung des Nationalstaates und der ihm zugrunde liegenden Idee der Selbstbestimmung eines jeden Volkes auch von Konzepten herausgefordert werden, die ihre Wurzel in der imperialen Hegemonialpolitik und dem Denken in Einflußsphären haben, das üblicherweise dem 19. Jahrhundert zugerechnet wird. Auch China verfolgt das Ziel einer Neuordnung der Welt nach den Vorstellungen klassischer Imperialmächte, wenngleich eleganter und abwägender als Russland.

Eine Reihe von Staaten hat unterdessen das Prinzip übernommen und auf die eigenen Umstände angepasst, das den europäischen Nationalstaat einstmals zu seiner Größe geführt hat: Das Konzept des Machtstaates. Dessen Erfolg wird über wirtschaftlichen Aufstieg definiert und dessen Achtung wird über die Projektion seiner Machtinstrumente beansprucht. Die erfolgreichen Staaten dieser Ländergruppe stehen vor der Frage, wie sie sich zur Ordnung des Völkerrechts und des Multilateralismus verhalten. Da beides ebenfalls Konzepte westlichen Ursprungs sind, tun sich vor allem moderne Machtstaaten schwerer mit diesen Konzepten als postmoderne Mitgliedsstaaten der Europäischen Union, die damit begonnen haben, Souveränität zwischen der nationalen und der europäischen Ebene zu teilen (Cooper 1996: 27–47). China, Russland, aber auch die Türkei, Brasilien, Indien und in weniger exponierter Weise eine Reihe von regionalen Mächten halten am Konzept autonomer nationaler Entscheidungssouveränität fest. Die USA schwanken seit Ende des Kalten Krieges immer wieder neu zwischen dem Primat der nationalen Souveränität und ihrer Bestimmung zur Ermöglichung und Unterstützung multilateraler Kooperation. Im Gegensatz zu den postmodernen EU-Staaten, die geteilte Souveränität anstreben, halten diese Staaten unvermindert an der autonomen nationalen Souveränität fest. In diesem Sinne repräsentieren sie „altes Europa". Nicht wenige der mittelgroßen aufstrebenden Regionalmächte des globalen Südens stehen vor Entscheidungen: Sollen sie eher an die Sichtweise des autonomen Machtstaates heranrücken oder sollen sie ihre Zukunft in regionalen Verbunds- und Integrationssystemen suchen, die unterdessen in aller Welt existieren?

1.2 Europas kulturelle Deutungszweifel nach dem Post-Kolonialismus

Fragen im Zusammenhang mit dem globalen Süden sind für die Stabilität und Zukunft der Europäischen Union möglicherweise und trotz der aktuellen Bedrohungen durch das revisionistische Russland von größerer Bedeutung als das Management der Beziehungen zu den anderen großen weltpolitischen Akteuren in der nördlichen Hemisphäre. Die Beziehungen der EU zu den USA und zu Russland, ebenso zu China und zur Türkei sind und bleiben es über den russischen Aggressionskrieg in der Ukraine hinaus. Die Mechanismen sind eingeübt, wie mit dem breiten Spektrum dieser Beziehungen umgegangen werden muss, einschliesslich der 2022 dem Westen aufgezwungenen Neuauflage der Abschreckungsstrategie gegenüber Russland. Gegenüber der komplexen Agenda des globalen Südens sind solche Mechanismen in der EU aber noch keinesfalls etabliert und erprobt. Dabei waren die Länder, die heutzutage als globaler Süden zusammengefasst werden, früher zumeist Kolonien europäischer Machtstaaten. Der langen hegemonialen Verbindung folgte häufig massive Amnesie. Dem Imperialismus folgte das schlechte Gewissen. Zunächst dominierte im Westen die Hoffnung auf Erlösung durch Entwicklungshilfe. Später folgte eine Form der postkolonialen Vergangenheitsbewältigung, in der sich Entschuldigungsrituale mit kulturellem Relativismus mischten. Am bisherigen Ende dieser Transformationsprozesse stehen die Debatte um die Rückgabe von Kulturgut aus den Museen der Welt an Herkunftsorte im globalen Süden, vereinzelt gesteigert in einer eigenartigen und nahezu prototototalitären „cancel culture". Historische Erfahrung sollte warnen, denn sie zeigt: Wo Denkmäler gestürzt werden, könnten eines Tages auch Köpfe rollen.

Es gibt auf dieser Welt eine Vielzahl von Kulturen. Jede Kultur bildet für sich ein Zentrum. Nur wenn dieser Ausgangspunkt einer Universalität in Vielfalt anerkannt wird, kann das Eigene im Verhältnis zu anderen Kulturen differenziert betrachtet werden. Nur so lassen sich Überheblichkeit oder Rassismus vermeiden – von wem auch immer und in welche Richtung auch immer. Nur so lässt sich für Europäer der Blick der Anderen auf Europa erfassen – und umgekehrt. Die politische Dekolonisation ist weltweit abgeschlossen. Seit der formalen Unabhängigkeit hat sich an vielen Orten der Erde bereits die politische Dekolonisation des postkolonialen Zeitalters vollzogen. Politischer Generationenwechsel hat vielerorts im globalen Süden den Sinn für Eigenverantwortung, für „ownership", gestärkt. Eine nachholende Dekolonisation aber ist erst in jüngerer Zeit heftig entbrannt: Die psychologische und kulturelle Dekolonisation. In diese Identitätsdiskurse hinein verwoben sind die Folgen des antiwestlichen kulturellen Gegenuniversalismus, der vor allem vom radikalen politischen Islam repräsentiert wird.

Anders als politischer Regimewechsel lässt sich kultureller Wandel nicht rückgängig machen. Kultur wird nach vorne hin gelebt. Nach hinten wird sie bestenfalls uminterpretiert, ebenso wie die Deutung der Geschichte. Ungeschehen machen kann man kulturellen Wandel und Geschichtsepochen nicht, indem man beispielsweise Begriffe wie „Rasse" abschaffen will. Schon gar nicht lassen sich kultureller Wandel und Geschichtsepochen ungeschehen machen mit Begriffen und Normen, die zu der Zeit noch gar nicht existiert hatten, die unterdessen neu gedeutet wird. Die Umdeutung von Begriffen ändert nichts an dem Gewesenen. Für viele Gesellschaften des Südens gilt weiterhin, was der Ethnopsychologe David Signer „postkoloniale Fixierung" genannt hat (Signer 2016: 17). In nicht wenigen Ländern Europas wiederum ist die kulturkämpferische Herausforderung von Islamismus und Jihadismus längst zur größten Gefahr für die innere Sicherheit geworden.

Der Historiker Wolfgang Reinhard hat die „Expansivität Europas" und ihre Folgen differenziert analysiert. Er verglich die heutigen globalen Zusammenhänge mit dem Verhältnis des modernen Europa zur Antike: „Viele Europäer sprechen heute eine Sprache, die ganz oder teilweise auf das Lateinische zurückgeht, ihre Rechtskultur ist vom Römischen Recht geprägt und der römische Katholizismus ist immer noch die Religion vieler von ihnen (...) Aber niemand fühlt sich deswegen noch von Rom kolonisiert, denn die Kultur der Römer ist längst unser Eigentum geworden." So seien auch die vielfältigen auf Europas koloniale Expansion zurückgehenden Elemente in anderen Kulturen (Kalender, Sprache, Infrastruktur, Staatskonzept) längst als Teil der eigenen Kultur angeeignet und damit den Europäern „enteignet" worden (Reinhard 2018: 18).

Die Expansivität Europas und ihre Folgen

„Der pauschale Antagonismus von Kolonialherren als bösen Tätern und Kolonisierten als guten Opfern ist empirisch umzutreffend (...) Geschichte ist selten schwarz-weiss, sondern meistens grau in grau, weil sich das komplexe Geflecht von Ursachen und Wirkungen schon bei begrenzten historischen Sachverhalten kaum endgültig entwirren lässt (...) Die Menschheit hat zu diesem Zweck das Verzeihen, das Vergessen und die Versöhnung erfunden (...) Zwar ist es auf den ersten Blick das Geschäft der Historiker, die Erinnerung wachzuhalten. Aber nicht nur. Schon Goethe hat weiter geblickt: ‚Geschichte schreiben ist eine Art, sich das Vergangene vom Halse zu schaffen' statt sie als nicht aufgearbeitete Last weiterzuschleppen."

(Reinhard 2018: 18)

Eine Folge der globalen Transformation ist bisher im Westen weitgehend unbeachtet geblieben: Epochenveränderungen vollziehen sich kulturimmanent und nicht notwendigerweise universal. Ein Beispiel: Der 8. Mai 1945 steht in Europa für das Ende des Zweiten Weltkrieges. Am gleichen Tag fand in der algerischen Stadt Sétif ein grauenhaftes Massaker durch französische Polizisten mit bis zu 30.000 algerischen Toten statt. Es war der Beginn des Krieges um Algerien, der 1962 zur Unabhängigkeit des bis dahin voll in die Französische Republik inkorporierten Landes führen sollte. „Der andere 8. Mai" (Leggewie 2015) ist in Europa ebenso wenig Teil des eigenen Geschichtsnarratives wie es das Epochenjahr 1979 ist, „als die Welt von heute begann" (Bösch, 2019): 1979 fand der Einmarsch der Sowjetunion in Afghanistan statt, der den jahrzehntelangen dortigen Widerstand gegen Invasoren begründete. Der Schah von Persien wurde durch Islamisten gestürzt. Deng Tsiao-Ping, der Reformer Chinas, wurde im gleichen Jahr von „Time" zum Mann des Jahres gekürt. 1979 war als Epochenjahr von größter weltgeschichtlicher Bedeutung. Während sich das zeitgenössische Europa bis heute weithin über 1989 (Fall der Berliner Mauer) definiert und die USA über 2001 („9/11"), galten und gelten für andere Teile der Welt andere Epochenzäsuren. Die iranische Revolution von 1979, der Fall von Kabul an die Taliban 2021, aber auch das hundertjährige Bestehen der Kommunistischen Partei Chinas 2021 oder das hundertjährige Bestehen der türkischen Republik 2023 haben zumindest dort jeweils Epochencharakter.

Wie kein anderes bisheriges Phänomen hat erst die 2020 ausgebrochene Corona-Pandemie das Bewusstsein für die Globalität einer Epochenzäsur herstellen können. Dabei verweist die Corona-Pandemie auf den Ausgangsbefund dieses Kapitels: Die Corona-Pandemie als ein neuartiger Weltsouverän, die in aller Welt über den Ausnahmezustand verfügen konnte, hat bestätigt, wie unvollkommen die Globalisierung geblieben ist (Kühnhardt 2020). Die ärmsten Länder waren am stärksten betroffen, auch von den ökonomischen und sozialen Folgen der Pandemie. Erstmals seit Jahren stieg die Zahl der Hungernden wieder. Mehr als zwei Dutzend Staaten standen infolge der Konsequenzen der Corona-Pandemie vor dem Staatsbankrott. Die Europäische Union legte für sich selbst einen großzügig bemessenen Corona-Wiederaufbaufonds auf. Für den globalen Süden waren darin keine Mittel vorgesehen. Im Gegenteil: Die Mittel für die Entwicklungszusammenarbeit der EU nach 2022 sanken. Der Umgang mit der Corona-Pandemie stellte der Europäischen Union in ihrem weltpolitischen Anspruch ein schlechtes Zeugnis aus. Ob sie es will oder nicht, wird sich die EU mit allen Schattierungen der unvollendeten Globalisierung auseinandersetzen müssen, wenn sie sich in einer veränderten Welt nicht nur behaupten, sondern ihrem Anspruch gemäß verhalten will.

1.3 Zur Diskussion gestellt: Kein Imperium und doch eine Macht unter Mächten

Eine gemeinsame Antwort „des Westens“ auf die Herausforderungen einer neuen Epoche ist nicht mehr so einfach wie zur Zeit des Kalten Krieges. Das weltpolitische Denken der USA hat sich jenseits präsidentieller Mehrheiten einstweilen und wohl eher dauerhaft zum Primat der Innenpolitik umorientiert. Der Umbau der amerikanischen Globalstrategie, vor allem bei der Terrorismus-Bekämpfung nach dem Afghanistan-Debakel 2021, zwingt die EU zu einem realistischen Denken und schnelleren Handeln (Kampfdrohnen, Cyber-Kapazitäten). Der Verzicht der USA, sich nach deprimierenden Erfahrungen in den vergangenen Jahrzehnten künftig nicht mehr auf Prozesse des „nation-building“ im globalen Süden einzulassen, zwingt die EU erst Recht zu einem umfassend neuen strategischen Denken: Die meisten fragilen Staaten mit potentiell hohem Migrationsdruck liegen in der unmittelbaren südlichen, südöstlichen und östlichen Nachbarschaft Europas. Die Unberechenbarkeit des russischen Neoimperialismus im Gewand eine totalitärer Geheimdienstregimes hat 2022 alternativlos die amerikanisch-europäische Allianz, die Atlantische Zivilisation, erneuert und gestärkt. Trotz aller ständigen Bemühen um Balance zwischen Abschreckung und Kooperation bleibt Europa gegenüber Russland verwundbarer als die Demokratien Nordamerikas. Europas Sicherheit bleibt abhängig von der strategischen und das heißt vor allem: der nuklearen Präsenz der USA in Europa. Auch beim strategischen Umgang mit China lesen die USA und die EU nicht notwendigerweise vom gleichen Blatt. Gegenüber China hat die EU zu der Formel gefunden, das Land sei „Kooperationspartner, Verhandlungspartner, wirtschaftlicher Wettbewerber und Systemrivale“. Hinter diesen wie anderen politischen Formeln verbirgt sich nicht selten die ungern eingestandene Hilflosigkeit, nur sehr begrenzte Möglichkeiten der Einflussnahme auf die inneren Entwicklungen in anderen Machtstaaten zu haben. Es wird wissenschaftlich wie politisch bedeutsam werden, die langfristigen Folgen der westlichen Isolation von Russland und der Sanktionspolitik von EU und USA auszuwerten sobald dazu die Zeit gekommen sein wird.

Zwei Sichtweisen beherrschen die Diskussionen in der Europäischen Union. Auf dem einen Ende des Spektrums wird konstatiert, der Westen habe kein Projekt mehr und als Teil des Westens sei auch die EU im Niedergang begriffen (Fischer 2018). Die andere Seite des Spektrums wird bestimmt von der Vorstellung, die EU sei als ein post-modernes Imperium sozusagen die Zukunft des Westens (Gehler 2014: 1255–1307). Ergiebiger ist es, die EU als das zu sehen, was sie sein will – Weltmacht – und nach Kategorien zu fragen, die diesen Anspruch interpretieren können.

1. *Kulturell:* Die EU wird mit den Folgen des partiellen Rückzugs der USA aus der weltpolitischen Führungsrolle nicht nur strategisch, sondern auch kulturell auf lange Zeit zu tun haben. Europa steht vor der gewaltigen Aufgabe, den Fort-

schrittsbegriff, der mit den Denkkategorien der Aufklärungsphilosophie eng verbunden ist, neu zu durchdenken. Die EU muss dabei die Spannungen neu bewerten, die sich daraus ergeben, dass angebliche Gewissheiten und Selbstverständlichkeiten des westlichen Denkens auf eigentümliche, zum Teil offen gegensätzliche Vorstellungen und Normen treffen, die in anderen Regionen und Kulturkreisen existieren. Zur Redlichkeit gehört es, anzuerkennen, dass auch innerhalb Europas gegensätzliche Deutungen von grundlegenden Identitäts- und Normfragen bestehen, die nicht mit moralisierender Rechthaberei aufgelöst werden können. Die Fortschrittsgewissheit der modernen westlichen Demokratie befindet sich inmitten ihrer größten Bewährungsprobe seit dem totalitären Zeitalter.

2. *Ökonomisch:* Die EU wird schon aus Eigeninteresse Advokat einer offenen und zugleich regelbasierten Weltwirtschaft bleiben müssen. Insofern muss die EU daran interessiert sein, dass Isolation, Sanktionierung und Abschreckung Russlands nicht zu einer De-Globalisierung mit und in anderen Weltregionen führen. Das bedeutet indessen auch, stärker die Mechanismen und Strukturen zusammenzudenken, die den Ansatz einer offenen Weltwirtschaft unterstützen. Dazu gehören nicht nur eine funktionsfähige Welthandelsorganisation und die Weiterentwicklung der G20-Gruppe. Immerhin gut ein Drittel der Weltbevölkerung folgt in ganz unterschiedlichen Formen dem Modell regionaler Integration. Region-building in anderen Kontinenten zu unterstützen, bedeutet für die EU, die Resilienz der daran beteiligten Staaten und ihrer Regionen zu stärken.
3. *Politisch:* Die Europäische Union wird eine kohärente entwicklungs-, außen-, sicheheits- und verteidigungspolitische Strategie mit Realismus, ohne beschönigende Wirklichkeitsverdrängung und auch mit Zurückhaltung, gelegentlich sogar Demut verbinden müssen, um weltpolitisch wirksam sein zu können. Es ist kein erfolgversprechendes Leitmotiv, stets maximale Ziele durchsetzen zu wollen. Klugheit ist auch im Umgang mit Regimen und Gesellschaften erforderlich, die nicht die in Europa selbstverständlichen Normen und Praktiken akzeptieren. Für den Erfolg der EU wird smart power eine wichtigere Rolle spielen als soft power, über die die EU durchaus verfügt, und als hard power, die in der EU noch immer deutlich unterentwickelt ist.

Viele aufstrebende Schwellenländer, aber auch die USA, China und die Türkei verfügen über eine jüngere und im Verhältnis zu vielen EU-Mitgliedsstaaten größere Bevölkerung. Während einige Staaten bewusst einen ideologisch-religiös definierten antiwestlichen und antimodernistischen Gegenuniversalismus postulieren, sind viele Gesellschaften des globalen Südens an Konsum, Kaufkraft und der Verbesserung ihrer Lebensverhältnisse, kurz: an Aufbruch und Fortschritt, interessiert, während Europa altert. Darin ähnelt die EU mehr Russland als anderen wichtigen Staaten auf der Erde. Nur wo es der EU gelingt, nicht nur als Addition ihrer Mitgliedsstaaten wahrgenommen zu werden, wird die EU wichtigste Gestaltungsmacht der Erde neben den USA und China werden können. Wo immer die EU fragmentiert auftritt oder wahrgenommen wird, gelingt ihr diese Rolle in keinem Falle. Diese Ausgangsbedingung im Denken und Handeln zu verinnerlichen und jederzeit die erforderlichen Schlüsse zu ziehen, wird ausschlaggebend dafür sein, ob europäische Souveränität gelingt.

Der Politikwissenschaftler Dan Krause hat „Handlungsfähigkeit" als den entscheidenden Maßstab benannt, um das Ziel europäischer Souveränität in Fragen der Außen- und Sicherheitspolitik zu beurteilen: Es gehe „um bewußtes, intendiertes aktives und eigenständiges Tätigwerden auf dem Feld der Außen- und Sicherheitspolitik mit dem Anspruch auf erfolgreiche Teilhabe an Interaktionen und Prozessen der internationalen Politik und der internationalen Beziehungen." (Krause 2020: 17) Krause hat Handlungsfähigkeit als eine dreifache Fähigkeit beschrieben: zu analysieren, zu entscheiden, zu handeln. Damit hat er die treffenden Stichworte benannt, an denen sich die Selbstbehauptung der Europäischen Union in der veränderten Welt des 21. Jahrhunderts orientieren und beurteilen lässt. Man kann es auch anders sagen: Die EU muss gleichermaßen ihre Macht und ihren Einfluss zur Geltung bringen. Dazu wird neben der Handlungsfähigkeit vor allem eine zweite Ressource der Politik benötigt: Gestaltungswillen.

Die Handlungsfähigkeit der Europäischen Union in der Außen- und Sicherheitspolitik

„Eine umfassend handlungsfähige Europäische Union, auch in der Außen- und Sicherheitspolitik, (...) wäre, neben der längst fälligen stärkeren europäischen Verantwortungsübernahme, vor allem der Ausgang aus der selbstverschuldeten außen- und sicherheitspolitischen Unmündigkeit."
(Krause 2020: 32)

Übung

Lösungsskizzen zu diesen Fragen finden Sie online unter:

https://www.utb.de/doi/book/10.36198/9783838558943

1. Welche Faktoren in der Welt haben sich seit Entstehung der EU grundlegend geändert?
2. Welche Folgen hat die vorrangige Bedeutung von Entwicklungen des globalen Südens für die Selbstbehauptung der EU?

3. Was bedeutet es, dass sich Epochenwechsel eher kulturimmanent oder regional und nicht zwingenderweise global und einheitlich vollziehen?
4. Welche Bedingungsfaktoren bestimmen die weitere Entwicklung einer multilateralen Weltordnung?
5. Kann die Europäische Union als Weltmacht gedacht werden, ohne dass sie ein Imperium sein will?

2. Regierungsfähigkeit: Die gegen die europäische Geschichte gedachte Europäische Union

Das Kapitel geht von der These aus, dass die heutige Normalität der Europäischen Union als ihre Finalität betrachtet werden sollte. Anstelle auf visionäre Gegenentwürfe zur Gegenwart der europäischen Einigung zu hoffen, dürften auch künftig interne wie externe Krisen wichtigster Motor für die Weiterentwicklung der EU sein. Anschließend wird gezeigt, dass und warum die Europäische Union eine konstruierte Form des region-building bleiben wird. Schließlich werden Überlegungen zur Diskussion gestellt, wie die Fähigkeit des Regierens in der Europäischen Union verbessert und wie die EU stärker politisch gedacht werden kann.

Anregung für eine kreative Gestaltung der Seminareinheit: Die Seminarteilnehmerinnen und Seminarteilnehmer führen ein Brainstorming durch und sammeln Stichworte für eine weiterführende Forschungsagenda, die an das Thema und die Erkenntnisse des Seminars anschließt.

2.1 Normalität als Finalität

Der Nationalstaat galt in Europa lange Zeit nicht nur als Schutzraum der Völker und als Hüter autonomer Souveränität. Der europäische Nationalstaat galt lange auch als Instrument der Modernisierung. Geblieben sind davon gewichtige Aspekte des Nationalstaates überall dort, wo er funktioniert. Üblicherweise werden Rechtssicherheit und Sozialstaatlichkeit als Erstes genannt. In anderen Bereichen hat das Konzept des Nationalstaates in Europa seinen Nimbus der Unfehlbarkeit verloren: Handlungsmacht ist den Nationalstaaten entzogen worden infolge neuer Entwicklungen der Kriegsführung, der Weltwirtschaft und aufgrund globaler Krisen, die jenseits Europas ihren Ursprung haben und über die Entscheidungskapazität einzelner Staaten hinausgehen. Die Umwelt- und Klimathematik wird heutzutage an erster Stelle einer Liste genannt, wenn „Menschheitsthemen“ aufgelistet werden, bei deren Bewältigung Europa eine Vorreiterrolle übernehmen sollte. Die europäische Einigung wurde ursprünglich als Hoffnung gedeutet, die Defizite des Nationalstaates zu kompensieren: Indem klar definierte nationale Souveränitätselemente zusammengelegt wurden, sollte der Nationalstaat zugleich gerettet und in seinen Schwächen überwunden werden.

Bei dieser Sichtweise konnte sich jeder in Europa über lange Jahrzehnte seine nationale Wunschliste zusammenstellen: Für die etablierten Staatsnationen Westeuropas bedeutete Europa die Hoffnung, dort neu gestärkt zu werden, wo strukturelle Schwächen durch den Verlust einstiger Weltmachtgeltung entstanden waren. Für Deutschland bedeutete Europa die Hoffnung, als postnationale Demokratie aus den Spannungen der Machtpolitik befreit zu werden, aus der heraus das Deutsche Reich zunächst andere und am Ende sich selbst zerstört hatte. Für die Völker der Kulturnationen Mitteleuropas bedeutete Europa die Hoffnung, aus der Lage einer Zwischenzone zwischen Imperien befreit zu werden, um nicht länger Spielfeld anderer, sondern gleichwertiger Mitspieler bei Garantie der eigenen kulturellen Identität zu sein. Viele dieser Hoffnungen wurden Wirklichkeit, zunächst seit den 1950er Jahren im Westen Europas, nach den 1990er Jahren auch für die östliche und weite Teile der südöstlichen Mitte Europas. Zugleich waren diese Hoffnungen immer wieder neu mit grundsätzlichen und praktischen Initiativen verbunden, gemeinsam etwas Neues zu errichten und damit die EU als Ganzes voranzubringen. Seit dem Beginn des 21. Jahrhunderts hat zunehmend eine Desillusionierung über Strahlkraft und Utopiefähigkeit der Europäischen Union um sich gegriffen. Je größer und selbstverständlicher ihre Erfolge waren – Frieden, Wohlstand, gemeinsame Währung, Osterweiterung – desto lauter wurden Kritik an der EU und sogar offene Ablehnung der Europäischen Union.

Zur Erklärung dieses Paradoxon werden unterschiedliche Gründe angeführt. Ein übergeordnetes Motiv ist offenkundig: Die EU wurde in gewissem Sinne Opfer ihres Erfolges. Sie scheint sich gelegentlich im Erfolg erschöpft zu haben. Ihre Widersprüche scheinen vielen Menschen größer zu werden als ihr Nutzen. Unionsbürgerinnen und Unionsbürger müssen wieder lernen, die Idee der europäischen Einigung nicht nur von ihren Grenzen – dessen, was an Schlechtem überwunden oder verhindert werden soll –, sondern von ihren Chancen zu denken.

Gelegentlich wurden und werden Krisen und ihre Symptome überdramatisiert. Dabei ließe sich die Sichtweise auf Krisen und ihre Wirkungen in der EU auch umkehren: Die Europäische Union muss lernen, mit ihrer eigenen Normalität zurechtzukommen. Zu dieser Realität gehört die Erfahrung, dass Krisen als Motoren der Einigung dienen können – und über Jahrzehnte immer wieder gedient haben. Dabei ist es wichtig, zwischen Krisen in der Integration – die zusammenführende Wirkung haben können – und Krisen der Integration – die zerstörerisch wirken können – zu unterscheiden (Kühnhardt 2009).

Natürlich ist diese Analyse nicht defätistisch gemeint: Die EU benötigt weder Krisen noch permanent Mega-Ereignisse und Symbolisierungen, um sich beweisen zu müssen. Normalität ist die Finalität Europas. Normalität in der EU aber heißt: ein mehrstufiges Regierungssystem und geteilte Souveränität, mühsame Aushandlungsprozesse und eine bisher nur halbherzig europäisierte Öffentlichkeit. Normalität zu denken fällt Europas Gesellschaften nach einem Jahrhundert kontinuierlicher Dramen immer noch schwer. Vor allem aber fällt es den Medien und ihren Darstellungsbedürfnissen schwer, Normalität in der EU angemessen abzubilden. So gerät schon eine gemeinsame Presseunterrichtung des deutschen Bundeskanzlers und des französischen Staatspräsidenten nach einem Treffen des Europäischen Rates zu einem Medienereignis. Vollständig normalisiert wäre der Europäische Rat erst, wenn über seine Ergebnisse lediglich der Ratspräsident im Namen aller EU-Mitgliedsstaaten und ihrer Regierungen unterrichten würde. Zur Vervollständigung der Normalität des Regierens in der Europäischen Union würde auch gehören, das Europäische Parlament in der gesamten EU nach einem einheitlichen Wahlrecht wählen zu lassen, besetzt aus einer Kombination von direkt gewählten Abgeordneten und Vertretern europäischer Parteien, die über Listen wählbar sind. Zur Vervollständigung der Normalität des Regierens würde schließlich gehören, dass selbstverständlich wird, wenn die jeweilige politische Mehrheit im Europäischen Parlament die Präsidentin oder den Präsidenten der Europäischen Kommission wählt und die Kommissare vereidigt. Dazu müsste das Programm einer „Regierungsmehrheit" erarbeitet werden, durchaus in Abstimmung mit dem Europäischen Rat, vor allem aber auf Grundlage der Präferenzen im vorherigen Wahlkampf zum Europäischen Parlament. Der Europäische Rat wird bereits jetzt nicht nur als Addition von Regierungen gleichen Rechts wahrgenommen, sondern auch über die jeweiligen Parteipräferenzen seiner Mitglieder – der Staats- und Regierungschefs der Mitgliedsländer. Das Regierungssystem der Europäischen Union wird angesichts seiner doppelten Legitimität – Mitgliedsstaaten mit ihren Regierungen einerseits, Unionsbürgerinnen und Unionsbürger mit den sie vertretenden Abgeordneten andererseits – gleichwohl immer als eine Art besonders Großer Koalition erscheinen.

Walter Hallstein, Der unvollendete Bundesstaat (1969)

„Das Ineinandergreifen zweier Rechtssysteme ist nicht ohne Vorbild. Föderale Verbände der verschiedensten Art liefern Beispiele. Dort wird die fortwährende Kollision verschiedener Legalitätssysteme durch Kompetenzverteilung ausgeschlossen (...) Die Staaten verzichten auf einen Teil ihrer Souveränität oder besser: sie legen einen Teil davon zusammen, verschmelzen ihn und unterstellen ihn gemeinschaftlichen Organen, in denen sie selbst ein entscheidendes Wort sprechen. Wir können diese Lösung auch ‚föderal' nennen. Wir müssen dann nur darauf Bedacht nehmen, die Interpretation – um nicht zu sagen: den Vorwurf – zu vermeiden, daß wir damit die Staatseigenschaft der Gemeinschaft behaupten. Das tun wir natürlich nicht (...) Was wir mit ‚föderal' meinen, ist also nur: die Gemeinschaft hat mit dem Bundesstaat die Eigenschaft gemein, daß bestimmte Teile der Staatsgewalten in einem Verein mit anderen zusammengelegt und einer eigenen, vom Gliedstaat verschiedenen Organisation übertragen sind." (1969: 40 f.)

2.2 Die unvollendbare Europäisierung

Zur europäischen Normalität gehören Widersprüche und Defizite in den Strukturen der Europäischen Union. Spannungen und Konflikte sind unausweichlicher Teil dieser Normalität. Zur Normalität gehört Vielfalt. Sanktionierungen gegen EU-Mitgliedsstaaten, in denen absolute politische Mehrheiten entgegen dem allgemeinen Trend in der EU doch noch möglich sind, ändern noch keine Verhaltensweisen in den betreffenden Gesellschaften. Zur Normalität gehört derzeit ein Unbehagen an der Demokratie. Es hat vor allem und auch in der EU damit zu tun, dass globalisierte ökonomische Realitäten mit einem nationalen Verlust an politischer Autorität und Durchsetzungsmacht verbunden sind. Dies trifft nicht nur die jeweiligen nationalen politischen Eliten, sondern auch die EU. Die EU kämpft überdies entgegen der Wahrheit noch immer mit dem Image, ein Elitenprojekt zu sein. Gegen diesen elitären Eindruck, den die zeitgenössische, weithin technokratisch auftretende europäische Politikergeneration zu häufig vermittelt, rebellieren viele derer, die sich eine Welt zurückwünschen, in der Übersichtlichkeit und Entscheidungsklarheit die politische Ordnung bestimmt haben. Demokratische Politik, in gleichgültig welcher Ebene, läuft dieser Entgrenzung des politischen Autoritätsanspruchs hinterher. Das führt zu Enttäuschungen und der gelegentlich verzweifelten Suche, dem Volk, dem „populus", gerecht zu werden. „Auf lange Sicht," so hat es der Rechtsphilosoph Uwe Volkmann formuliert, „liegt vielleicht hier die eigentliche Bedrohung der Demokratie in Europa: wenn eines Tages die Populisten nicht mehr die anderen sind, sondern alle" (Volkmann 2015: 8).

Europa als Rechtsgemeinschaft

„Die frühe Formel Walter Hallsteins, ‚Europa als Rechtsgemeinschaft', zielte auf eine Verankerung der verschiedenen Nationalökonomien in einem neuen gemeinsamen Rechtsrahmen. Im Hintergrund gab es bereits die Vision einer Verfassung Europas. Und auch für letzter lagen die Bausteine bereit, nämlich das längst verinnerlichte, sedimentierte Ensemble von Grundprinzipien rechtlicher verfasster Gemeinwesen (...) Zu den alteuropäischen Grundlagen gehört aber nicht nur die Rechtsbindung des Souveräns. Immer wieder wurde den Herrschenden auch eingeschärft, ihre Aufgabe sei ‚gute Policey', also eine Ordnung, die nicht nur Sicherheit und formale Rechte gewährt, sondern einen Ausgleich zwischen Arm und Reich, Benachteiligten und Begünstigten sucht (...) Die ‚Unionsbürger', die vereint ein Parlament wählen, sind eben doch in gewisser Weise ein europäisches Volk, auch wenn ihre Loyalität primär dem ‚eigenen' Volk gilt." *(Stolleis 2016: 13)*

Die Europäische Union und mithin das politische Denken der Europäischen Union sind ein junges, ein neues Phänomen der Weltgeschichte. Es ist immer wieder nötig, die Linse der Betrachtung möglichst weit auszuziehen, um nicht inmitten des häufig mühevollen Alltags den Sinn für die historischen Dimensionen der europäischen Einigung zu vergessen. Als die europäische Einigung in den 1950er Jahren begann, entwickelte sie sich besonders vorteilhaft während des höchst ambivalenten Kalten Krieges: Was für die Menschen östlich des Eisernen Vorhangs zu einer immer trostloser werdenden Periode der Fremdbestimmung durch die Sowjetunion wurde, erlebten die Menschen im westlichen Europa als Renaissance ihrer Freiheit und ihres Wohlstands unter dem Schutzschirm der USA. Die europäische Einigung begann seit den 1950er Jahren aber nicht nur im Rahmen der Koordinaten des Ost-West-Verhältnisses. Die europäische Einigung begann zeitgleich zur Dekolonisierung weiter Teile Afrikas, Asiens, der Karibik und des Pazifischen Raumes. Gerne wird von den dadurch entstandenen Staaten des globalen Südens als jungen Staaten gesprochen. Ebenso jung ist die Europäische Union, die sich aus der Europäischen Wirtschaftsgemeinschaft entwickelt hat.

In der sozialwissenschaftlichen Analyse des globalen Südens wird gerne von „state-building“ und von „nation-building“ gesprochen (Hippler 2003; Fukuyama 2004; Engin 2013). Ob es um die Entwicklung staatlicher Ordnungen geht oder um die Stabilisierung von Gesellschaften und Nationen in den formal unabhängig gewordenen Staaten des globalen Südens: Die damit verbundenen Aufgaben und Schwierigkeiten sind groß und von historischer Dimension. In immer wieder neuen Varianten geht es dabei um die Erfindung und Verwirklichung menschlicher Ideen und politischer Konzepte. Die dahinterliegende Konzeption des Nationalismus hat „imagined communities“ hervorgebracht, wie der Politikwissenschaftler Benedict Anderson es formuliert hat (Anderson 1983). Für die Staaten und Gesellschaften Europas, die sich zu komplexen Kooperations- und Integrationsprozessen zusammengefunden haben, geht es um „region-building“ (Kühnhardt 2010). Auch „region-building“ ist Ausdruck einer „imagined community“, allerdings in Absage an den Nationalismus. Während dort von state-building gesprochen wird, ist für die Ebene von überstaatlichen Regionen der Begriff des region-bulding eine analytisch erhellende Kategorie. Damit ist gemeint, dass überstaatliche Regionen wandelbare Formen sind und politische Ordnungen in überstaatlichen Regionen einer komplexen Logik und vielschichtigen Intentionen und Impulsen folgen.

Unterdessen ist dieses Phänomen in vielen Teilen der Welt zu beobachten. Nirgendwo ist „region-building“ bisher abgeschlossen, weder konzeptionell noch praktisch. Dies ist folgerichtig auch in der Europäischen Union nicht der Fall. Die Europäische Union und damit das politische Denken der Europäischen Union entwickeln sich weiter. Wie beim „nation-building“ und beim „state-building“ geht es beim „region-building“ um die Erfindung und Verwirklichung menschlicher Ideen und politischer Konzepte. Solange es eine zur Zukunft offene Wirklichkeit gibt, wird das politische Denken der EU nicht vollendbar und daher unabgeschlossen bleiben.

Gleichwohl: Die Europäische Union ist eine gegen die europäische Geschichte gestellte Realität geworden. Das politische Denken der Europäischen Union ist unvollendet und bleibt nicht vollendbar. Erstaunlich ist indessen, wie häufig die Rhetorik der die EU prägenden Akteure defensiv geworden ist. Es ist zu häufig geradezu ängstlich und darum bemüht, jedes nur denkbare Missverständnis zu vermeiden. Es scheint, als würden zu viele Debatten vor allem von der Sorge geprägt, mit frischen Ideen der Zukunft zuzuarbeiten. Gegen diese gelegentlich ans Defätistische grenzenden Betulichkeit helfen nicht Didaktik-Seminare und bessere Kommunikationsstrategien. Dagegen helfen auch keine Überhöhungen der EU mit Hilfe neuer Meistererzählungen (Lübbe-Wolf 2018: 9). Gegen das unvollendete politische Denken der EU hilft, wenn überhaupt, nur eines: ein konsequentes politisches Denken. Nach aller Erfahrung der Geschichte des politischen Denkens wird dieses auf Dauer einem Ziel zustreben: eine für alle beteiligten Staaten und Gesellschaften akzeptable kohärente Regierungsfähigkeit der Europäischen Union zu stärken.

2.3 Zur Diskussion gestellt: Die Macht des Politischen und die Fähigkeit des Regierens

Die europäische Einigung hat lange, vermutlich viel zu lange, von dem gezehrt, was in der Politikwissenschaft „permissiver Konsens“ genannt wurde. Es gab keinen Widerspruch zu „Europa“, was immer „Europa“ heißen mochte. Als Widerspruch aufkam, wurden Einwände und kritische Nachfragen schnell als uneuropäisch, häufig sogar als antieuropäisch gebrandmarkt. Die Studie des Politikwissenschaftlers Malte Zabel hat gezeigt, dass Euroskeptizismus viele Wurzeln und ebenso viele Ausdrucksformen hat. Mehr noch: Skeptizismus gehört seit der Antike zu den anerkannten Strömungen des europäischen politischen Denkens (Zabel 2017: 61–91). Nur im Kontext der europäischen Einigung wurde der Begriff für viele zum Schimpfwort. So wie das Leben in der Kunst kommt offenbar auch der Widerspruch in der Politik von den Rändern zurück in die Mitte dessen, was verhandelt wird. Im Widerspruch, so auch in euroskeptischen Positionen, äußert sich gewöhnlich ein Geist, der Kritisches artikuliert, aber Konstruktives anstrebt. Das bedeutet nicht, dass klare Abgrenzungen gegenüber explizit destruktiven Positionen erforderlich sind, die das gesamte Einigungswerk der EU ablehnen und zerstören wollen. Bei Lichte besehen aber sind diese Positionen in der EU in einer deutlichen Minderheit. Wo immer Destruktion in Gewaltbereitschaft umschlägt, muss solchen Gewaltfantasien allerdings umgehend mit der Härte des

Rechts entgegengetreten werden. Es würde der EU aber nicht guttun, aus Furcht vor der eigenen Courage auf Dauer alle Varianten des Euroskeptizismus in die Ecke des Destruktiven zu stellen.

Europadämmerung

„Sollten wir uns Sorgen wegen der Zerbrechlichkeit Europas machen, oder sollten wir seine Widerstandskraft bewundern? (...) Tatsächlich haben die vielfältigen Krisen mehr als alle Brüsseler ‚Kohäsionsbemühungen' zu dem Gefühl beigetragen, dass wir Europäer alle Teil derselben politischen Gemeinschaft sind (...) Eine genaue Erforschung der Geschichte des Zerfalls politischer Gebilde zeigt, dass die Kunst des Überlebens eine Kunst ständiger Improvisation ist. Flexibilität – nicht starre Unbeweglichkeit – könnte Europa am Ende noch retten."

(Krastev 2017: 131)

Denn den eigentlichen Test hat die EU unter denjenigen Unionsbürgerinnen und Unionsbürgern zu bestehen, die üblicherweise, wenngleich ungenau als pro-europäisch bezeichnet werden. Von ihnen und ihren Diskussionen, ihren gewählten Repräsentanten und deren Handlungen wird entschieden, ob die EU ob sie konsequent politisch zu denken lernt und zur Macht des Politischen findet. Die EU bedarf nicht nur der Sprache der Macht. Die EU muss in jeder Hinsicht die Sprache der Politik lernen. Das heißt: Kontroversen müssen in der Sache stattfinden und nicht mit dem Unterton von Schuldzuweisungen, wer denn der bessere beziehungsweise richtige Europäer in einer kontroversen Debatte ist und wer es nicht ist. Die EU muss lernen, Vielfalt der Gesichtspunkte und auch der kulturellen Präferenzen als Stärke zu sehen. Der Toleranzbegriff, der in Europa dominiert, scheint sich gewandelt zu haben: Galt Toleranz früher als Verpflichtung, auch hinzunehmen und zu akzeptieren, was nicht den eigenen Überzeugungen entspricht, so wird heute immer häufiger verlangt, eine proaktive Attitüde gegenüber demjenigen Denken zu zeigen, dass als moralisch legitimierte Neuerung präsentiert wird. Schon 1987 hat der Philosoph Hermann Lübbe vor dem Triumph des politischen Moralismus gewarnt (Lübbe 1987). Unter den Bedingungen des heutigen Ringens um das politische Denken der Europäischen Union hat seine Warnung nichts an Gewicht verloren. Erst dort, wo nicht allein progressive kulturelle Vorstellungen als aufklärerisch und alle anderen Einstellungen geradezu als unmoralisch diskreditiert werden, für die es sich bestenfalls zu entschuldigen gelte, wird europäischer Geist gegenüber sich selbst ehrlich. Erst dann, beispielsweise, wenn die Mitteleuropäer, die nach dem Ende des Kalten Krieges zur EU hinzugestoßen sind, sich nicht mehr als Europa zweiter Klasse empfinden – ob dieses Empfinden der Zweitklassigkeit objektiv zutrifft oder nicht – wird Europa versöhnt sein. Für alle am politischen Denken der Europäischen Union Mitarbeitenden gilt: Die EU muss von einem technizistischen, didaktischen Sprachstil zu einer Sprache finden, die tatsächlich politisch und nicht vernebelnd, pejorativ oder polemisch ist. Eine Sprache, in der politische Optionen artikuliert werden und nicht bloß intuitive Reflexe und vernebelnde Schleierwolken. Dazu gehört, dass die Europäische Union nicht nur Regierungsfähigkeit erlernt. Dazu gehört auch, dass die EU lernt, statt vom Regieren in der EU über eine Regierung der EU zu sprechen.

Warum Europa eine Republik werden muss

„Die Souveränität in Europa ist eine Amöbe – kleinteilig, veränderbar, anpassungsfähig (...) Die organisatorische Einheit des Herrschaftsapparates wurde oftmals durch Metaphern wie die des ‚Körpers' umschrieben. Die Republik ist wie die Europa körperlich, organisch (...) Das ist also die dreistufige Rakete, die wir für das europäische Gemeinwesen von morgen zünden müssen: erstens bürgerliche Gleichheit, also Gleichheit vor dem Recht – früher klassenübergreifend, heute nationenübergreifend; zweitens gleiches allgemeines Wahlrecht für alle europäischen Bürger als gemeinsames politisches Recht; und schliesslich soziale Teilhaberechte."

(Guérot 2016: 88 f., 109)

Europa wird entschieden politisch denken müssen, um als Ort einer integrierten politischen Kultur besser als bisher wirksam zu werden. Dafür ist eine europäische Öffentlichkeit notwendig, die es bisher nur sehr rudimentär gibt. Europäische Öffentlichkeit lässt sich konstruieren und organisieren, wenn man es will. In den öffentlich-rechtlich finanzierten Medien ließe sich ohne Not einmal im Monat eine EU-weite politische Talkshow organisieren, in der sich die Diskutanten in ihrer jeweiligen Muttersprache miteinander austauschen. Bei den Olympischen Spielen wäre es technisch möglich, wenn alle Sportler der EU-Mitgliedsstaaten als gemeinsames Team ins Olympiastadium einlaufen und konsequent neben ihrer nationalen Flagge die EU-Flagge am Revers tragen würden. Intermediäre gesellschaftliche Einrichtungen wären denkbar, die über Lobbyorganisationen von europaweit agierenden Verbänden ausgehen. Statt Städtepartnerschaften wären funktionale Bürgerpartnerschaften unter Beteiligung von Unionsbürgerinnen und Unionsbürgern mehrerer EU-Mitgliedstaaten vorstellbar. Es wäre schade, würde es im Bereich der Literatur auf Dauer bei dem einen Roman über die

Hauptstadt Europas bleiben (Menasse 2017; Pommerin 1991: 18–31). Schließlich: EU-weit agierende politische Parteien sind dringend nötig und wären denkbar, wenn die Voraussetzungen dafür auf Ebene der EU-Mitgliedsstaaten erleichtert würden. „Region-building“ ist möglich, ohne Selbstkritik zu verdrängen, Kontroversen zu verschleiern und die Grenzen des eigenen Handelns zu überschreiten.

Europa zu denken ist schon längst weiter als Europas politische Strukturen es sind. Die in den Strukturen der EU Agierenden müssen eine politische Sprache lernen. Politische Begriffe sind solche, bei denen sich die Diskussion um eine Sache dreht und nicht nur nationale Reflexe bedient oder aktiviert. Politische Debatten in der EU sind immer dann konstruktiv, wenn die Vernunft eines Arguments vor der Emotion einer Gesinnung steht. Politische Debatten müssen dabei immer so geführt werden, dass unterschiedliche Optionen als demokratietheoretische Normalität akzeptiert werden, sofern sie sich im Rahmen von Recht und Gesetz bewegen. Die EU muss nicht utopiefähig sein, um regierungsfähiger zu werden. Sie sollte aber auch nicht fatalistischen Dystopien folgen, an denen Regierungsfähigkeit scheitern müsste. Um ein exponiertes und zweifellos kontroverses Beispiel anzuführen: Die von manchen Klimaaktivisten postulierte Rhetorik ist, so scheint es, an erster Stelle nicht an Ideen eines utopischen Fortschritts orientiert, sondern an Strategien zur Verhinderung negativer Utopien. Gelegentlich steigert sich dieser dystopische Denkansatz zum zivilen Ungehorsam als Rebellion gegen eine angeblich unvermeidliche Selbstauslöschung der Menschheit („Extinction Rebellion“). Allerdings: Dystopien, negative Utopien, sind nicht weniger ideologieanfällig als utopisches Denken. Gelegentlich sind alt-neue ideologische Kontroversen über den auf den menschengemachten Klimawandel bezogenen Freiheitsbegriff im Spannungsbogen zwischen Utopie und Dystopie nicht zu überhören.

Von der Utopie zur Dystopie

„Warum gibt es keine Bücher, die uns eine zukünftige Welt zeigen, ein zukünftiges Europa ohne Versuchungen, ohne Manipulation, ohne Krieg und Terror, in dem die Menschen zwischen Kollektivität und Alleinsein gleichermaßen wählen können, mit Konflikten, aber auch Sicherheit? Warum nicht? Trauern wir gern? Ziehen wir die Angst der Hoffnung vor? Ist sie vielleicht eleganter, moderner?“

(Heller 2016: 92)

Die Politikwissenschaftlerin Ulrike Guérot hat mit dem Konzept der „Republik Europa“ die weitestgehende politische Utopie der Gegenwart entwickelt. Eine „Republik Europa“ wird auf Dauer auch zu einer europäischen Regierung und möglicherweise zur Direktwahl eines europäischen Präsidenten finden müssen. Verschiedenste Modelle sind vorstellbar, um die doppelte Legitimationsbasis der Europäischen Union (einerseits Mitgliedsstaaten, andererseits Unionsbürgerinnen und Unionsbürger) als Republik abzubilden. Der Europäische Rat als Senat der Staaten, ein direkt gewählter Präsident und die Europäische Kommission als Regierung – dies sind die gegenwärtig am häufigsten diskutierten Modelle. Sie reflektieren vor allem die Idee einer konsequenten Gewaltenteilung. Tatsächlich aber ist das heutige Europa allerdings stark vom Prinzip der Gewaltenverschränkung geprägt. Auch dieses Modell ist eine völlig legitime Form der Machtkontrolle, die sich optimieren ließe. Einige Beispiele:

- Es wäre ein hilfreicher erster Schritt, die Abläufe des Regierens in der EU zu entdramatisieren. Nächtliche Sitzungen und in Krisenzeiten gerne stattfindende Sondersitzungen des Europäischen Rates, der die politischen Leitlinien vorgibt ohne Gesetzgebungskompetenz zu haben, inszenieren eine Dramatik, die den Aufgaben, die dort verhandelt werden, kaum gerecht werden. Sie sollten abgeschafft werden. Am Ende einer Sitzung des Europäischen Rates sollte nur noch der Ratspräsident vor der Presse Rede und Antwort stehen.
- Die öffentlich inszenierte rotierende Präsidentschaft in den diversen Ministerräten der EU ist ein Anachronismus, der gleichwohl den Zweck erfüllt, alle Mitgliedsstaaten der EU und ihre Regierungen in die europäische Legislativ einzubinden. Allerdings sollte die Rolle der Mitarbeiterinnen und Mitarbeiter des Rates der Europäischen Union gegenüber der Rotationslösung der Präsidentschaften gestärkt werden. Auch so bleiben die Mitgliedsstaaten der EU und das Wechselspiel zwischen ihren Regierungen und dem Rat der Europäischen Union Teil der europäischen Legislative.
- Die Europäische Kommission könnte noch stärker als in den letzten Jahren geschehen um die Arbeitsprioritäten einer Amtszeit herum organisiert werden. Sie bleibt der Kern der Exekutive in einer europäischen Regierung. Eine mögliche Reduzierung der Zahl der Europäischen Kommissare hängt vom Arbeitsprofil einer Europäischen Kommission ab, die konsequent aus der Mehrheit des Europäischen Parlaments hervorgehen sollte und je individuell vor dem Europäischen Parlament vereidigt werden sollte.
- Das Europäische Parlament wiederum sollte seine Ausschüsse der Struktur der jeweiligen Europäischen Kommission anpassen. Ein Recht auf Gesetzesinitiative für das Europäische Parlament würde automatisch zu einer weiteren Verschränkung mit der Expertise führen, die in der Europäischen Kommission für die Ausarbeitung entsprechender Detailvorschläge vorhanden ist.
- Eine bessere Zusammenarbeit zwischen den Ausschüssen des Europäischen Parlaments und den entsprechenden Ausschüssen der nationalen Parlamente würde dem Subsidiaritätsprinzip mehr Leben einhauchen. Dies wäre ein prag-

matischerer Weg als alle abstrakten Versuche einer messerscharfen verschriftlichen Kompetenzabgrenzung zwischen der EU und ihren Mitgliedsstaaten.

- Eine EU mit zwei Präsidenten, die klar als solche identifiziert sind, wäre bereits ein Fortschritt: Der Präsident/die Präsidentin des Europäischen Rates als Präsident der Mitgliedsstaaten und der Präsident/die Präsidentin der Europäischen Kommission, der aus den Wahlen zum Europäischen Parlament hervorgegangen ist, spiegeln die doppelte Legitimationsbasis der EU wider.
- Andere Modelle sind allerdings auch denkbar, einschließlich der Direktwahl eines europäischen Präsidenten/einer europäischen Präsidentin durch alle wahlberechtigten Unionsbürgerinnen und Unionsbürger. Bei einem solchen Modell wäre zu klären, in welchem Verhältnis die Präsidenten des Europäischen Rates und der Europäischen Kommission zu einem direktgewählten Präsidenten der Europäischen Union stehen. Auch müsste ein solches Präsidialmodell sicherstellen, dass die mühsam entstandene Parlamentarisierung der EU nicht geschwächt würde.

> **Timothy Garton Ash, Rede anlässlich der Verleihung des Karlspreises (2017)**
> „Unsere heutige europäische Vielfalt ist nicht nur die von Staaten und Geschichten, sondern auch die von Kulturen und den Sprachen, in die diese eingebettet sind. Diese grundlegenden Unterschiede in Kultur, Sprache und Denktraditionen haben auch prägenden Einfluss auf unsere Vorstellungen von Staat, Recht und Politik und damit von der politischen Ordnung, die zwischen unseren Staaten und Völkern errichtet werden soll. Europa wird stärker sein, wenn es all diesen Formen von Vielfalt Platz bieten kann. Wenn es um Gelenke geht, kennt die Medizin zwei gegensätzliche Probleme: die Hypermobilität, d.h. das Gelenk ist zu locker, und Hypomobilität, d.h. das Gelenk ist zu wenig beweglich. Europa wird geschwächt, wenn sich seine Strukturen zu sehr lockern, aber auch, wenn sie zu rigide sind. Wie ein olympischer Wettkämpfer muss Europa beides sein, stark und flexibel: stark, weil es flexibel ist, flexibel, weil es stark ist (...) Nein, auch Europa ist dazu verdammt, immerfort zu werden und niemals zu sein. Aber das muss nicht unbedingt ein Fluch, es kann auch ein Segen sein. Wenn man etwas älter ist, sieht man, dass die Jahre des Werdens oft die schönsten Jahre des Lebens sind. So hat das ewig unfertige Europa die Chance, immer jung zu bleiben."

Entscheidend sind die Richtung und das Ziel des künftigen politischen Denkens der Europäischen Union. Eine EU der Gewaltenverschränkung kann auch in Zukunft funktionieren. Aber sie muss besser, effizienter und effektiver werden. Unionsbürgerinnen und Unionsbürger müssen die EU wieder weniger von ihren

Grenzen – dessen, was nicht geht oder schwierig sein dürfte – als von ihren Chancen her denken.

Die Macht der Politik muss in den Strukturen der Europäischen Union vollständiger als bisher zum Ausdruck kommen. Politikfähigkeit in der EU muss zur Regierungsfähigkeit der EU werden. Deshalb gilt: Eine EU ohne Regierung bleibt eine Union ohne Politik. Vermutlich wird es noch mancher Krisen und weiterer Jahrzehnte bedürfen, um zu einer konsequent politischen Europäischen Union zu gelangen, die die Bedingungen kohärenter Regierungsfähigkeit erfüllt. Die Aufgaben, die vor der EU liegen, sind nicht trivial, aber spannend und wichtig. Maßstab für ihr Gelingen wird bleiben, ob und inwieweit die EU den Skeptikern der Idee Europa beweisen kann, dass die Europäische Union nicht die Staaten und Völker Europas ersetzt, sondern auf intelligente Weise ergänzt und stärkt. Die EU muss „nation-building" und „region-building" miteinander versöhnen – ohne naiven Utopismus und ohne fatalistische Ängste. Eine organisierende Idee für die Fortentwicklung geteilter Herrschaft in der Europäischen Union liegt inzwischen vor: europäische Souveränität. Je besser durchdacht, verstanden und verwirklicht wird, was diese innovative organisierende Idee des politischen Denkens bedeutet, kann in der Europäischen Union das zentrale Kriterium erfüllt werden, das der Philosoph Christoph Horn für die Anerkennung eines Gemeinwesens benannt hat: Legitimation. Legitimation kann, so hatte Horn argumentiert, rechtsmoralisch verstanden werden oder pragmatisch und funktionalistisch (Horn 2012: 17). Das politische Denken und Handeln der Europäischen Union wird sich immer wieder neu unter beiden Gesichtspunkten beweisen müssen.

Übung

Lösungsskizzen zu diesen Fragen finden Sie online unter:

https://www.utb.de/doi/book/10.36198/9783838558943

1. Wie lässt sich die These begründen, dass die EU eine gegen die europäische Geschichte gedachte Konstruktion ist?
2. Welche Funktionen erfüllen Krisen in der Europäischen Union?
3. Warum wird die EU eine konstruierte Form des region-building bleiben?
4. Wie kann die EU ihre Politikfähigkeit in Regierungsfähigkeit verwandeln?
5. Welche Kriterien sind für den erfolgreichen Fortgang der Europäischen Union denknotwendig?

Literatur

Zu Kapitel I.1. Ideengeschichte und Internationale Beziehungen zusammengedacht

Becker, Michael (2006): Politische Philosophie und internationale Beziehungen, in: Becker, Michael/Schmidt, Johannes/Zintl, Reinhard: Politische Philosophie, (4. Aufl.) Paderborn: Schöningh, S. 341–364.

Gehler, Michael (2020): Europas Weg. Von der Utopie zur Zukunft der EU, Innsbruck/Wien: Studienverlag.

Gollwitzer, Heinz (1951): Europabild und Europagedanke, München: C.H. Beck.

Gu, Xuewu (2010): Theorien der internationalen Beziehungen, (2. Aufl.) München: Oldenbourg.

Hooghe, Liesbet u.a. (2017): Measuring International Authority. A Postfunctionalist Theory of Governance, Oxford: Oxford University Press.

Kant, Immanuel (2016): Zum ewigen Frieden. Ein philosophischer Entwurf, (4. Aufl.) Berlin: Holzinger Verlag [Erstdruck 1795: Königsberg: Friedrich Nicolovius].

Kühnhardt, Ludger (1996): Von der ewigen Suche nach Frieden. Immanuel Kants Vision und Europas Wirklichkeit, Bonn: Bouvier.

Kühnhardt, Ludger (1999): Zukunftsdenker. Bewährte Ideen politischer Ordnung für das dritte Jahrtausend, Baden-Baden: Nomos.

Kühnhardt, Ludger (2010): Region-Building. The Global Proliferation of Regional Integration, Oxford/New York: Berghahn Books.

Lauer, Doris (2014): Charles Irénée Castel, Abbé de Saint-Pierre (1658–1743), in: Böttcher, Winfried (Hrsg.): Klassiker des europäischen Denkens. Friedens- und Europavorstellungen aus 700 Jahren europäischer Kulturgeschichte, Baden-Baden: Nomos, S. 179–187.

De Lombaerde, Philippe/van Langenhove, Luk (2016): Indicators of Regional Integration. Conceptual and Methodological Issues (UNU-CRIS Occasional Papers, No. 0-2004/15) Brügge: United Nations University.

Macron, Emmanuel (2017): Initiative für Europa – Die Rede von Staatspräsident Macron im Wortlaut, Paris, 26.September 2017, in: de.ambafrance.org v. 10.10.2019, online: https://de.ambafrance.org/Initiative-fur-Europa-Die-Rede-von-Staatsprasident-Macron-im-Wortlaut.

Nestle, Wilhelm (1998): Vom Mythos zum Logos. Die Selbstentfaltung des griechischen Denkens von Homer bis auf die Sophistik und Sokrates, Stuttgart: Alfred Kröner Verlag [Erstdruck 1940].

Prettenthaler-Ziegerhofer, Anita (2014): Georg von Podiebrad (1420–1471), in: Böttcher, Winfried (Hrsg.): Klassiker des europäischen Denkens. Friedens- und

Europavorstellungen aus700 Jahren europäischer Kulturgeschichte, Baden-Baden: Nomos, S. 89–96.
Risse-Kappen, Thomas (1996): Exploring the Nature of the Beast. International Relations Theory and Comparative Policy Analysis Meet the European Union, in: Journal of Common Market Studies 34 (1), S. 53–80.
Walter, Klaus Peter (2014): Maximilien de Béthune, Duc de Sully (1559–1641), in: Böttcher, Winfried (Hrsg.): Klassiker des europäischen Denkens. Friedens- und Europavorstellungen aus 700 Jahren europäischer Kulturgeschichte, Baden-Baden: Nomos, S. 131–136.

Zu Kapitel I.2: Europäische Integrationsgeschichte und Integrationstheorie weitergedacht

Becker, Michael (2006): Politische Philosophie und internationale Beziehungen, in: Becker, Michael/Schmidt, Johannes/Zintl, Reinhard: Politische Philosophie, (4. Aufl.) Paderborn: Schöningh, S. 341–364.
Bracher, Karl Dietrich (1982): Zeit der Ideologien. Eine Geschichte politischen Denkens im 20. Jahrhundert, Stuttgart: DVA.
Bracher, Karl Dietrich (1993): Die Krise Europas. Seit 1917, Frankfurt/Berlin: Ullstein [Erstausgabe 1976].
Haas, Ernst B. (1975): The Obsolescence of Regional Integration Theory, Berkeley: University of California/Institute of International Studies.
Horn, Christoph (2012): Einführung in die politische Philosophie, (3. durchgesehene Aufl.) Darmstadt: Wissenschaftliche Buchgesellschaft.
Kleine-Brockhoff, Thomas (2020): Den Westen neu denken. Wege aus der Krise der freien Welt, in: Sirius. Zeitschrift für strategische Analysen 4 (1), S. 73–80.
Kühnhardt, Ludger (2008/2010), European Union – The Second Founding. The Changing Rationale of European Integration, Baden-Baden: Nomos, Seite 121–238.
Kühnhardt, Ludger (2014). Gibt es eine politische Philosophie der Europäischen Union? (ZEI Discussion Paper C 223), Bonn: Zentrum für Europäische Integrationsforschung, online: https://www.zei.uni-bonn.de/dateien/discussion-paper/dp_c223_Kuehnhardt.pdf.
Llanque, Marcus (2018): Die politische Theorie der Integration: Rudolf Smend, in: Brodocz, André/Schaal, Gary (Hrsg.): Politische Theorien der Gegenwart I, Opladen/Toronto: Verlag Barbara Budrich, S. 323–350.
Loth, Wilfried (2020): Europas Einigung. Eine unvollendete Geschichte, (2.aktualisierte und erweiterte Auflage) Frankfurt/New York: Campus Verlag.
Raaflaub, Kurt (1988): Die Anfänge des politischen Denkens bei den Griechen, in: Iring Fetscher/Münkler, Herfried (Hrsg.): Pipers Handbuch der politischen Ideen. Band 1, München/Zürich: Piper, S. 189–271.

Raaflaub, Kurt (1988): Politisches Denken im Zeitalter Athens, in: Iring Fetscher/ Münkler, Herfried (Hrsg.): Pipers Handbuch der politischen Ideen, Band 1, München/Zürch: Piper, S. 273–368.
Rosamond, Ben (2000): Theories of European Integration, Houndmills: Palgrave.
Russell, Bertrand (2004): A History of Western Philosophy, Abingdon: Routledge [Erstauflage 1946; auf Deutsch 2007 als: Philosophie des Abendlandes, Zürich: Europa Verlag].
Schimmelfennig, Frank (2020): Theorien der europäischen Integration, in: Becker, Peter/ Lippert, Barbara (Hrsg.): Handbuch Europäische Union, Band 1, Wiesbaden: Springer VS, S. 3–25.
Smend, Rudolf (2010): Verfassung und Verfassungsrecht (1928), in: ders.: Staatsrechtliche Abhandlungen und andere Aufsätze, (4. Aufl.) Berlin: Duncker & Humblot, S. 119–276.
Wessels, Wolfgang (1992): Staat und (west-) europäische Integration. Die Fusionsthese, in: Politische Vierteljahresschrift 33 (Sonderheft 23), S. 62–77.
Winkler, Heinrich August (2016): Geschichte des Westens. Von den Anfängen in der Antike bis ins 20. Jahrhundert, (5. Durchgesehene Aufl.) München: C.H.Beck.

Zu Kap. II.1: Von der Abwehr des Bösen zum bonum commune europaeum

Ambrosius, Gerold/ Schmitt-Egner, Peter (Hrsg.) (2006): Europäisches Gemeinwohl – Historische Dimension und aktuelle Bedeutung, Baden-Baden: Nomos.
Aristoteles (1978): Politik, Drittes Buch, (3. Aufl.) München: DTV.
Brugger, Winfried/Kirste, Stephan/Anderheiden, Michael (Hrsg.) (2002): Gemeinwohl in Deutschland, Europa und der Welt, Baden-Baden: Nomos.
Callies, Christian (2002): Gemeinwohl in der Europäischen Union – Über den Staaten- und Verfassungsverbund zum Gemeinwohlverbund, in: Brugger, Winfried/Kirste, Stephan/Anderheiden, Michael (Hrsg.): Gemeinwohl in Deutschland, Europa und der Welt, Baden-Baden: Nomos, S. 173–213.
Isensee, Josef (1996): Gemeinwohl und Staatsaufgaben im Verfassungsstaat, in: ders./Kirchhof, Paul (Hrsg.): Handbuch des Staatsrechts der Bundesrepublik Deutschland, Fünfter Teil, (2. Aufl.) Heidelberg: C.F.Müller, S. 3–82.
Krastev, Ivan (2017): Europadämmerung, Berlin: Suhrkamp.
Kühnhardt, Ludger (2021): The post-corona world. A research agenda (ZEI Discussion Paper C 267), Bonn: Zentrum für Europäische Integrationsforschung, online: https://www.zei.uni-bonn.de/dateien/discussion-paper/DP-267-2021.pdf.
Von Nell-Breuning, Oswald (1990): Baugesetze der Gesellschaft. Solidarität und Subsidiarität, Freiburg: Herder.
Schmitt-Egner, Peter (2004): Wie ist (Europäisches) „Gemeinwohl" erforschbar?, in: Ambrosius, Gerold/Schmitt-Egner, Peter (Hrsg.): Europäisches Gemein-

wohl – Historische Dimension und aktuelle Bedeutung, Baden-Baden: Nomos, S. 17–67.

Schuman, Robert (1950): Erklärung am 9. Mai 1950, online: https://europa.eu/european-union/about-eu/symbols/europe-day/schuman-declaration_de.

Schweidler, Walter (2004): Der gute Staat. Politische Ethik von Platon bis zur Gegenwart, Stuttgart: Reclam.

Sikora, Jürgen (2004): Communitas perfecta. „Europäisches Gemeinwohl" als politisches Leitbild unter besonderer Berücksichtigung der Zeit zwischen Marshall-Plan und Römischen Verträgen, in: Ambrosius, Gerold/Schmitt-Egner, Peter (Hrsg.): Europäisches Gemeinwohl – Historische Dimension und aktuelle Bedeutung, Baden-Baden: Nomos, S. 69–79.

von Aquin, Thomas (1265–1273): Summa theologiae, online [in der deutschen Übersetzung durch Ceslaus Maria Schneider von 1886–1892]: https://bkv.unifr.ch/de/works/8/versions/811.

Veith, Werner (2004): Gemeinwohl, in: Heimbach-Steins, Marianne (Hrsg.): Christliche Sozialethik. Ein Lehrbuch, Regensburg: Verlag Friedrich Pustet, S. 270–282.

Zu Kapitel II.2: Von Marktbürgern zur Unionsbürgern

Böckenförde, Ernst-Wolfgang (1991): Demokratie als Verfassungsprinzip, in: ders.: Staat, Verfassung, Demokratie, Studien zur Verfassungstheorie und zum Verfassungsrecht, Frankfurt: Suhrkamp, S. 289–378.

Duclos, Pierre (1961): L'Européen. Exploration d'une catégorie juridique naissante, Paris: A.Pedone.

Europäische Kommission (2020): Mitteilung der Kommission an das Europäische Parlament und den Rat. Gestaltung der Konferenz zur Zukunft Europas, Brüssel, 22.Januar 2020, online: https://ec.europa.eu/info/sites/info/files/communication-conference-future-of-europe-january-2020_de_0.pdf.

Gehler, Michael (2018): Stadt-Region-Nation-Union: Herrschaftsbildungen, Kompetenzverlagerungen und Machtverschiebungen, in: Walter Obwexer u.a. (Hrsg.): Integration oder Desintgration? Herausforderungen für die Regionen in Europa, Baden-Baden: Nomos, S. 17–56.

Ipsen, Hans Peter (1984): Europäisches Gemeinschaftsrecht in Einzelstudien, Baden-Baden: Nomos.

Jarass, Hans Dieter (2010): Charta der Grundrechte der Europäischen Union. Kommentar, München: C.H. Beck.

Kaeding, Michael (2013): Drei-Prozent-Sperrklausel bei der Europawahl: Viel Lärm um Nichts. Die wahre Debatte geht um ein einheitliches europäisches Wahlrecht, in: Regierungsforschung.de v. 12. Juni 2013, online: http://regierungsforschung.de/drei-prozent-sperrklausel-bei-der-europawahl-viellaerm-um-nichts-die-wahre-debatte-geht-um-ein-einheitliches-europaeisches-wahlrecht/.

Kühnhardt, Ludger (1987): Die Universalität der Menschenrechte. Studie zur ideengeschichtlichen Bestimmung eines politischen Schlüsselbegriffs, München: Olzog Verlag.

Schönberger, Christoph (2005): Unionsbürger. Europas föderales Bürgerrecht in vergleichender Sicht, Tübingen: Mohr Siebeck.

Zu Kapitel II. 3: Vom Binnenmarkt zum Regierungssystem

Bradford, Anu (2020): The Brussels Effect. How the European Union rules the world, Oxford: Oxford University Press.

Busch, Berthold/Matthes, Jürgen (2020): Der Binnenmarkt – Herzstück der europäischen Integration in: Becker, Peter/Lippert, Barbara (Hrsg.): Handbuch Europäische Union, Band 1, Wiesbaden: Springer VS, S. 701–726.

Europäische Kommission (2019): Bericht über ausländische Direktinvestitionen: immer mehr europäische Unternehmen in Schlüsselsektoren in ausländischer Hand, Brüssel 13. März 2019, online: https://ec.europa.eu/commission/presscorner/detail/de/IP_19_1668.

Genschel, Philipp/Jachtenfuchs, Markus (2017): From Market Integration to Core State Powers: The Eurozone Crisis, the Refugee Crisis and Integration Theory (European University Institute. Working Papers RSCAS 2017/26), online: https://cadmus.eui.eu/bitstream/handle/1814/46424/RSCAS_2017_26.pdf.

Häberle, Peter (1994): Europäische Rechtskultur. Versuch einer Annäherung in zwölf Schritten, Baden-Baden: Nomos.

Jachtenfuchs, Markus (2001): The Governance Approach to European Integration, in: Journal of Common Market Studies 39 (2), S. 245–264.

Koenig, Christian (2017): Regulierung, in: Kühnhardt, Ludger/Mayer, Tilman (Hrsg.): Bonner Enzyklopädie der Globalität. Band 2, Wiesbaden: Springer VS, S. 1235–1244.

Koenig, Christian/von Wendland, Bernhard (2017): The Art of Regulation. Competition in Europe – Wealth and Wariness, Cheltenham: Edward Elgar, S. 1–30.

Kühnhardt, Ludger (2017): Demokratie und Recht. Spannungsverhältnisse in der EU, in: Grätz, Ronald (Hrsg.): Kann Kultur Europa retten?, Bonn: Bundeszentrale für politische Bildung, S. 101–114 [Nachdruck in: Kühnhardt, Ludger (2020): Identität und Weltfähigkeit. Sichtweisen aus einem unruhigen Europa, Baden-Baden: Nomos, S. 84–97].

Majone, Giandomenico (1995): The European Community as a Regulatory State, Den Haag: Nijhoff.

Moravcsik, Andrew (1993): Preferences and Power in the European Community. A Liberal Intergouvernmentalist Approach, in: Journal of Common Market Studies 31 (4), S. 473–524.
Müller-Graf, Peter-Christian (2020): Die Wettbewerbs- und Beihilfenaufsichtspolitik als Tragpfeiler der Binnenmarktpolitik der Europäischen Union in: Becker, Peter/Lippert, Barbara (Hrsg.): Handbuch Europäische Union, Band 1, Wiesbaden: Springer VS, S. 727–750.
Westphalen, Friedrich Graf von (2018): Recht und Rechtsstaat in der EU bewahren und durchsetzen – aber wie? Die Populisten fordern das System der EU heraus, in: Anwaltsblatt Online 2018, S. 730–739, online: https://anwaltsblatt.anwaltverein.de/files/anwaltsblatt.de/anwaltsblatt-online/2018-730.pdf.

Zu Kapitel II. 4: Vom Krisenimport zum Gewaltmonopol

Betts, Alexander/Collier, Paul (2017): Gestrandet: Warum unsere Flüchtlingspolitik allen schadet und was jetzt zu tun ist, München: Siedler.
Haack, Stefan (2017): Gewaltmonopol, in: Ludger Kühnhardt/Mayer, Tilman (Hrsg.): Bonner Enzyklopädie der Globalität. Band 2, Wiesbaden: Springer VS, S. 1153–1162.
Isensee, Josef (2018): Grenzen. Zur Territorialität des Staates, Berlin: Duncker& Humblot.
Krastev, Ivan (2017): Europadämmerung. Ein Essay, Frankfurt/Main: Suhrkamp.
Kühnhardt, Ludger (2017a): Die Europäische Union und das Weltflüchtlingsproblem, in: Becker, Manuel /Kronenberg, Volker/Pompe, Hedwig (Hrsg.): Fluchtpunkt Integration. Panorama eines Problemfeldes, Wiesbaden: Springer VS, S. 101–132.
Kühnhardt, Ludger (2017b): Weltfähig werden. Die Europäische Union nach dem Biedermeier (ZEI Discussion Paper C 242), Bonn: Zentrum für Europäische Integrationsforschung, online: https://www.zei.uni-bonn.de/dateien/discussion-paper/dp_C242-2017-Kuehnhardt.pdf.
Kühnhardt, Ludger (2017c): The Global Society and Its Enemies. Liberal Order Beyond the Third World War, Cham: Springer, S. 133–170.
Riedel, Sabine (2020): Grenzschutz, Migration und Asyl. Wege der Europäischen Union aus der Politikverflechtungsfalle (SWP-Studie 23), Berlin: Stiftung Wissenschaft und Politik.
Schumacher, Tobias/Marchetti, Andreas/Demmelhuber, Thomas (Hrsg.) (2018): The Routledge Handbook on the European Neighbourhood Policy, Abingdon: Routledge.
Schwarz, Hans-Peter (2017): Die neue Völkerwanderung. Über den Verlust politischer Kontrolle und moralischer Gewissheiten, München: DVA.

Weber, Max (1988): Politik als Beruf, in: ders.: Gesammelte Politische Schriften, (5. Aufl.) Tübingen: Mohr Siebeck, S. 505–560 [Erstauflage 1921].
Weber, Max (1980): Wirtschaft und Gesellschaft. Grundriß der verstehenden Soziologie, Tübingen: J.C.B.Mohr [Erstausgabe 1921].

Zu Kapitel II.5: Von normativer Macht zu multilateraler Weltmacht

Borrell, Josep (2020): Die Sprache der Macht, in: Internationale Politik und Gesellschaft (IPG), 13.Februar 2020, online: https://www.ipg-journal.de/rubriken/aussen-und-sicherheitspolitik/artikel/die-sprache-der-macht-4069/.
Coudenhove-Kalergi, Richard (1971): Weltmacht Europa, Stuttgart: Busse-Seewald.
Duchêne, François (1972): 'Europe's role in world peace', in Mayne, Richard (Hrsg.): Europe Tomorrow: Sixteen Europeans Look Ahead, London: Fontana, S. 32–47.
Europäische Union (2003): Ein sicheres Europa in einer besseren Welt. Europäische Sicherheitsstrategie, Brüssel, 12.Dezember 2003, online: http://www.ag-friedensforschung.de/themen/Europa/strategie.html.
Europäische Union (2016): Gemeinsame Vision, gemeinsames Handeln: Ein stärkeres Europa. Eine Globale Strategie für die Außen- und Sicherheitspolitik der Europäischen Union, Brüssel, 28. Juni 2016, online: https://data.consilium.europa.eu/doc/document/ST-10715-2016-INIT/de/pdf.
Gutschker, Thomas (2021): „Wir werden uns darauf einstellen, in der Welt von Hobbes zu leben". Der Außenbeauftragte Josep Borrell will die EU-Staaten mit seinem neuen Konzept für die Verteidigungspolitik aufrütteln, in: Frankfurter Allgemeine Zeitung v. 11.11.2021.
Heer, Vincent-Immanuel/Speer, Martin (2022): Die Geburt des geopolitischen Europa, in: Neue Zürcher Zeitung v. 4.4.2022.
Kaim, Markus/Kempin, Ronja (2022): Kompass oder Windspiel?. Eine Analyse des Entwurfs für den „Strategischen Kompass" der EU (SWP-Aktuell 2022/A 01/2022), online: https://www.swp-berlin.org/publikation/strategischer-kompass-der-eu-kompass-oder-windspiel.
Keukeleire, Stephan/Raube, Kolja (2020): Die Europäische Union als regionaler und globaler Akteur in: Becker, Peter/Lippert, Barbara (Hrsg.): Handbuch Europäische Union, Band 1, Wiesbaden: Springer VS, S. 275–287.
Kühnhardt, Ludger (2019): The European Archipelago. Rebranding the Strategic Significance of European Overseas Countries and Territories (ZEI Discussion Paper C 255), Bonn: Zentrum für Europäische Integrationsforschung.
Manners Ian (2002): 'Normative Power Europe: A Contradiction in Terms?', in: Journal of Common Market Studies 40 (2), S. 235–58.

Maull, Hanns W. (2007): Deutschland als Zivilmacht, in: Siegmar Schmidt/Hellmann, Gunther/Wolf, Reinhard (Hrsg.): Handbuch zur deutschen Außenpolitik, Wiesbaden: VS Verlag für Sozialwissenschaften, S. 73–84.
Mogherini, Federica (2016): Weltmacht Europa, in: Die Welt v. 13.07.2016.
Müller-Brandeck-Bocquet, Gisela/Rüger, Carolin (2015): Die Außenpolitik der EU, Berlin: Oldenbourg/de Gruyter.
von der Leyen, Ursula (2019a): Opening Statement in the European Parliament Plenary Session, 16. Juli 2019, Strassburg, online: https://ec.europa.eu/commission/presscorner/detail/en/SPEECH_19_4230.
von der Leyen, Ursula (2019b): Mission letter to Josep Borell, High Representative of the Union for Foreign Policy and Security Policy/Vice-President-designate of the European Commission, 10. September 2019, online: https://ec.europa.eu/commission/sites/beta-political/files/mission-letter-josep-borrell-2019_en.pdf.
von der Leyen, Ursula (2020): State of the Union Address, Brüssel, 16. September 2020, online: https://ec.europa.eu/commission/presscorner/detail/en/SPEECH_20_1655.

Zu Kapitel III. 1 Europäische Union

Constitution du 1946, IVe République, online: https://www.conseil-constitutionnel.fr/les-constitutions-dans-l-histoire/constitution-de-1946-ive-republique.
Davies, Norman (1996): Europa. A History, New York/Oxford: Oxford University Press.
Deniau, Jean-Francois (1997): Mémoires de 7 vies, Paris: Plon.
Elvert, Jürgen (2018): Europa, das Meer und die Welt. Eine maritime Geschichte der Neuzeit, München: Deutsche Verlagsanstalt.
Europäische Gemeinschaft (1983): Feierliche Deklaration zur Europäischen Union, Stuttgart 19. Juni 1983, online: www.europarl.eu/brussels/website/media/Basis/Geschichte/EGKSbisEWG/Pdf/Feierliche_Deklaration_EU.pdf.
Frémeaux, Jacques (2004), L'union française: le rêve d'une France unie ?, in: Pascal Blanchard et al. (eds.), Culture impériale 1931–1961, Paris: Autrement, Seite 163–173.
Ipsen, Hans Peter (1982): Europäisches Gemeinschaftsrecht, Tübingen: Mohr Siebeck, S. 11–29.
Krünitz, J.G. (1848): Oeconomische Encyclopädie, online: www.kruenitz1.uni-trier.de/xxx/u/ku03172.htm.
Loth, Wilfried (2020): Europas Einigung. Eine unvollendete Geschichte, Frankfurt/New York: Campus Verlag.
Löwith, Karl (2004): Weltgeschichte und Heilsgeschehen. Die theologischen Voraussetzungen der Geschichtsphilosophie, Wiesbaden: Springer VS [Neuer-

scheinung der Ausgabe von 1953; erstmals veröffentlicht 1949 als "Meaning in History", Chicago: University of Chicago Press].
Ophüls, Carl Friedrich (1966): Zur ideengeschichtlichen Herkunft der Gemeinschaftsverfassung, in: Cammerer, Ernst von/Schlochauer, Hans-Jürgen/Steindorff, Ernst (Hrsg.): Probleme des europäischen Rechts. Festschrift für Walter Hallstein zu seinem 65.Geburtstag, Frankfurt: Vittorio Klostermann, S. 387–413.
Pagden, Anthony, Europe (2002): Conceptualizing a Commitment, in: ders. (Hrsg.): The Idea of Europe. From Antiquity to the European Union, Cambridge: Cambridge University University Press, S. 33–54.
Pocock, John G. A. (2002): Some Europeans in their history, in: Pagden, Anthony (Hrsg.): The Idea of Europe. From Antiquity to the European Union, Cambridge: Cambridge University University Press, S. 55–71.
Saint-Pierre, Charles Irénée Castel, Abbé de (1712): Projet pour rendre la paix perpétuelle en Europe [Erstdruck Köln 1712], online: https://gallica.bnf.fr/ark:/12148/bpt6k105087z/f7.image.
Seibt, Ferdinand (2002): Die Begründung Europas. Ein Zwischenbericht über die letzten tausend Jahre, Frankfurt: S. Fischer.
Streit, Clarence K. (1939): Union Now, New York/London: Harper and Brothers, online: http://www.constitution.org/aun/union_now.htm.
Tooze, Adam (2015): Sintflut. Die Neuordnung der Welt 1916–1931, München: Siedler Verlag, [englische Originalausgabe 2014: The Deluge: The Great War and the Remaking of Global Order 1916–1931, London: Allan Lane].

Zu Kapitel III.2: Europäische Identität

Anderson, Benedict (1983): Imagined Communities. Reflections on the Origin and Spread of Nationalism, London: Verso.
Europäischer Rat (1973): Dokument über die europäische Identität. Kopenhagen, 14. Dezember 1973, online: https://www.cvce.eu/de/obj/dokument_uber_die_europaische_identitat_kopenhagen_14_dezember_1973-de-02798dc9-9c69-4b7d-b2c9-f03a8db7da32.html.
Booth, W. James (1999): Communities of Memory: On Identity, Memory and Debt, in: American Political Science Review 92 (2), S. 249–263.
Brague, Rémi (2002): Europäische Kulturgeschichte, in: Elm, Ralf (Hrsg.): Europäische Identität. Paradigmen und Methodenfragen, Baden-Baden: Nomos, S. 25–32.
Dunkerley, David (2002): 'Europe' and European identity, in: ders. (Hrsg.): Changing Europe. Identities, Nations, and Citizens, London/New York: Routledge, S. 109–139.

Loth, Wilfried (2020): Europas Einigung. Eine unvollendete Geschichte, Frankfurt/New York: Campus Verlag.

Meyer, Thomas/Eisenberg, Johanna (Hrsg.) (2009): Europäische Identität als Projekt. Innen- und Außensichten, Wiesbaden: Springer VS.

Pöttering, Hans-Gert (2014): Wir sind zu unserem Glück vereint. Mein europäischer Weg, Köln/Weimar: Böhlau.

Reese-Schäfer, Walter (2019): Supranationale oder transnationale Identität – zwei Modelle kultureller Integration in Europa, in: ders.: Deutungen der Gegenwart. Zur Kritik wissenschaftlicher Zeitdiagnostik, Berlin: J.B. Metzler, S. 147–156.

Schmale, Wolfgang (2010): Geschichte und Zukunft der Europäischen Identität, Bonn: Bundeszentrale für Politische Bildung.

Tabellini, Guido (2018): „Fast überall nimmt die Polarisierung zu“. Die europäische Integration wollte die Staaten einander näherbringen – kulturell ist das Gegenteil passiert, in: Neue Zürcher Zeitung v. 22.11.2018.

Zu Kapitel III.3: Europäische Wertegemeinschaft

Albrecht, Clemens (2017): Gemeinschaft und Gesellschaft, in: Ludger Kühnhardt/Tilman Mayer (Hrsg.): Bonner Enzyklopädie der Globalität. Band 2, Wiesbaden: Springer VS, S. 1355–1368.

Baumann, Florian (2008): Energiesolidarität als Instrument der Versorgungssicherheit (CAP Aktuell, Nr. 6/2008), online: www.cap-lmu.de/publikationen/2008/cap-aktuell-2008-06.php.

Europarat (1949): Satzung, online: https://rm.coe.int/1680306051.

Höffe, Otfried (2018): Der Sinn von Solidarität, in: Neue Gesellschaft/Frankfurter Hefte 9, online: https://www.frankfurter-hefte.de/artikel/der-sinn-von-solidaritaet-2559/.

Inglehart, Richard (1977): The Silent Revolution, Princeton: Princeton University Press.

Kneuer, Marianne/Masala, Carlo (2015): Politische Solidarität. Vermessung eines weiten und unerschlossenen Feldes, in: dies. (Hrsg.): Solidarität. Politikwissenschaftliche Zugänge zu einem vielschichtigen Begriff, Baden-Baden: Nomos, S. 7–25.

Knodt, Michèle/Tews, Anne/Piefer, Nadine (2015): Formen der Solidarität in der EU, in: Kneuer, Marianne /Masala, Carlo (Hrsg.), Solidarität. Politikwissenschaftliche Zugänge zu einem vielschichtigen Begriff, Baden-Baden: Nomos, S. 107–131.

Kühnhardt, Ludger (2003): Europe's view of man under pressure, in: ders.: Constituting Europe. Identity, institution-building and the search for a global role, Baden-Baden: Nomos, S. 47–54.

Kühnhardt, Ludger (2005a): Christliches Menschenbild und europäische Einigung, in: ders.: Erweiterung und Vertiefung. Die Europäische Union im Neubeginn, Baden-Baden: Nomos, S. 167–179.

Kühnhardt, Ludger (2005b): Wertorientierung in der modernen Gesellschaft, in: ders.: Erweiterung und Vertiefung. Die Europäische Union im Neubeginn, Baden-Baden: Nomos, S. 189–194.

Mandry, Christoph (2009): Europa als Wertegemeinschaft. Eine theologisch-ethische Studie zum politischen Selbstverständnis der Europäischen Union, Baden-Baden: Nomos.

Nettesheim, Martin (2020): Konzeptionen und Dimensionen von Solidarität im Recht der Europäischen Union, in: Becker, Peter/Lippert, Barbara (Hrsg.): Handbuch Europäische Union, Band 1, Wiesbaden: Springer VS, S. 261-274.

Nitschke, Peter (2019): Die Nachhaltigkeit der europäischen Werte, in: ders. (Hrsg.): Gemeinsame Werte in Europa? Stärken und Schwächen im normativen Selbstverständnis der Europäischen Integration, Baden-Baden: Nomos, S. 161–175.

Saracino, Daniele (2019): Solidarität in der Asylpolitik der Europäischen Union, Wiesbaden: Springer VS.

Scheler, Max (1916): Der Formalismus in der Ethik und die materiale Wertethik. Neuer Versuch eines ethischen Personalismus, Halle: Max Niemeyer.

Zu Kapitel III.4: Euro-Sprache

Bukow, Sebastian/Höhne, Benjamin (2013): Europarteien als Institutionalisierung von Parteifunktionen in der Europäischen Union, in: Niedermayer, Oskar (Hrsg.): Handbuch Parteienforschung, Wiesbaden: Springer VS, S. 819–846.

Burr, Isolde/Mann, Thomas (2003): Die Charta der Grundrechte der Europäischen Union als Paradigma einer sprachvergleichenden Auslegung im Europarecht, in: Burr, Isolde/Gréciano, Gertrud (Hrsg.): Europa: Sprache und Recht. La construction européenne: aspects linguistiques et juridiques, Baden-Baden: Nomos, S. 33–49.

Giersch, Herbert (1985): Eurosclerosis (Kieler Diskussionsbeiträge, 2), Kiel: Institut für Weltwirtschaft, online https://www.econstor.eu/bitstream/10419/48070/1/025296167.pdf.

Gréciano, Gertrud (2003): Pour une lecture pragmasémantique des Eurotextes, in: Burr, Isolde/Gréciano, Gertrud (Hrsg.): Europa: Sprache und Recht. La construction européenne: aspects linguistiques et juridiques, Baden-Baden: Nomos, S. 141–148.

Harwood, Mark (2021): Europeanization and language. The impact of EU language status on Maltese, in: Journal of Contemporary European Studies, online: https://www.researchgate.net/publication/348979838_Europeanization_and_language_the_impact_of_EU_language_status_on_Maltese.

Hertner, Isabelle (2018): United in Diversity? Europarties and their individual members' rights, in: Journal of European Integration 41 (3), S. 1–19.

Kühnhardt, Ludger (2020): Die proto-konstitutionelle Etablierung der europäischen Innenpolitik, in: ders.: Identität und Weltfähigkeit. Sichtweisen aus einem unruhigen Europa, Baden-Baden: Nomos, S. 167–174.

Kelemen, R. Daniel (2011): Eurolegalism. The Transformation of Law and Regulation in the European Union, Cambridge: Harvard University Press.

Kreße, Bernhard (2003): Die Auslegung mehrsprachiger Texte durch den EuGH, in: Burr, Isolde/Gréciano, Gertrud (Hrsg.): Europa: Sprache und Recht. La construction européenne: aspects linguistiques et juridiques, Baden-Baden: Nomos, S. 157–172.

Lenz, Otto (2009): Ausbrechender Rechtsakt, in: Frankfurter Allgemeine Zeitung v. 08.08.2009.

Ophüls, Carl Friedrich (1966): Zur ideengeschichtlichen Herkunft der Gemeinschaftsverfassung, in: von Cammerer, Ernst/Schlochauer, Hans-Jürgen/Steindorff, Ernst (Hrsg.): Probleme des europäischen Rechts. Festschrift für Walter Hallstein zu seinem 65.Geburtstag, Frankfurt: Vittorio Klostermann, S. 387–413.

Sbragia, Alberta (Hrsg.) (1992): Thinking about the European future, Euro-Politics, Washington D.C.: Brookings Institution.

Zabel, Malte (2017): Euroskeptizismus. Ursprünge und Ausdrucksformen im Verlauf des europäischen Integrationsprozesses, Baden-Baden: Nomos.

Zu Kapitel IV.1.: Europäische Souveränität

Abels, Gabriele (2020): Legitimität, Legitimation und das Demokratiedefizit der Europäischen Union in: Becker, Peter/Lippert, Barbara (Hrsg.): Handbuch Europäische Union, Band 1, Wiesbaden: Springer VS, S. 175–193.

Bermbach, Udo (1985): Widerstandsrecht, Souveränität, Kirche und Staat: Frankreich und Spanien im 16. Jahrhundert, in: Fetscher, Iring/Herfried Münkler (Hrsg.): Pipers Handbuch der politischen Ideen. Band 3. Neuzeit: Von den Konfessionskriegen bis zur Aufklärung, München/Zürich: Piper, S. 134–143.

Bodin, Jean (1986): Über den Staat, Stuttgart: Reclam.

Financial Times (2019): Angela Merkel urges EU to seize control of data from US tech titans, in: Financial Times v. 12. November 2019, online: https://www.ft.com/content/956ccaa6-0537-11ea-9afa-d9e2401fa7ca.

Fischer, Joschka (2018): Europa im 21. Jahrhundert – Erneuerung oder Selbstaufgabe/Die Krise der westlichen Demokratie, in: ders.: Der Abstieg des Westens, Köln: Kiepenheuer und Witsch, S. 115–195.
Grimm, Dieter (2017): Ein souveränes Europa?, in: Frankfurter Allgemeine Zeitung v. 15.11.2017.
Hennis, Wilhelm (2003): Das Problem der Souveränität. Ein Beitrag zur neueren Literaturgeschichte und gegenwärtigen Problematik der politischen Wissenschaften (1951), Tübingen: Mohr.
Jellinek, Georg (1905): Allgemeine Staatslehre, (2. Aufl.) Berlin: O. Häring 1905 [Originalausgabe 1900].
Juncker, Jean-Claude (2018): Lage der Union 2018. Die Stunde der europäischen Souveränität, Strassburg, 12. September 2018, online: https://ec.europa.eu/commission/sites/beta-political/files/soteu2018-speech_de.pdf.
Kielmannsegg, Peter Graf von (1977): Volkssouveränität. Eine Untersuchung über die Bedingungen demokratischer Legitimität, Stuttgart: Klett-Cotta.
Kühnhardt, Ludger (2009): European Integration: Success through Failure, in: ders. (Hrsg.): Crises in European Integration. Challenges and Responses, 1945–2005, New York/Oxford: Berghahn Books, S. 1–10.
Landfried, Christine (2017): Einigkeit, Recht, Stärke, in: Frankfurter Allgemeine Zeitung v. 23.12.2017.
Macron, Emmanuel (2017): Initiative für Europa – Die Rede von Staatspräsident Macron im Wortlaut, Paris, 26. September 2017, online: https://de.ambafrance.org/Initiative-fur-Europa-Die-Rede-von-Staatsprasident-Macron-im-Wortlaut.
Marsilius von Padua (1971): Der Verteidiger des Friedens, Stuttgart: Reclam.
Meister, Martina (2020): Merkel und Macron haben nun eine Agenda – „Europäische Souveränität“, in: Die Welt v. 20.08.2020, online: https://www.welt.de/politik/ausland/article213984198/Treffen-in-Fort-Bregancon-Merkel-und-Macron-haben-nun-eine-Agenda-Europaeische-Souveraenitaet.html.
Nitschke, Peter (2014): Gottfried Wilhelm Leibniz (1646-1716), in: Böttcher, Winfried (Hrsg.): Klassiker des europäischen Denkens. Friedens- und Europavorstellungen aus 700 Jahren europäischer Kulturgeschichte, Baden-Baden: Nomos, S.174-179.
Rousseau, Jean-Jacques (1979): Vom Gesellschaftsvertrag, Stuttgart: Reclam.

Zu Kapitel IV.2: Steuerhoheit

Aristoteles (1978): Politik, (3. Aufl.) München: Deutscher Taschenbuch Verlag.
Becker, Peter (2020): Der Haushalt der Europäischen Union – großer Reformbedarf bei dominierender Status-quo-Orientierung und Nettosaldo-Logik in: Be-

cker, Peter/Lippert, Barbara (Hrsg.): Handbuch Europäische Union, Band 1, Wiesbaden: Springer VS, S. 791–819.

Buti, Marco (2021): The man inside, Mailand: EGEA Spa/Bocconi University Press.

Europäische Kommission (2017): Struktur der Einnahmen der Europäischen Union, online: https://ec.europa.eu/taxation_customs/facts-figures/customs-duties-mean-revenue_de.

Europäische Kommission (2018): Struktur aller Ausgabeelemente der Europäischen Union, online: https://ec.europa.eu/commission/sites/beta-political/files/reflection-paper-eu-finances_de.pdf.

Europäischer Rat (2021): Infographik. Mehrjähriger Finanzrahmen 2021–2027 und Next Generation EU, online: https://www.consilium.europa.eu/de/infographics/mff2021-2027-ngeu-final/.

Europäisches Parlament (2018): Struktur des Mittelfristigen Finanzrahmens der Europäischen Union (2021–2027), online: https://www.europarl.europa.eu/RegData/etudes/IDAN/2018/625148/EPRS_IDA(2018)625148_DE.pdf.

Färber, Gisela (2012): Was ist Finanzföderalismus? Vortrag im Rahmen des Workshops „Perspektiven des Finanzföderalismus in Österreich" des Instituts für Föderalismus Linz, 12. Juni 2012, online: https://docplayer.org/58454612-Was-ist-finanzfoederalismus.html.

Frankfurter Allgemeine Zeitung (2019): Wie die EU-Mitgliedschaft den Wohlstand erhöht, in: Frankfurter Allgemeine Zeitung v. 24.05.2019.

High Level Group on Own Resources (2017): Future financing of the EU. Final Report and recommendations of the High Level Group on own resources, Brüssel: European Commission, online: https://ec.europa.eu/info/sites/info/files/about_the_european_commission/eu_budget/future-financing-hlgor-final-report_2016_en.pdf.

Ingenkamp, Heinz Gerd (2017), Oikos, in: Kühnhardt, Ludger/Mayer, Tilman (Hrsg.): Bonner Enzyklopädie der Globalität. Band 2, Wiesbaden: Springer VS, S. 1437–1445.

Kafsack, Hendrik (2019): Das große Feilschen um die Milliarden, in: Frankfurter Allgemeine Zeitung v. 10.12.2019.

Kotsogiannis, Christos (2016): Die Europäische Union und eigene Einnahmequellen: Einige Lehren aus föderal organisierten Staaten, in: Büttner, Thiess/Thöne, Michael (Hrsg.): Die Zukunft der EU-Finanzen (FiFo Berichte Nr. 22), Köln: Finanzwissenschaftliches Forschungsinstitut der Universität zu Köln, S. 61–76, online: https://www.tax.mpg.de/fileadmin/TAX/docs/PF/KK/FiFo-Bericht_22.pdf.

Musgrave, Richard (1959): The theory of public finance. A study in public economy, New York: McGraw-Hill.

Europäische Kommission (1977): Report on the Role of Public Finance in European Integration, online: https://www.cvce.eu/content/publication/2012/5/31/c475e949-ed28-490b-81ae-a33ce9860d09/publishable_en.pdf.

Smith, Adam (1776): An Inquiry into the Nature and Causes of the Wealth of Nations. Book V, Part II, online: https://www.econlib.org/library/Smith/smWN.html?chapter_num=36#book-reader.

Waldhoff, Christian (2012): Steuerhoheit für die EU (Vorträge und Berichte Nr. 195), Bonn: Zentrum für Europäisches Wirtschaftsrecht, online: https://www.jura.uni-bonn.de/fileadmin/Fachbereich_Rechtswissenschaft/Einrichtungen/Sonstige/Zentrum_fuer_Europaeisches_Wirtschaftsrecht/Schriftenreihe/heft195waldhoff.pdf.

Wenz-Temming, Anna (2017): Die Einnahmen der Europäischen Union. Zwischen supranationaler Autonomie und intergouvernementaler Kontrolle, Wiesbaden: Springer VS.

Zu Kapitel IV.3: Unionsverfassung

Callies, Christian (2010): Die neue Europäische Union nach dem Vertrag von Lissabon. Ein Überblick über die Reformen unter Berücksichtigung ihrer Implikationen für das deutsche Recht, Tübingen: Mohr Siebeck.

Europäische Kommission (2020): Mitteilung der Kommission an das Europäische Parlament und den Rat. Gestaltung der Konferenz zur Zukunft Europas, Brüssel, 22.Januar 2020, online: https://ec.europa.eu/info/sites/info/files/communication-conference-future-of-europe-january-2020_de_0.pdf.

Hallstein, Walter (1969): Der unvollendete Bundesstaat. Europäische Erfahrungen und Erkenntnisse, Düsseldorf/Wien: Econ.

Hennis, Wilhelm (2002): Integration durch Verfassung? in: Vorländer, Hans (Hrsg.): Integration durch Verfassung, Wiesbaden: Springer VS, S. 267–290.

Hochwieser, Renate (2002): Legitimität kraft Verfassung: Inwieweit kann eine Europäische Verfassung das demokratische Legitimitätsdefizit der Europäischen Union verringern oder beheben?, Frankfurt/Main: Peter Lang.

Horeth, Marcus (1999): Die Europäische Union im Legitimitätstrilemma. Zur Rechtfertigung des Regierens jenseits der Staatlichkeit, Baden-Baden: Nomos.

Höreth, Marcus/Janowski, Cordula/Kühnhardt, Ludger (Hrsg.) (2005): Die Europäische Verfassung. Analyse und Bewertung ihrer Strukturentscheidungen, Baden-Baden: Nomos.

Läufer, Thomas (1994): Zur künftigen Verfassung der Europäischen Union. Notwendigkeit einer offenen Debatte, in: Integration 17 (4), S. 204–212.

Loth, Wilfried (2020): Europas Einigung. Eine unvollendete Geschichte, Frankfurt/New York: Campus Verlag.

Maurer, Andreas (2020): Politische und rechtliche Konstitutionalisierungsprozesse. Vertragsentwicklung und Vertragssystem der Europäischen Union in: Be-

cker, Peter/Lippert, Barbara (Hrsg.): Handbuch Europäische Union, Band 1, Wiesbaden: Springer VS, S. 78–118.
Pernice, Ingolf (2002): Multi-Level Constitutionalism in the European Union, in: European Law Review 27 (5), S. 511–529.
Puttler, Adelheid (2004): Sind die Mitgliedstaaten noch „Herren" der EU? – Stellung und Einfluss der Mitgliedstaaten nach dem Entwurf des Verfassungsvertrages der Regierungskonferenz, in: Europarecht 39 (5), S. 669–690.
Smend, Rudolf (2014): Verfassung und Verfassungsrecht (1928), in: ders.: Staatsrechtliche Abhandlungen und andere Aufsätze, Berlin: Duncker & Humblot, S. 119–276.

Zu Kapitel IV.4: Strategische Sicherheit

Brzozowski, Alexandra (2022): Borrell: Ukraine-Krieg ist „Geburtsstunde des geopolitischen Europas", in: Euractiv, 2.März 2022, online:https://www.euractiv.de/section/all/news/ukraine-war-is-birth-of-geopolitical-europe-eu-top-diplomat-says/.
Homer (o.J.): Odyssee. In der Übersetzung von Johann Heinrich Voß, online: http://www.digbib.org/Homer_8JHvChr/De_Odyssee_.pdf.
Kaim, Markus/Kempin, Ronja (2020): Strategische Autonomie Europas: Das deutsch-französische Missverständnis, Berlin: Stiftung Wissenschaft und Politik, online: https://www.swp-berlin.org/en/publication/strategische-autonomie-europas-das-deutsch-franzoesische-missverstaendnis.
Krause, Dan (2020): Die Handlungsfähigkeit der Europäischen Union in der Außen- und Sicherheitspolitik, in: ders. (Hrsg.): Europäische Sicherheit. Die EU auf dem Weg zu strategischer Autonomie und Europäischer Verteidigungsunion?, Opladen/Toronto: Verlag Barbara Budrich, S. 13–35.
Kühnhardt, Ludger (1984): Die Flüchtlingsfrage als Weltordnungsproblem. Massenzwangswanderungen in Geschichte und Politik, Wien: Braumüller.
Kühnhardt, Ludger (1994): Der Osten des Westens und die „russische Frage", in: Europa-Archiv. Zeitschrift für internationale Politik, 49. Jahr, Folge 9, 10. Mai 1994, Seite 239–246.
Macron, Emmanuel (2017): Initiative für Europa – Die Rede von Staatspräsident Macron im Wortlaut, Paris, 26. September 2017, online: https://de.ambafrance.org/Initiative-fur-Europa-Die-Rede-von-Staatsprasident-Macron-im-Wortlaut.
Rüger, Carolin (2021): 20 Jahre nach 9/11 – Wie zukunftsfähig ist die Außenpolitik der Europäischen Union?, in: Zeitschrift für Politikwissenschaft 31 (4), S. 617–626.
Schlie, Ulrich (2022): Deutsche Sicherheitspolitik seit 1990: Auf der Suche nach einer Strategie, in: Sirius. Zeitschrift für Strategische Analysen 4 (3), online: https://doi.org/10.1515/sirius-2020-3006.

Tenenbaum Elie/Paglia, Morgan/Ruffié, Nathalie (2020): Confettis d'empire ou points d'appui ? L'avenir de la stratégie française de présence et de souveraineté (Focus stratégique, No 94), online: https://www.ifri.org/sites/default/files/atoms/files/tenenbaum_avenir_strategie_2020.pdf.
Urbanski, Kevin (2020): The European Union and International Sanctions. A Model of Emerging Actorness, Cheltenham: Edward Elgar.

Zu Kapitel V.1: Selbstbehauptung: Die in die veränderte Welt gestellte Europäische Union

Bösch, Frank (2019): 1979. Als die Welt von heute begann, München: C.H. Beck.
Bundeszentrale für Politische Bildung (2018): Zahlen und Fakten Europa. Migranten, 18. Oktober 2018, online: https://www.bpb.de/nachschlagen/zahlen-und-fakten/europa/70521/migranten.
Cooper, Robert (1996): The Post-Modern State and World Order, London: Demos, S. 27–47.
Eurostat (2020): Ein statistisches Porträt der EU im Vergleich zu den G20-Ländern, Luxembourg: Eurostat, 2.Juni 2020, online: https://ec.europa.eu/eurostat/documents/2995521/10928896/1-02062020-AP-DE.pdf/a327142e-1cd4-5f6c-9aab-7ee3b6a6815f.
Fischer, Joschka (2018): Der Abstieg des Westens, Köln: Kiepenheuer und Witsch.
Frankfurter Allgemeine Zeitung (2021): 7920278000. Weltbevölkerung wächst um 82 Millionen Menschen, in: Frankfurter Allgemeine Zeitung v. 24.12.2021.
Gehler, Michael (2014): Die Europäische Union – ein postmodernes Imperium?, in: ders./Rollinger, Robert (Hrsg.): Imperien und Großreiche in der Weltgeschichte. Epochenübergreifende und globalhistorische Vergleiche. Band 2, Wiesbaden: Harrasowitz, S. 1255–1307.
Govindarajan, Vijay/Trimble, Chris (2012): Reverse Innovation. Create Far From Home, Win Everywhere, Cambridge: Harvard Business Review Press.
Kiss, Monika (2020): Demographic Outlook for the European Union 2020, Luxembourg: European Parliamentary Research Service, online: https://www.europarl.europa.eu/RegData/etudes/STUD/2020/646181/EPRS_STU(2020)646181_EN.pdf. (abgerufen: 6.Januar 2022).
Krause, Dan (2020): Die Handlungsfähigkeit der Europäischen Union in der Außen- und Sicherheitspolitik, in: ders. (Hrsg.): Europäische Sicherheit. Die EU auf dem Weg zu strategischer Autonomie und Europäischer Verteidigungsunion?, Opladen/Toronto: Verlag Barbara Budrich, S. 13–35.
Kühnhardt, Ludger (2017): The Global Society and Its Enemies. Liberal Order beyond the Third World War, Cham: Springer, S. 13–60.

Kühnhardt, Ludger (2021): The post-corona world. A research agenda (ZEI Discussion Paper C 267), Bonn: Zentrum für Europäische Integrationsforschung.
Leggewie, Claus (2015): Der andere 8. Mai 1945, in: Frankfurter Allgemeine Zeitung v. 06.05.2015.
Reinhard, Wolfgang (2018): Die Expansivität Europas und ihre Folgen (ZEI Discussion Paper C 247), Bonn: Zentrum für Europäische Integrationsforschung, online: https://www.zei.uni-bonn.de/dateien/discussion-paper/DP_C247_Reinhard.pdf.
Plickert, Philip (2019): Steigender Migrationsdruck, in: Frankfurter Allgemeine Zeitung v. 04.02.2019.
Signer, David (2016): Postkoloniale Fixierung, in: Neue Zürcher Zeitung v. 15.07.2016.

Zu Kapitel V.2: Regierungsfähigkeit: Die gegen die europäische Geschichte gedachte Europäische Union

Anderson, Benedict (1983): Imagined Communities. Reflections on the Origin and Spread of Nationalism, London: Verso.
Engin, Kenan (2013): „Nation-Building" – Theoretische Betrachtung und Fallbeispiel: Irak, Baden-Baden: Nomos.
Fukuyama, Francis (2004): State Building. Governance and World Order in the Twenty-First Century, Ithaca, N.Y.: Cornell University Press.
Garton Ash, Timothy (2017): Dankrede anlässlich der Verleihung des Internationalen Karlspreises 2017, Aachen, 25. Mai 2017, online: https://www.karlspreis.de/de/preistraeger/timothy-garton-ash-2017/rede-von-timothy-garton-ash.
Guérot, Ulrike (2016): Warum Europa eine Republik werden muss! Eine politische Utopie, Bonn: J.H.W. Dietz.
Hallstein, Walter (1969): Der unvollendete Bundesstaat. Europäische Erfahrungen und Erkenntnisse, Düsseldorf/Wien: Econ.
Heller, Ágnes (2016): Von der Utopie zur Dystopie. Was können wir uns wünschen?, Wien/Hamburg: Edition Konturen.
Hippler, Jochen (Hrsg.) (2003): Nation-Building – ein sinnvolles Instrument der Konfliktbearbeitung?, Berlin: Dietz Verlag.
Horn, Christoph (2012): Einführung in die politische Philosophie, (3. durchgesehene Aufl.) Darmstadt: Wissenschaftliche Buchgesellschaft, S. 7–39.
Krastev, Ivan (2017): Europadämmerung, Berlin: Suhrkamp.
Kühnhardt, Ludger (Hrsg.) (2009): Crises in European Integration. Challenges and Responses, 1945–2005, New York/Oxford: Berghahn Books.
Kühnhardt, Ludger (2010): Region-Building. Volume I: The Global Proliferation of Regional Integration, Volume II: Regional Integration in the World: The Documents, New York/Oxford: Berghahn Books

Lübbe, Hermann (1987): Politischer Moralismus: Der Triumph der Gesinnung über die Urteilskraft, Berlin: Corso bei Siedler.
Lübbe-Wolff, Gertrude (2018): Ein Narrativ für die Europäische Union?, in: Frankfurter Allgemeine Zeitung v. 06.01.2018.
Menasse, Robert (2017): Die Hauptstadt, Berlin: Suhrkamp.
Pommerin, Reiner (1991): Die europäische Hauptstadt, in: Salewski, Michael (Hrsg.): Nationale Identität und Europäische Einigung, Göttingen: Muster-Schmidt-Verlag, S. 18–31.
Stolleis, Michael (2016): Unsere Rechtsgemeinschaft, in: Frankfurter Allgemeine Zeitung v. 30.05.2016.
Volkmann, Uwe (2015): Die draußen bleiben, in: Frankfurter Allgemeine Zeitung v. 23.03.2015.
Zabel, Malte (2017): Euroskeptizismus. Ursprünge und Ausdrucksformen im Verlauf des europäischen Integrationsprozesses, Baden-Baden: Nomos.

Personenregister